Aproximación a la fonología generativa:

Principios teóricos y problemas

Heles Contreras
Conxita Lleó

Aproximación a la fonología generativa:

Principios teóricos y problemas

EDITORIAL ANAGRAMA

BARCELONA

Portada:
Julio Vivas

© EDITORIAL ANAGRAMA, 1982
Calle de la Cruz, 44
Barcelona-34

ISBN: 84-339-0803-0
Depósito Legal: B. 34667 - 1982

Printed in Spain

Gráficas Diamante, Zamora, 83, Barcelona-18

A Beysie, a Laura y a Miguel

INTRODUCCION

El presente volumen es una introducción a la fonología generativa.

Dos décadas de intensa investigación sobre las propiedades formales de una fonología concebida como parte de la competencia lingüística del hablante han producido importantes resultados que, desafortunadamente, quedan fuera del alcance de muchos lectores hispanoparlantes. Con esta contribución nos proponemos llenar en parte el vacío producido por la carencia de visiones de conjunto que presenten en castellano los principios, bien establecidos o controvertidos, que los fonólogos generativistas han venido proponiendo en los últimos años.

Como toda introducción, este volumen se queda inevitablemente a la zaga de las últimas corrientes teóricas. No consideramos, por ejemplo, la *fonología autosegmental* de Goldsmith (1976) ni la llamada *fonología métrica* desarrollada por Liberman y Prince (1977). Es de esperar que otros investigadores se aboquen en un futuro cercano a la tarea de hacer llegar estas teorías fonológicas al público de habla hispana.

Nuestro propósito ha sido doble. Por una parte, explicar los principios y las cuestiones que surgen dentro de la visión generativa de la fonología. Por otra, ilustrar los mismos dentro de lo posible por medio de ejemplos hispánicos. No interesa tanto presentar soluciones como plantear problemas, y por lo tanto muchos de los análisis ofrecidos son provisionales.

Creemos que se puede facilitar en gran medida la asimilación de las cuestiones teóricas planteadas aquí por medio del análisis de datos lingüísticos reales, y es por eso que hemos incluido en la mayoría de los capítulos problemas que el lector o lectora puede utilizar para comprobar su comprensión del texto.

El primer capítulo contiene una breve introducción a la fonética, tanto desde el punto de vista articulatorio tradicional como dentro del modelo binario de Jakobson, modificado posteriormente por Chomsky y Halle. La brevedad de este capítulo obedece al hecho de que existen fuentes en castellano que presentan adecuadamente esta información. Para la fonética articulatoria tradicional, contamos con el manual clásico de Navarro Tomás (1957). La teoría de Jakobson está explicada con insuperable lucidez por Alarcos (1965), y la modificación de Chomsky y Halle en los trabajos de Harris (1971 y 1975b).

El capítulo dos explica la relación de la fonología con el resto de la gramática y las convenciones formales que se emplean en la formulación de las reglas fonológicas.

En el capítulo tres presentamos el problema de la representación léxica y los diversos mecanismos que se han propuesto para expresar las restricciones tanto en las secuencias de fonemas como en la coexistencia de rasgos dentro de un mismo fonema.

El capítulo cuatro ilustra el tratamiento generativo de los rasgos prosódicos del acento y el tono.

El capítulo cinco trata de la relación entre los niveles de representación subyacente y fonético, con especial atención al grado de abstración del nivel subyacente y al tipo de argumentación en que se basan las propuestas de representaciones abstractas.

En el capítulo seis discutimos las convenciones que rigen la aplicación de las reglas fonológicas, en especial el problema de la ordenación y los posibles principios generales que la determinan.

El capítulo siete trata de la naturalidad relativa de los fonemas, sistemas fonológicos y reglas, y las posibles convenciones formales que permiten expresarla.

En el capítulo ocho presentamos una breve discusión de la interrelación entre la fonología y la sintaxis.

Finalmente, el capítulo nueve explica el tratamiento de las excepciones dentro de la fonología generativa.

Creemos que se puede utilizar este volumen con provecho tanto individualmente como en el contexto de un curso académico, ya que contiene tanto los elementos más básicos como las cuestiones más debatidas de la fonología generativa.

Agradecemos los valiosísimos comentarios de James W. Harris, quien ha leído el manuscrito en su totalidad. La responsabilidad de los errores no erradicados es, por supuesto, exclusivamente nuestra.

CAPÍTULO UNO

LOS RASGOS FONETICOS

1. INTRODUCCIÓN *

La pronunciación de la consonante inicial de *bote* es distinta en los dos sintagmas siguientes:
(1) un bote
(2) ese bote
En el primer ejemplo, hay contacto entre el labio inferior y el superior, mientras que en el segundo hay sólo acercamiento. En términos técnicos, la primera *b* es una oclusiva, y la segunda es una fricativa o continua. Del mismo modo, la consonante inicial de *dato* varía en los dos sintagmas siguientes:
(3) un dato
(4) ese dato
y también la consonante inicial de *gato* en sintagmas como éstos:
(5) un gato
(6) ese gato
Describir cada uno de estos tres casos aisladamente sería cerrar los ojos a una generalización obvia.

Atendiendo por el momento sólo a la alternancia entre [b] oclusiva y [ƀ] fricativa, [d] oclusiva y [đ] fricativa, y [g] oclusiva y [ǥ] fricativa, podríamos decir que hay ciertas condiciones bajo las cuales una oclusiva se hace fricativa. Esta generalización resulta inadecuada, sin embargo, como se ve al considerar que en contextos idénticos a los de los ejemplos (1) - (6), las

* El sistema de transcripción fonética que usamos no corresponde ni al Alfabeto Fonético Internacional ni a la práctica común de los fonólogos de habla hispana, sino que se basa en las convenciones más generalizadas entre los fonólogos estructuralistas y generativistas norteamericanos. Creemos que esta selección de símbolos fonéticos puede facilitar la lectura de artículos y monografías basados en el modelo generativista. El apéndice ilustra el valor de todos los símbolos utilizados.

oclusivas [p], [t] y [k] no muestran alternancia alguna, sino que se pronuncian siempre como oclusivas:

(7) un pato, ese pato

(8) un tango, ese tango

(9) un caso, ese caso

En vez de decir que las oclusivas se hacen fricativas en ciertos contextos, habrá que decir entonces que las oclusivas sonoras (b, d, g) experimentan este cambio.

Es significativo que los sonidos que participan en esta alternancia tengan ciertos rasgos fonéticos en común, es decir, sean una *clase natural* [1] de sonidos, ya que no hay ninguna necesidad lógica de que esto sea así. Bien podría ser que en español las oclusivas [b], [t], [g] mostraran la alternancia en cuestión, pero no las oclusivas [p], [d], [k]. Si así fuera, la regla pertinente no podría ser tan general, sino que habría que decir que

a) las oclusivas sonoras no dentales (b, g) se hacen fricativas en ciertos contextos, y

b) la oclusiva dental sorda (t) se hace fricativa en esos mismos contextos.

Si bien es cierto que reglas de este tipo no son del todo imposibles, su existencia es extremadamente rara. Y es más rara aún la aparición de una regla que someta un grupo totalmente dispar, por ejemplo, [p], [a], [r], a un proceso común.[2]

Consideremos ahora el contexto en que se da la alternancia que nos ocupa. En los sintagmas (2), (4) y (6), donde aparecen las fricativas, el contexto inmediato se puede describir como intervocálico, mientras que en las frases (1), (3) y (5), en que aparecen las oclusivas, el sonido precedente es nasal.

Es significativo, de nuevo, que estos contextos puedan ser caracterizados en términos bastante generales, y que un contexto dado condicione el mismo cambio para las diversas consonantes sujetas a la regla en cuestión. La situación sería mucho más compleja si, por ejemplo, [b] se hiciera fricativa sólo entre vocales, [d] sólo después de nasal, y [g] sólo después de una fricativa. Si alguien nos informara sobre una lengua que procediera de este modo, tendríamos sobrada razón para dudar de la veracidad de la información.

Las reglas fonológicas actúan, por lo general, sobre clases naturales, es decir, clases de sonidos definibles en términos de rasgos fonéticos comunes.

Para el fonólogo, este hecho implica un análisis de los sonidos del lenguaje en términos de propiedades fonéticas elementales. Aunque ciertas escuelas lingüísticas han proclamado que las lenguas pueden diferir entre sí en un número ilimitado de rasgos (véase, por ejemplo, Boas 1911: 15), la mayo-

---

1. Sobre la noción de *clase natural* véase más abajo, capítulo siete § 2.

2. Véase el capítulo siete, especialmente § 4.2, donde nos referimos a este problema de la naturalidad de las reglas.

ría de los lingüistas concuerdan en que por debajo de lo que puede dar la impresión de constituir una variedad potencial infinita, hay un inventario subyacente limitado y, de hecho, no muy numeroso de rasgos fonéticos elementales.

2. LA FONÉTICA ARTICULATORIA

Tradicionalmente, los sonidos del lenguaje se dividen en *consonantes* y *vocales,* y cada una de estas clases se caracteriza por medio de rasgos distintos.

2.1. *Las consonantes*

2.1.1. Rasgos primarios
Las consonantes se describen de acuerdo a dos criterios básicos:
a) punto de articulación; b) modo de articulación.

Según el punto de articulación, una consonante puede ser bilabial (p, b, m), labiodental (f, v), dental (t, d, en castellano), alveolar (n, l), palatal (la consonante inicial de *choza*), velar (k, g), uvular (la *r* del dialecto de prestigio del francés), faríngea (la consonante inicial de [halla?] «inmediatamente» en árabe), o glotal (la *h* del inglés).

Según el modo de articulación, las consonantes pueden ser oclusivas (p, m), fricativas (f, s), africadas (la consonante inicial de *choza*), vibrantes (simples como la consonante media de *caro*, o múltiples como la de *carro*) o semiconsonantes (como el segundo sonido de *suave*).

Si la cavidad nasal participa en la articulación, la consonante es nasal (m, n); de otro modo es oral. Si el aire pasa por el centro de la cavidad oral, la consonante es central; de otro modo es lateral (1).

En el caso de las consonantes articuladas con la punta de la lengua, si ésta se curva hacia arriba, la consonante es retrofleja (por ejemplo, la *r* del inglés norteamericano); de otro modo, la consonante es no retrofleja.

Otro aspecto del modo de articulación es el tipo y dirección de la corriente de aire responsable de la producción del sonido. Aunque la mayoría de los sonidos del lenguaje se producen con una corriente pulmonar egresiva, existen también otros mecanismos:

a) corriente glotal egresiva, producida por compresión del aire en la cavidad faríngea como resultado de la elevación de la glotis cerrada mientras se mantiene una oclusión en la cavidad oral. Este es el mecanismo que caracteriza las llamadas consonantes glotalizadas del quechua y de muchas lenguas indígenas de Norteamérica.

b) corriente glotal ingresiva, producida por un descenso de la glotis en vibración que, en conjunción con una oclusión oral, resulta en menor presión dentro de la cavidad buco-faríngea que fuera de ella, lo que explica que la corriente sea ingresiva. Este mecanismo caracteriza las llamadas consonantes implosivas de algunas lenguas africanas, por ejemplo, la consonante inicial de [ɓəni] «maldición» en sindhi.

c) corriente velar ingresiva, producida por una menor presión dentro de la cavidad oral, lograda por la retracción y descenso de la lengua mientras se mantiene una oclusión velar y otra anterior. Este mecanismo caracteriza los llamados clics de algunas lenguas africanas, por ejemplo, las consonantes de [ǀaǀa] «trepar» en zulú (el símbolo ǀ representa un clic dental sordo).

Finalmente, el modo de articulación depende de la posición de las cuerdas vocales. Si éstas están separadas y dejan escapar el aire libremente, se produce un sonido *sordo* (por ejemplo, p, t, s). En cambio, si las cuerdas están juntas y vibran en toda su extensión al paso del aire, se produce un sonido *sonoro* (por ejemplo, d, n, g). Si vibra sólo una parte de las cuerdas vocales mientras los aritenoides se mantienen juntos, se produce un sonido *laringalizado*. En margi, una lengua de la familia africana chadic, hay consonantes laringalizadas que contrastan con las normales, por ejemplo, [bàbàl] «duro» vs. [bábál] «espacio abierto».

Finalmente, en el caso de las llamadas consonantes aspiradas sonoras del índico, por ejemplo, la consonante inicial de *bhar* «carga» en gujarati, la posición de las cuerdas vocales permite vibración al mismo tiempo que los aritenoides están separados. El sonido producido de este modo es una especie de murmullo.

2.1.2. Rasgos secundarios.

Además de los rasgos mencionados en la sección precedente, existen otros secundarios, que describiremos a continuación.

Una consonante es *aspirada* si la articulación propia de la consonante es seguida por un momento en que el aire escapa bruscamente. Por ejemplo, la consonante inicial del inglés *pen* «pluma» es aspirada, pero la inicial del castellano *pluma* no lo es.

Una consonante es *glotalizada* si la oclusión principal va acompañada de una oclusión glotal. En quechua, por ejemplo, la consonante inicial de [tʔanta] «pan» es glotalizada, mientras que la de [tata] «padre» no lo es.

Una consonante es *labializada* si se pronuncia con los labios redondeados, por ejemplo, la consonante inicial de *cuento* y la de *tuesto*.

Una consonante es *palatalizada* si su articulación va acompañada de la posición de la lengua que se requiere para la articulación de [y], por ejemplo, la consonante inicial de *quiero* (especialmente, en la pronunciación chilena).

La *velarización* resulta de la elevación de la parte posterior de la lengua simultáneamente con la articulación de una consonante. En inglés, la *l* final de sílaba y la *l* silábica son velarizadas. Así, *meal* «comida» contrasta con el español *mil*, ya que en español la *l* no se velariza.

La *faringalización* resulta de la retracción de la parte posterior de la lengua. Por ejemplo, en tamazight, lengua berberisca, hay contraste entre [zurn] «son gordos», con una consonante inicial simple, [z^burn)] «hicieron un peregrinaje», con una consonante inicial faringalizada.

Finalmente, hay que mencionar sonidos con dos articulaciones simultáneas, sin que ninguna tenga primacía. El ejemplo más común de este fenómeno es el de las semiconsonantes labiovelares, como la [w]. En algunas lenguas africanas occidentales existen oclusivas labiovelares, por ejemplo [ak͡pà] «puente», [àg͡bà] «mandíbula» en margi.

2.2. *Las vocales*

2.2.1. Rasgos primarios

Según la posición de la lengua, las vocales pueden ser: a) cerradas (i, u), medias (e, o) o abiertas (a); b) anteriores (i, e), centrales (a) o posteriores (u, o). Grados intermedios de abertura son los de la vocal del inglés *bit* «pedazo», vocal semicerrada, y de *bet* «apostar», vocal media abierta.

Según la tensión muscular, las vocales pueden ser *tensas* (como la del inglés *beat* «golpear») o *flojas* (como la del inglés *bit* «pedazo»).

Según la posición de los labios, las vocales pueden ser *redondeadas* (como o, u) o *no redondeadas* (como i, e, a).

2.2.2. Rasgos secundarios

Normalmente las vocales son *orales,* pero las hay también *nasales,* como las del francés *bon* «bueno» y *blanc* «blanco». Como lo indica el nombre, una vocal es nasal si en su articulación participa la cavidad nasal.

En cuanto a la función de las cuerdas vocales, las vocales son normalmente *sonoras,* pero en algunas lenguas hay variantes contextuales *sordas*, por ejemplo, la segunda vocal del japonés [ašita] «mañana».

En contacto con una consonante retrofleja, la vocal puede hacerse también *retrofleja,* como la del inglés norteamericano *car* «automóvil».

Para la mayoría de las lenguas, el contraste binario entre vocales redondeadas y no redondeadas basta como clasificación referente a la posición de los labios. En sueco, sin embargo, el redondeamiento de los labios contrasta con la *compresión* labial, por ejemplo [vü:] «vista» con una vocal redondeada, vs.[hʉ:s] «casa», con una vocal pronunciada con compresión labial.

Hay que distinguir también entre vocales *puras,* en que la posición de los órganos de articulación es relativamente estable (por ejemplo, las vocales del castellano), y vocales *diptongadas,* en que la articulación se desplaza desde la posición de una vocal a la de una semivocal (por ejemplo, las vocales del inglés *beat* «golpear», *bait* «carnada», *boot* «bota», *boat* «bote»).

Finalmente, el fenómeno de la laringalización que citamos en relación con las consonantes puede afectar también a las vocales. Por ejemplo, en lango, lengua de la familia nilótica, [lee] «animal» contrasta con [le̤e̤] «hacha», esta última con vocales laringalizadas.

2.3. Los rasgos prosódicos

La especificación fonética requiere, además de los rasgos que caracterizan a los sonidos individuales, o rasgos segmentales, mención de ciertos rasgos que afectan a o están determinados por una secuencia de sonidos. Estos son los llamados rasgos prosódicos o suprasegmentales.

En primer lugar, hay que determinar la función del sonido con respecto a la sílaba. Toda sílaba consta de un *núcleo*, por ejemplo la vocal en *cal*, y puede incluir además elementos *prenucleares* y *postnucleares*. Ambos se dan en *cal*, mientras que en *al* hay sólo *postnúcleo*, en *de* sólo prenúcleo, y en *a* ni pre- ni postnúcleo.

Típicamente, las vocales funcionan como núcleo y las consonantes como pre- y postnúcleo, pero hay casos en que una vocal puede no ser núcleo, por ejemplo la segunda vocal de *baile*, y casos en que una consonante puede funcionar como núcleo silábico, por ejemplo la última consonante del inglés *button* «botón». Se dice, entonces, que la segunda vocal de baile es no silábica, y se la representa [i̯], y que la última consonante de *button* es silábica, y se la representa [n̩].

El núcleo silábico puede presentar contrastes tonales. Así, en chino mandarín, las cuatro formas siguientes tienen distintos significados: mā «madre» (tono alto sostenido), má «cáñamo» (tono ascendente), mǎ «caballo» (tono descendente-ascendente), mà «reprender» (tono descendente).

En lenguas no tonales, el tono es un componente de la *entonación*, que afecta el grupo fónico total, y que por lo común presenta tres posibilidades: entonación suspensiva, ascendente y descendente. La interpretación semántica de estos tipos de entonación —enunciado incompleto, interrogación y entonación «normal» o no marcada, respectivamente— parece ser universal.

Otro factor prosódico es la duración. En estoniano se dan tres grados de duración. Así, las vocales de [isa] «padre» son cortas, la primera vocal de [væ:ra] «incorrecto (genitivo)» es larga, y la de [væ::r] «incorrecto (nominativo)» es aún más larga. Si se usa la *mora* como medida de duración, habrá que decir que estas vocales tienen duración de una, dos y tres moras respectivamente.

La duración puede afectar tanto a las consonantes como a las vocales. En italiano, por ejemplo, *fatto* «hecho», con una oclusiva larga, contrasta con *fato* «destino», con una oclusiva corta. Es común analizar las consonantes largas como geminadas, es decir, consonantes dobles. Este análisis también se puede aplicar a las vocales largas, pero su adecuación depende de los hechos particulares de la lengua en cuestión. Así, si sobre una vocal larga existe variación tonal, parece adecuado analizarla como una geminada; si, por el contrario, la vocal se comporta en todo como una vocal simple, resulta más adecuado analizarla como una sola vocal con el rasgo distintivo de longitud.

Finalmente, hay que considerar el factor prosódico del acento, según el cual ciertos elementos nucleares son más prominentes que otros. Así, en *sábana,* el acento recae sobre la primera sílaba, mientras que en *sabana* sobre la segunda, y en *pagaré* en la última sílaba.

En una palabra como *testamento*, el acento principal recae sobre la penúltima sílaba, pero hay además un acento secundario sobre la sílaba inicial. Si examinamos unidades más largas que la palabra, por ejemplo un sintagma como *testamento falso*, podemos distinguir aun más grados de acento: acento primario sobre la primera sílaba de *falso*, secundario sobre la penúltima sílaba de *testamento*, y acento débil sobre las demás sílabas de ambas palabras.

La distribución de los acentos en la frase es siempre predecible sobre la base de la estructura sintáctica de la unidad en cuestión más la ubicación del «foco» informativo. Así, en el ejemplo anterior, tratándose de un sintagma nominal, la distribución de los acentos es como la describimos, suponiendo un uso normal, no contrastivo. Pero también podría ser *te$\overset{3}{s}$tam$\overset{1}{e}$nto f$\overset{2}{a}$lso* (en que el 1 indica el acento primario), si la frase se da en un contexto en que el «foco» de la información deba ser sólo *testamento*, por ejemplo como respuesta a la pregunta: *¿Dijiste monumento falso?* En cambio, en un sintagma verbal como *«testamento» dije*, el acento primario debe caer sobre la penúltima sílaba de *testamento*, ya que en esta construcción el foco no puede incluir nada más que *testamento*.

La posibilidad de predecir mediante reglas la distribución de los acentos dentro de la palabra varía de una lengua a otra. En francés, una regla muy general predice la colocación del acento léxico: acentúese la última sílaba de la palabra. En castellano, las reglas son distintas para los verbos y para las formas no verbales. Para estas últimas, la regla parece ser: acentúese la penúltima sílaba si la palabra termina en vocal, y la última si termina en consonante. Sin embargo, todavía queda una quinta parte del léxico que no se ajusta a la regla y que hay que marcar de algún modo como excepción: palabras como tabú, cárcel, espíritu, análisis, etc.

3. LOS RASGOS DISTINTIVOS DE JAKOBSON

La clasificación articulatoria de los sonidos del lenguaje no ofrece límites claros. El descubrimiento de una nueva lengua puede muy bien comportar la hipotetización de nuevos rasgos fonéticos. Roman Jakobson, en un tratado conjunto con G. Fant y M. Halle (1963) ha propuesto, por otra parte, una teoría de rasgos distintivos, definidos tanto articulatoria como acústicamente, según la cual todos los rasgos de las lenguas del mundo, menos los prosódicos, se reducen a trece propiedades binarias, que examinamos a continuación:

1) Consonántico/no consonántico
Acústicamente, un sonido consonántico tiene menor energía total que

uno no consonántico; desde el punto de vista articulatorio, un sonido consonántico se distingue por la presencia de una obstrucción en el conducto vocal.

Consonánticas son las consonantes propiamente tales, incluyendo las líquidas, pero excluyendo las semivocales, las semiconsonantes y las glotales. No consonánticas son estas últimas y las vocales.

2) Vocálico/no vocálico

Acústicamente, un sonido es vocálico si tiene formantes bien definidos; desde el punto de vista articulatorio, un sonido es vocálico si la excitación primaria o única ocurre en la glotis y el conducto vocal está libre de obstrucción.

Vocálicas son las vocales y las líquidas. No vocálicas son las consonantes no líquidas.

Estos dos primeros rasgos definen cuatro clases de sonidos, de la siguiente manera:

(1)	Consonantes propiamente tales	Vocales	Líquidas	Semivocales, semiconsonantes y glotales
Consonántico	+	−	+	−
Vocálico	−	+	+	−
	Ejemplos: p, m	a, i	l, r	w, h

Además, esta clasificación permite especificar otras clases de sonidos: por ejemplo, la clase de consonantes propiamente tales y de líquidas queda definida por el rasgo [+consonántico], la de consonantes propiamente tales más semivocales, semiconsonantes y glotales, por el rasgo [−vocálico], la de vocales y líquidas por el rasgo [+vocálico], y la de vocales más semivocales, semiconsonantes y glotales por el rasgo [−consonántico]. Haciendo uso de una convención que definiremos en el capítulo siguiente, es también posible definir otras clases.

La validez de las clases definidas por este sistema depende de si ellas funcionan o no como clases en relación con las reglas fonológicas de las lenguas del mundo. Así, por ejemplo, en inglés, las líquidas *l* y *r* funcionan como núcleos silábicos, es decir, adoptan la función característica de las vocales, en palabras como *ladle* «cucharón» y *writer* «escritor». Parece justificarse, entonces, la clase de elementos [+vocálico] que agrupa a vocales y líquidas. Sin embargo, también las nasales pueden ser silábicas en inglés: por ejemplo, la nasal final de *button* «botón». Pero el sistema de Jakobson no permite agrupar las nasales con las vocales y líquidas sino por medio de la clase disyuntiva {[+vocálico] o [+nasal]}. Si podemos mostrar que esta agrupación de vocales, líquidas y nasales no es una peculiaridad exclusiva del inglés sino que se da con bastante frecuencia, podremos argumentar que la teoría de Jakobson es defectuosa y que ha de ser reemplazada por otra que permita agrupar estos sonidos de manera más simple. Este es, en efecto, uno de los varios aspectos en que la teoría de Chomsky y Halle (1968), que presentaremos más adelante, difiere de la de Jakobson.

Los tres rasgos siguientes corresponden al punto de articulación en las consonantes y a la posición de la lengua en las vocales.

3) Grave/agudo

Acústicamente, un sonido es grave si su energía está concentrada en las frecuencias bajas; desde el punto de vista articulatorio, los sonidos graves se articulan en la periferia, es decir, en la parte anterior o en la parte posterior de la cavidad oral. Así, las consonantes labiales y velares son graves, mientras que las dentales, alveolares y palatales son agudas. Entre las vocales, las posteriores son graves, mientras que las anteriores son agudas; las centrales suelen clasificarse preferentemente como graves.

El lector puede comprobar la diferencia entre una consonante grave como [p] y una aguda como [t], pronunciando ambas aisladamente sin acompañarlas de ninguna vocal. Las frecuencias de la primera son mucho más bajas que las de la segunda.

Asimismo, se puede comprobar el carácter grave de una vocal como [u] frente al agudo de [i] pronunciando ambas vocales en susurro, sin vibración de las cuerdas vocales. De nuevo, el primer sonido es bajo, grave, y el segundo agudo.

El siguiente cuadro ilustra la aplicación del rasgo grave/agudo:

(2)
	p	t	č	k	i	e	a	o	u
Grave	+	−	−	+	−	−	+	+	+

Aunque los rasgos jakobsonianos son binarios, su aplicación es relativa, es decir, un sonido puede ser clasificado de una manera en una lengua y de manera diferente en otra, según el sistema de que forme parte. El carácter relativo del rasgo de gravedad se puede apreciar, por ejemplo, comparando la clasificación dada más arriba con el sistema consonántico del quechua, en que hay una oclusiva uvular que contrasta con la oclusiva velar. Como en términos relativos un sonido uvular es más grave que uno velar, en un sistema como el del quechua, el primero se clasifica como grave y el último como agudo:

(3)
	p	t	č	k	q
Grave	+	−	−	−	+

La relación establecida por este rasgo entre consonantes labiales y velares (o uvulares como en el caso del quechua) se ve corroborada, por ejemplo, en la fonología diacrónica del rumano, en que las velares del latín se han hecho labiales: lat. *lingua*, rum. *lîmba*; lat. *lacte*, rum. *lapte*. Para la fonética articulatoria, este cambio de sonidos carece de explicación.

Por otra parte, la relación que establece el rasgo de gravedad entre ciertas consonantes y ciertas vocales está reflejada en el siguiente fenómeno del maxakalí, lengua indígena del Brasil:

Las palabras que terminan en oclusiva agregan una vocal al final y eliden facultativamente la oclusiva. Después de [p], se agrega [o]; después de [k], [ɯ] (vocal cerrada posterior no redondeada); después de [č], [i]; después de [t], [a]. Nótese que las consonantes graves [p] y [k] agregan vocales graves, y las consonantes agudas [t] y [č] agregan vocales agudas (la vocal [a] funciona como aguda en esta lengua).

Dentro de la teoría articulatoria tradicional no hay explicación para este fenómeno de asimilación. La teoría de Jakobson, por otra parte, gracias a la inclusión del rasgo de gravedad, proporciona un principio explicativo.

4) Difuso/no difuso

Acústicamente, un sonido es difuso si su energía se sitúa hacia las zonas extremas del espectro. Desde el punto de vista articulatorio, un sonido es difuso si la cavidad que queda por delante de la obstrucción (en las consonantes), o del estrechamiento (en las vocales) es menor que la que queda por detrás.

Para las consonantes, esto significa que las labiales, dentales y alveolares son difusas, y las demás no difusas. En cuanto a las vocales, las cerradas son difusas, las demás no lo son:

(4)
	p	t	č	k	i	u	e	a	o
Difuso	+	+	−	−	+	+	−	−	−

5) Compacto/no compacto

Este rasgo se aplica solamente a las vocales. Una vocal compacta tiene la energía concentrada en la región central del espectro. Son compactas las vocales abiertas.

Combinando los rasgos difuso/no difuso y compacto/no compacto se obtiene una clasificación que corresponde a tres grados de abertura en la fonética articulatoria tradicional: una vocal cerrada como la [i] o la [u] es [+difuso, −compacto]; una vocal abierta como la [a] es [+compacto, −difuso], y una vocal media como la [e] o la [o] es [−difuso, −compacto].

La base acústica de esta clasificación se hace patente en los siguientes espectrogramas esquemáticos de estas cinco vocales:

(5)

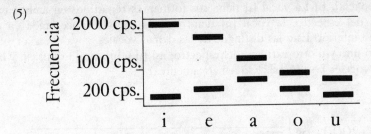

En este tipo de representación gráfica de la composición armónica de los sonidos, las dos barras que representan cada sonido son los llamados *formantes*, las áreas en que hay mayor concentración de energía. El primer formante, el inferior, es relativamente bajo para las vocales [i] y [u], un poco más alto para [e] y [o], y más alto para [a], lo cual indica que corresponde, en la articulación, a la mayor o menor abertura de la cavidad oral: el primer formante es más alto cuanto mayor la abertura. Esto puede comprobarse por medio del siguiente experimento:

Dispónganse la lengua y los labios en la posición de una vocal determinada. Luego, sin emitir la vocal, pero manteniendo la posición que se requeriría para su articulación, golpéese la laringe (es decir, la llamada «nuez de Adán») con un dedo. La diferencia de frecuencia que se percibe para las distintas vocales corresponderá aproximadamente a la posición del primer formante en el cuadro anterior. Conviene recordar aquí que al susurrar las vocales se distingue otro componente, a saber, el segundo formante. Así, por ejemplo, una [i] susurrada suena más alta que una [a]. Pero, por otra parte, al golpear la laringe, la frecuencia de [a] es más alta que la de [i]. Como se ve, esto corresponde, respectivamente, a la posición de los formantes segundo y primero. La posición del segundo formante determina la gravedad de la vocal, como se indica en el cuadro siguiente, y corresponde en la articulación a la posición anterior o posterior de la lengua:

(6)

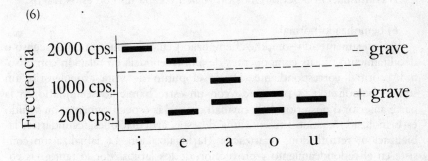

Por otro lado, los rasgos difuso y compacto están determinados por la ubicación de ambos formantes: a) Como [a] tiene ambos formantes concentrados hacia el centro del espectro, es [+compacta]; las demás vocales son

[−compacta]. b) La vocal [i] tiene sus formantes repartidos en ambos extremos del espectro; la vocal [u] tiene toda la energía concentrada en el extremo inferior. Esto las distingue de las demás vocales, cuya energía no se sitúa en uno y/u otro extremo del espectro; así [i] y [u] son [+difusas], y las demás vocales [−difusas]. Esquemáticamente:

(7)

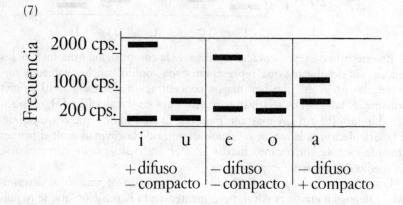

Los demás rasgos son los siguientes:

6) bemolizado/normal
7) sostenido/normal
8) nasal/oral
9) tenso/flojo
10) sonoro/sordo
11) continuo/interrupto
12) estridente/mate
13) glotalizado/no glotalizado

A continuación describiremos brevemente cada uno de estos rasgos.

6) bemolizado/normal

Acústicamente, un sonido es bemolizado cuando muestra un descenso o debilitamiento de sus componentes de alta frecuencia en relación con el sonido normal correspondiente. Desde el punto de vista articulatorio, un sonido bemolizado es producido con un estrechamiento secundario en la parte anterior o posterior de la cavidad oral. Más específicamente, un sonido es bemolizado cuando presenta una de estas articulaciones secundarias: labialización, retroflexión, velarización, faringalización. La labialización consiste en el redondeamiento y proyección de los labios. Por lo tanto, las vocales redondeadas [o], [u], [ü], etc. son bemolizadas, como también las consonantes labializadas, por ejemplo la [tʷ] inicial de *tuerto*. La retroflexión consiste en curvar la punta de la lengua hacia el paladar. Se articula de este modo la *r* del inglés norteamericano, y ha de clasificarse, por tanto, como

[+bemolizada]. La velarización consiste en alzar la parte posterior de la lengua hacia el velo del paladar mientras articula un sonido no velar. La *l* final de sílaba y la *l* silábica del inglés son articuladas de este modo, y han de clasificarse, por tanto, como [+bemolizadas]. Obsérvese, por ejemplo, el contraste entre la *l* del inglés *meal* «comida» ·y la del castellano *mil*. En catalán, la *l* es también velarizada, y por tanto [+bemolizada]. Compárese, por ejemplo, cast. *cal* y cat. *cal* «es necesario». Finalmente, la faringalización consiste en retraer la parte posterior de la lengua hacia la faringe mientras se articula un sonido no faríngeo. Esto sucede, por ejemplo, en tamazight (lengua berberisca), en que [z^{b}urn] «hicieron un peregrinaje», con una consonante inicial faringalizada, contrasta con [zurn] «son gordos», con una consonante inicial simple.

La teoría de Jakobson, que agrupa los procesos articulatorios de labialización, retroflexión, velarización y faringalización en un solo rasgo, bemolizado, predice que estos procesos no pueden coexistir en una lengua, y constituye, en este sentido, un avance importante hacia la definición de las características universales del lenguaje humano.

7) sostenido/normal

Acústicamente, un sonido es sostenido si, en contraste con el sonido normal correspondiente, muestra una elevación de los componentes armónicos altos. Desde el punto de vista articulatorio, el rasgo *sostenido* corresponde a la palatalización: son sostenidos los sonidos palatalizados, por ejemplo, la [k^y] del castellano seguida de vocal anterior, como en *quien*, *quiso*, etc., especialmente en la pronunciación chilena.

8) nasal/oral

Acústicamente, un sonido nasal se distingue de un sonido oral por el debilitamiento de ciertos formantes, especialmente el primero, y la introducción de formantes adicionales. Desde el punto de vista articulatorio, se produce un sonido nasal cuando participa la cavidad nasal como resonador. Nasales son [m], [n], [ñ], las vocales francesas de palabras como *bon* «bueno», *sans* «sin», etc.

9) tenso/flojo

Acústicamente, un sonido tenso presenta mayor concentración de energía en el espectro que el correspondiente sonido flojo. Desde el punto de vista articulatorio, un sonido tenso presenta mayor dislocación del conducto vocal con respecto a la posición de reposo que un sonido flojo. En inglés, por ejemplo, las vocales de *beat* «golpear» y *bait* «carnada» son tensas, mientras que las de *bit* «pedazo» y *bet* «apuesta» son flojas.

Entre las consonantes, la tensión corresponde a diversos procesos articulatorios. Una consonante aspirada, por ejemplo la consonante inicial del inglés *pen* «pluma», es tensa en relación con una no aspirada, por ejemplo la [p] del inglés *spend* «gastar» o del castellano *pena*. Una consonante sorda es por lo común tensa con respecto a la sonora correspondiente. Contrástese, por ejemplo, las consonantes iniciales de *pala* y *bala*.

El carácter relativo del rasgo de tensión está claramente expuesto en el sistema consonántico del danés, en que un fonema tenso /t/ se opone a uno flojo /d/: el primero se manifiesta como [t] en posición inicial y como [d] en posición intervocálica, mientras que el segundo es [d] en posición inicial y [đ] en posición intervocálica. Así resulta que el mismo sonido [d] corresponde o bien al fonema tenso o bien al flojo, según la posición dentro de la palabra.

10) sonoro/sordo

Acústicamente, un sonido es sonoro si su espectrograma muestra una «banda sonora», correspondiente a la frecuencia fundamental. Desde el punto de vista articulatorio, un sonido es sonoro si durante su articulación vibran las cuerdas vocales. Las consonantes [b], [d], [w], [l], etc. son sonoras; las consonantes [p], [t], [s], etc. son sordas.

11) continuo/interrupto

Acústicamente, un sonido interrupto se caracteriza por el silencio (por lo menos en las frecuencias superiores a las correspondientes a la vibración de las cuerdas vocales) seguido y/o precedido de energía esparcida sobre una región amplia del espectro, mientras que un sonido continuo se caracteriza por la ausencia de transición abrupta entre el sonido y el silencio. Articulatoriamente, un sonido interrupto presenta una activación o desactivación abrupta de la fuente de sonido, por ejemplo, por la rápida oclusión o apertura que caracteriza a las llamadas consonantes oclusivas.

Claramente, las vocales y las fricativas son sonidos continuos, mientras que las oclusivas y africadas son interruptas. No es claro cómo se aplica este rasgo a las consonantes nasales, sin embargo. Según la definición acústica, parecería que hay que clasificarlas como continuas, pero la definición articulatoria sugiere que pueden ser clasificadas como interruptas, ya que presentan el mismo tipo de oclusión oral que las oclusivas. La práctica más común es considerar a las nasales como sonidos interruptos.

La aplicación de este rasgo a las líquidas se ha prestado también a controversia. Originalmente, Jakobson sugirió que las vibrantes simples y las múltiples (como en *caro* y *carro* respectivamente) eran interruptas mientras que las demás líquidas eran continuas, pero posteriormente Chomsky y Halle (1968:318) han sugerido la clasificación opuesta, basándose en el hecho de que una lateral como [l] presenta oclusión completa en el conducto central de la cavidad oral, mientras que el movimiento rápido de la lengua que produce una vibrante no alcanza a constituir una oclusión propiamente tal. Evidentemente, ésta es una cuestión aún no resuelta.

12) estridente/mate

Acústicamente, un sonido estridente presenta ruido de mayor intensidad que un sonido mate. Articulatoriamente, en la producción de los sonidos estridentes hay un obstáculo más complejo que en la de los sonidos mates, lo que provoca una turbulencia enérgica del aire espirado.

El rasgo *estridente* se aplica en dos situaciones:

a) Primero, este rasgo distingue las africadas (como [č], [c]), que son [+estridentes], de las oclusivas simples (como [p], [t], [k]), que son [−estridentes].

b) Por otra parte, este rasgo distingue fricativas estridentes como [s] y [š] de fricativas mates, como la zeta [ϑ] del castellano peninsular o el sonido inicial del inglés *thin* «delgado».

13) glotalizado/no glotalizado

Acústicamente, un sonido glotalizado presenta una mayor descarga de energía en un intervalo reducido de tiempo que un sonido no glotalizado. Desde el punto de vista articulatorio, un sonido glotalizado presenta una oclusión glotal simultánea con una oral, seguida de compresión de la cavidad comprendida entre ambas oclusiones, por elevación de la glotis. Esta compresión produce la fuerte explosión característica de los sonidos glotalizados al abrirse las oclusivas. Es glotalizada, por ejemplo, la consonante inicial de [tʔanta] «pan» en quechua.

4. LOS RASGOS DISTINTIVOS SEGÚN CHOMSKY Y HALLE

Chomsky y Halle han propuesto una versión modificada de la teoría de los rasgos distintivos en su *Sound Pattern of English* (1968). Las modificaciones se basan o bien en que el sistema de Jakobson no puede dar cuenta de ciertos contrastes fonéticos o en que no establece las relaciones adecuadas entre ciertos sonidos.

4. 1. *Clases mayores*

El sistema de Jakobson distingue cuatro clases mayores de sonidos, según la especificación de los rasgos consonántico y vocálico, como sigue:

(8)

	Consonantes propiamente tales	Líquidas	Semivocales y glotales	Vocales
Consonántico	+	+	−	−
Vocálico	−	+	−	+

No es posible en este sistema agrupar las líquidas y las nasales en una clase sino por una enumeración disyuntiva de rasgos. Como líquidas y nasales funcionan en muchas lenguas como una clase natural, el sistema de rasgos debe ser modificado de tal modo que permita la agrupación de estos sonidos. Chomsky y Halle han propuesto la adición del rasgo *obstruyente* a tal efecto: obstruyentes son las oclusivas (no nasales), las fricativas y las africadas. Las demás consonantes (nasales, líquidas, semivocales) y las vocales son no obstruyentes. Chomsky y Halle clasifican también a las glotales [ʔ] y [h] como no obstruyentes, pero otros fonólogos discrepan (por ejemplo, Schane [1973:27] y Hyman [1975:45]).

Otra deficiencia del sistema de Jakobson es que no permite distinguir una consonante *silábica*, como la consonante final del inglés *button* [bəʔn̩] «botón» de una *no silábica*, como la inicial de *nota*. Para suplir esta deficiencia, Chomsky y Halle proponen reemplazar el rasgo *vocálico* por el rasgo *silábico*.

Ilustramos las clases especificadas por los tres rasgos mayores en el siguiente cuadro (en que nuestra aplicación del rasgo *obstruyente* a las glotales difiere de la propuesta por Chomsky y Halle, y se ajusta, en cambio, a la práctica representada por Schane y Hyman, citados más arriba):

(9)	Oclusivas, fricativas, africadas	Nasales, líquidas no silábicas	Nasales, líquidas silábicas	Glotales	Semiconsonantes, semivocales	Vocales
Silábico	−	−	+	−	−	+
Obstruyente	+	−	−	+	−	−
Consonántico	+	+	+	−	−	−

4.2. *Rasgos relativos al punto de articulación*

En el sistema de Jakobson, el punto de articulación está especificado por los rasgos *grave* y *difuso*. Chomsky y Halle han propuesto los siguientes rasgos para especificar el punto de articulación: *anterior, coronal,* y *distribuido*.

Un sonido es *anterior* si se articula en la región alveolar, dental o labial. Un sonido es *coronal* si se articula con la parte anterior de la lengua, ya sea con el predorso o con el ápice. La aplicación de estos dos rasgos produce una clasificación de las consonantes que es paralela a la que se obtiene de los rasgos jakobsonianos *grave* y *difuso*, como se ve en el cuadro siguiente:

(10)	p	t	č	k
Anterior	+	+	−	−
Coronal	−	+	+	−
Difuso	+	+	−	−
Grave	+	−	−	+

La diferencia con respecto al sistema de Jakobson es la siguiente: a) el rasgo *anterior* no cumple ninguna función diferenciadora con respecto a las vocales, ya que todas son [−anterior]; b) el rasgo *coronal* distingue sólo vocales retroflejas de vocales no retroflejas. Los rasgos jakobsonianos *grave* y *difuso* tenían funciones diferenciadoras más importantes con respecto a las vocales.

Siguiendo con las modificaciones propuestas por Chomsky y Halle a la teoría de rasgos distintivos, ni los rasgos *grave* y *difuso* ni los rasgos *anterior* y *coronal* permiten distinguir entre consonantes bilabiales y consonantes labiodentales o entre dentales y alveolares. En el sistema de Jakobson, tanto bilabiales como labiodentales son [+grave, +difuso], y tanto dentales como alveolares son [−grave, +difuso]. En el sistema de Chomsky y Halle, bilabiales y labiodentales son [+anterior, −coronal], y dentales y alveolares, [+anterior, +coronal].

En muchas lenguas no es necesario hacer la distinción entre bilabiales y labiodentales o entre dentales y alveolares, ya que hay otros rasgos que distinguen los sonidos en cuestión. En castellano, por ejemplo, las oclusivas [p, b, m] son bilabiales, mientras que la fricativa [f] es labiodental. El rasgo *continuo* distingue, entonces, a [f] de [p, b, m], y no es necesario especificar a aquélla como labiodental y a éstas como bilabiales.

En cuanto a la distinción entre dentales y alveolares, el castellano peninsular opone una fricativa (inter)dental sorda [θ] como en *caza* a una fricativa alveolar sorda como en *casa*. Si bien es cierto que en términos de los rasgos *anterior* y *coronal* no se establece ninguna diferencia (ambas son [+anterior, +coronal], estas consonantes se distinguen en cuanto a la estridencia: [θ] es [−estridente] y [s] [+estridente].

Hay otras lenguas, sin embargo, en que las distinciones bilabial/labiodental y dental/alveolar no van acompañadas de ninguna otra diferencia. Por ejemplo, en araucano, una [t] dental se opone a una [ṭ] alveolar ([muṭa] «cuerno» vs. [putun] «beber»). Para especificar esta oposición, Chomsky y Halle han recurrido a la distinción tradicional entre sonidos *apicales*, articulados con la punta de la lengua, y sonidos *laminales*, articulados con toda la parte anterior de la lengua. En la articulación de un sonido apical, por ejemplo la [t] alveolar del araucano, el área de contacto en el sentido longitudinal es relativamente pequeña en comparación con el área de contacto de un sonido laminal como la [t] dental del araucano. Del mismo modo, el área de contacto en la articulación de un sonido labiodental es más reducida que la de un sonido bilabial. Los sonidos con un área longitudinal de contacto relativamente extendida (bilabiales y laminales) son [+distribuido]; los sonidos con un área longitudinal de contacto menor (labiodentales y apicales) son [−distribuido].

4.3. Rasgos relativos a la posición del dorso de la lengua

La posición del dorso de la lengua determina tres rasgos que se aplican tanto a las vocales como a las consonantes: *alto, bajo* y *retraído*.[3]

Estos rasgos están definidos en relación a la posición neutra de la lengua, aproximadamente la de la [ɛ] del inglés *bed* «cama». Si el dorso de la lengua ocupa una posición más alta, más baja o más retraída que la posición neutra, el sonido en cuestión es [+alto], [+bajo] o [+retraído] respectivamente.

La aplicación de estos rasgos a las vocales es clara: las vocales cerradas son [+alto], las vocales abiertas son [+bajo], y las vocales centrales y posteriores son [+retraído], como se indica en el cuadro siguiente:

(11)

	i	u	e	o	a
Alto	+	+	−	−	−
Bajo	−	−	−	−	+
Retraído	−	+	−	+	+

Conviene recordar que el rasgo *anterior* se define, no en relación con la posición del dorso de la lengua, sino según la ubicación del punto de articulación en la cavidad oral; por ello, todas las vocales son [−anterior], ya que en su producción no se da propiamente ningún punto de articulación.

La aplicación de los rasgos *alto, bajo* y *retraído* a las consonantes es un poco más compleja. Por una parte, estos rasgos corresponden a puntos de articulación. Así, las palatales y velares son [+alto]; las labiales, dentales, alveolares, uvulares, faríngeas y glotales son [−alto]; las faríngeas son [+bajo], las demás consonantes son [−bajo]; y en cuanto al rasgo *retraído*, las velares, uvulares y faríngeas son [+retraído], las demás consonantes son [−retraído] (incluso las glotales, ya que el criterio es presencia versus ausencia de retracción de la lengua, y las glotales no presentan retracción).

Por otra parte, estos rasgos corresponden a ·articulaciones secundarias. Así, además de las palatales y velares, son [+alto] también las consonantes palatalizadas y las velarizadas; además de las faríngeas, son [+bajo] los sonidos faringalizados; y además de las velares, uvulares y faríngeas son [+retraído] los sonidos velarizados o faringalizados.

El siguiente cuadro resume la aplicación de los rasgos anterior, coronal, alto, bajo y retraído a las consonantes:

---

3. *Retraído* coresponde al rasgo «*back*» de Chomsky y Halle (1968: 305), que tanto en Chomsky y Halle (1979) como en Harris (1975 b) aparece traducido por *posterior*. Nosotros preferimos la denominación de *retraído*, por parecernos más descriptiva y porque evita el falso paralelismo que *anterior* y *posterior* podrían sugerir (aplicados a las vocales, especialmente).

(12)

	anterior	coronal	alto	bajo	retraído
labiales	+	−	−	−	−
dentales	+	+	−	−	−
labiales pala- talizadas	+	−	+	−	−
dentales pala- talizadas	+	+	+	−	−
palatales	−	−	+	−	−
labiales vela- rizadas	+	−	+	−	+
dentales vela- rizadas	+	+	+	−	+
velares	−	−	+	−	+
uvulares	−	−	−	−	+
labiales farin- galizadas	+	−	−	+	+
dentales farin- galizadas	+	+	−	+	+
faríngeas	−	−	−	+	+

Entre los rasgos que nos ocupan, quizás el más firmemente fundamentado es el rasgo *alto*. En diversas lenguas, las vocales altas se convierten en medias en el entorno de una consonante uvular o faríngea. En quechua, por ejemplo, las vocales cerradas [i u] se hacen medias [e o] cuando están en contacto con una consonante uvular. Este fenómeno resulta totalmente inusitado en un sistema que no incluye el rasgo *alto*. Con este rasgo, sin embargo, la regla resultante es un caso de asimilación perfectamente natural.

Recordemos que este rasgo opone tanto velares a uvulares como vocales cerradas a vocales no cerradas, como se indica en el siguiente cuadro:

(13)   k   q   i   u   e   o

     alto   +   −   +   +   −   −

Por lo tanto, la regla en cuestión dice que una vocal se hace [−alto] en contacto con una consonante [−alto, +retraído].

4.4. *Otros rasgos*

Los rasgos restantes del sistema de Chomsky y Halle pueden dividirse en dos clases para facilitar la exposición: a) rasgos idénticos a los de Jakobson; b) rasgos nuevos.

4.4.1. Rasgos idénticos a los de Jakobson

Esta clase incluye los rasgos siguientes:
a) sonoro/sordo
b) continuo/interrupto
c) tenso/flojo
d) nasal/no nasal
e) estridente/mate

Sólo los rasgos a) y d), sin embargo, se aplican en el sistema de Chomsky y Halle de la misma forma que en el sistema de Jakobson. Los demás difieren como se indica a continuación:

1) De acuerdo con Jakobson, el rasgo *continuo* clasifica a las líquidas así:

(14)	l	ɹ (fricativa)	ř (vibrante simple)	r̄ (vibrante múltiple)
continuo	+	+	−	−

Chomsky y Halle (1968:318), por otra parte, han sugerido que las vibrantes deben ser clasificadas como [+continuo], y que las laterales deben ser consideradas [−continuo]. Existe evidencia en castellano a favor de la posición de Chomsky y Halle. En la mayoría de los dialectos, *d* es oclusiva, es decir, [−continuo] después de pausa, nasal o *l*, y fricativa o [+continuo] en otros entornos, incluida la posición después de *r*. Si *l* es [−continuo] y *r* [+continuo], esta distribución resulta natural. Adoptaremos, por consiguiente, la posición de Chomsky y Halle con respecto a este rasgo.

2) En el sistema de Jakobson, el rasgo *tenso* distingue, entre otras, las consonantes aspiradas de las no aspiradas. En el sistema de Chomsky y Halle, las aspiradas siguen siendo consideradas [+tenso], pero este rasgo no distingue aspiradas de no aspiradas, ya que las oclusivas sordas no aspiradas son también [+tenso].

3) En el sistema de Jakobson, el rasgo *estridente* distingue, por una parte, ciertas fricativas entre sí (por ejemplo [s] versus [θ]) y además todas las africadas de las oclusivas. Hay lenguas, sin embargo, que contrastan las africadas [c] y [tᶿ], lo que plantea un problema para el sistema de Jakobson: si [s] es [+estridente] y [θ] [−estridente], resulta extraño clasificar tanto a [c] como a [tᶿ] como [+estridende]. Por otra parte, si [c] y [tᶿ] difieren en cuanto a estridencia, no se puede seguir sosteniendo que este rasgo distingue a las africadas de las oclusivas. Chomsky y Halle resuelven este problema manteniendo el rasgo *estridente* para distinguir entre dos tipos de fricativas, y añadiendo otro rasgo, *explosión retardada* [*delayed release*], para distinguir las africadas y fricativas de las oclusivas. Las primeras tienen una especificación positiva con respecto a este rasgo; las últimas, una especificación negativa.

4.4.2. *Rasgos nuevos*

Además de los rasgos señalados, Chomsky y Halle proponen otros, que describiremos brevemente:

1) succión velar

Este rasgo distingue los clics de los demás sonidos del lenguaje.

2) implosión

Este rasgo distingue las consonantes implosivas de las demás.

3) presión glotal

Este rasgo distingue las consonantes glotalizadas de las demás.

4) presión subglotal aumentada

Este rasgo es condición necesaria, pero no suficiente, para la aspiración, la cual requiere, además, ausencia de constricción en la glotis. El coreano presenta una clase de sonidos con constricción glotal y presión subglotal aumentada que contrasta con otras dos clases de oclusivas, como se indica en el cuadro siguiente:

(15)

	p^h	p	p^*
presión subglotal aumentada	+	−	+
constricción glotal	−	−	+

Capítulo dos

LAS REGLAS FONOLOGICAS

1. La fonología en relación con el resto de la gramática

El término *gramática* se usa en distintos sentidos. Tradicionalmente, la gramática ha sido considerada como el «arte de hablar y escribir correctamente una lengua». A esta concepción de la gramática como arte se opone la más moderna de gramática como ciencia de una lengua. Dentro de la concepción generativista del lenguaje, el término «gramática» tiene un doble sentido. Por una parte, denota el conjunto de reglas abstractas que capacitan al hablante competente de una lengua para comportarse como tal, es decir, para entender y producir las oraciones de su lengua. Por otra, gramática es la descripción explícita de tales reglas. Como la gramática interna del hablante es de difícil acceso, y el comportamiento lingüístico sólo da indicios indirectos de su estructura, las gramáticas explícitas destinadas a reflejar esa gramática interna son siempre hipótesis provisionales, sujetas a revisión a medida que avanza nuestro conocimiento del fenómeno lingüístico. En esto, por supuesto, la lingüística no difiere de otras ciencias.

La capacidad de entender y producir oraciones supone la de asociar sonidos y significados. Aunque hay principios generales que rigen la forma de esta asociación, cada lengua hace asociaciones específicas por medio de reglas particulares. De acuerdo al modelo generativista clásico, como se presenta en Chomsky (1965), la forma general de la gramática es la siguiente:

El componente central, la sintaxis, especifica las relaciones entre estructuras subyacentes y estructuras superficiales. En términos aproximados, dos oraciones tienen la misma estructura subyacente si su significado es equivalente. Así, por ejemplo, las oraciones (1) y (2)

(1)   La Inquisición condenaba a las brujas
(2)   Las brujas eran condenadas por la Inquisición

tienen la misma estructura subyacente. La sintaxis del español especifica esta estructura y la relaciona con las estructuras superficiales correspondientes.

La sintaxis es complementada por dos componentes interpretativos, la semántica y la fonología. La semántica asigna significados a las estructuras generadas por la sintaxis y establece diversas relaciones entre ellas. Por ejemplo, distingue entre oraciones semánticamente bien formadas como (1) y (2) y oraciones semánticamente anómalas, como la siguiente:

(3)   Este círculo es cuadrado

La fonología relaciona las estructuras sintácticas superficiales con una representación fonética.[1] Veamos un ejemplo. Sintácticamente, las palabras *casas, papeles* y *(los) lunes* tienen una estructura paralela. Todas ellas constan de un sustantivo acompañado de un morfema de plural:

(4)   casa+plural
      papel+plural
      lunes+plural

Fonéticamente, sin embargo, este morfema de plural tiene tres representaciones distintas: [s] en *casa*, [es] en *papeles*, y cero en *lunes*.

Es posible predecir esta alternancia por medio de reglas bastante generales (que explicaremos en la sección 4) si suponemos que la representación fonológica básica del morfema de plural es /s/ y —por ahora— que la colocación del acento está determinada a partir de ciertos factores del léxico. Nuestras reglas, entonces, deberán convertir representaciones como las del número (5), que llamaremos representaciones fonológicas, en las del número (6), que llamaremos representaciones fonéticas (estos términos están definidos más precisamente en la sección 3 de este capítulo y en el capítulo cinco).

(5)   a. /kasa+s/
      b. /papel+s/
      c. /lunes+s/

(6)   a. [kásas]
      b. [papéles]
      c. [lúnes]

Las reglas que se requieren para generar las representaciones fonéticas adecuadas de estas palabras son, básicamente, las siguientes:

---

1. El modelo generativista actual difiere en aspectos importantes del presentado en Chomsky (1965). Estas modificaciones, sin embargo, no afectan fundamentalmente a la fonología. Para una versión revisada del modelo generativista, véase Chomsky (1980) y Chomsky y Lasnik (1977).

(7)   Insértese la vocal [e] entre dos consonantes finales de palabra si la
        última vocal es acentuada.[2]

(8)   Elimínese una de dos consonantes idénticas al final de palabra.

Estas reglas producen la representación fonética correcta de *papeles* y
lunes respectivamente. Como ninguna de las dos reglas se aplica a *casas*, su
representación fonética es equivalente a la representación fonológica (con la
diferencia de que en ésta figuran los lindes morfemáticos).

Es necesario restringir la regla (7) a las consonantes finales de palabra, ya
que los grupos consonánticos internos no son afectados por esta regla, como
se ve en los ejemplos que siguen:

(9)   *insolente, vasto, parte, descalzo*

También es necesario restringir esta regla en otro sentido. Tal como está
formulada, se aplicaría a una palabra como *vals*, generando *vales. Hay que
distinguir, entonces, aquellos casos en que las dos consonantes entre las
cuales se inserta la vocal pertenecen a distintos morfemas, de aquellos casos
en que pertenecen al mismo morfema. Una versión más refinada de esta
regla es la siguiente:

(7')   Insértese la vocal [e] entre dos consonantes finales adyacentes
        pertenecientes a distintos morfemas, si la primera está precedida
        de una vocal acentuada.

2.   REQUISITOS DE UNA FONOLOGÍA ADECUADA

Los hechos que acabamos de mostrar pueden ser descritos de diversos
modos. En vez de postular una forma básica común para el morfema de
plural más dos reglas, podríamos, por ejemplo, postular una sola regla que
especifique la forma del plural:

(10)   El sufijo de plural es [es] después de vocal acentuada más conso-
        nante, cero después de vocal inacentuada más [s], y [s] en los
        demás casos.

Esta descripción de los hechos parecería ser más simple que la propuesta
en la sección anterior, ya que requiere una sola regla en vez de dos. Una
teoría fonológica adecuada, sin embargo, deberá preferir la primera solución
propuesta, por la siguiente razón: La regla (10), si bien describe los hechos

2.   Este análisis ha sido justificado en Contreras (1977). Un análisis alternativo, propuesto
por Harris (1969), considera la vocal final de *papeles* como parte de la representación fonológica. En este análisis, en vez de la regla (7), existe una regla que elide la vocal en el singular.

correctamente, no los explica. Su forma no se alteraría sustancialmente si las variantes del plural fueran radicalmente distintas, digamos [p] para palabras como *papel*, [ax] para palabras como *lunes*, y [t] para palabras como *casa*. En cambio, una fonología que expresa la alternancia del plural por medio de reglas del tipo (7') y (8) refleja automáticamente la diferencia de «naturalidad» entre los hechos reales del castellano y la situación hipotética que planteamos. En la situación real, dada la relación fonética entre las tres variantes del plural, es posible formular reglas generales como (7') y (8). Esto no sería posible en la situación hipotética. En la medida en que la fonología constituye un intento de explicación de lo que es posible y «natural» dentro de las lenguas, la solución que hemos propuesto es superior a la de la regla (10) porque tiene mayor poder explicativo (véase el capítulo 7, donde se desarrolla la problemática relacionada con el tema de la «naturalidad»).

Este poder explicativo se refleja también en la función común a las dos reglas planteadas. Nótese que en ambos casos se trata de evitar un grupo consonántico final, en uno por inserción de una vocal y en el otro por elisión de una consonante. Estas dos reglas constituyen, entonces, uno de los factores que contribuyen al hecho de que en castellano los grupos consonánticos finales están limitados a algunos préstamos de otras lenguas, como *vals, golf,* etc. y a palabras cultas como *tórax*.

En cambio, una regla del tipo (10) no establece ninguna relación entre la alternancia del plural y el hecho que acabamos de señalar. Para que una fonología tenga poder explicativo, sus reglas deben estar expresadas en la forma más general posible.

Consideremos el siguiente ejemplo:

En turco, el sufijo de plural es *-lar* o *-ler* según cuál sea la vocal de la raíz:

(11)

evler	«casas»
günler	«días»
gözler	«ojos»
ziller	«campanas»
dostlar	«amigos»
adamlar	«hombres»
kuslar	«pájaros»
kɯzlar	«niñas»

Se podría describir la distribución de estas dos formas del sufijo de plural por medio de la siguiente regla:

(12)   El sufijo de plural es *-ler* si la raíz contiene las vocales [e], [ü], [ö] o [i], y *-lar* si la vocal de la raíz es [o], [a], [u] o [ɯ].

Esta regla representa un grado mínimo de generalización. En vez de hacer listas de las raíces que toman el sufijo *-lar* y de aquéllas que toman

-*ler*, se ha identificado un factor, a saber, la vocal de la raíz, como determinante de esta selección. Es claro, sin embargo, que no se ha generalizado lo suficiente. Las vocales [o], [a], [u] y [ɯ] tienen algo en común que las distingue de las otras cuatro vocales del turco ([e], [ü], [ö], [i]), a saber, son todas retraídas. En vista de esta observación, se puede formular la regla en cuestión de la siguiente manera:

(13)   La vocal del sufijo de plural concuerda con la vocal de la raíz en cuanto al rasgo *retraído*.

Considerando la siguiente clasificación de las vocales del turco,

(14)

	i	ü	u	ɯ	e	ö	o	a
alto	+	+	+	+	−	−	−	−
retraído	−	−	+	+	−	−	+	+
redondeado	−	+	+	−	−	+	+	−

es claro que en el léxico habrá que especificar que la forma del sufijo de plural es *l+vocal no alta no redondeada+r*. Dada esta especificación, la regla (13) predice los casos en que esta vocal es retraída [a], y aquéllos en que no lo es [e].

Finalmente, las reglas fonológicas deben tener realidad psicológica. La fonología no es un mero ejercicio matemático en que se prefiere la formulación más general y elegante. No hay que perder de vista que lo que se quiere describir es la capacidad lingüística del hablante. No es siempre fácil acceder a esta capacidad lingüística, pero esto no justifica su abandono como meta de la descripción fonológica.

El tratamiento de los préstamos de otras lenguas puede ocasionalmente arrojar luz sobre la realidad psicológica de ciertas reglas. Consideremos el siguiente caso: en Venezuela, se usa la palabra *rin* (del inglés *rim*) para designar la parte metálica de la rueda de un automóvil. El plural de *rin* es *rines*, lo que corrobora la existencia de la regla que hemos propuesto más arriba y que inserta una *e* entre las dos consonantes finales del plural de una palabra que termina en vocal acentuada más consonante. Si tenemos en cuenta que en inglés el plural es *rims*, no cabe duda que el plural de la forma venezolana se obtiene por la operación de esta regla de inserción de [e]. Este tipo de datos puede servir, entonces, para decidir entre dos o más análisis del mismo fenómeno.

3. NIVELES DE REPRESENTACIÓN

Las representaciones del componente fonológico de la gramática tienen la forma de matrices en que a cada sonido se asigna una especificación con respecto a todos los rasgos fonéticos. Así, por ejemplo, la representación fonética de la palabra *cabo* es la siguiente:

	k	á	ƀ	o
(13)				
consonántico	+	−	+	−
silábico	−	+	−	+
continuo	−	+	+	+
nasal	−	−	−	−
coronal	−	−	−	−
retraído	+	+	−	+
redondeado	−	−	−	+
acentuado	−	+	−	−

Por razones prácticas, sin embargo, se usa generalmente la representación lineal por medio de símbolos alfabéticos, en este caso, [káƀo]. Hay que distinguir esta *representación fonética* de la *representación fonológica*, que es más abstracta. La representación fonológica excluye todo contraste que esté sujeto a una regla (para mayor precisión, véase el capítulo 3). Así, en nuestro ejemplo, hay dos contrastes que obedecen a reglas y, en consecuencia, ambos quedan excluidos de la representación fonológica de la palabra: el primero es el contraste entre una vocal acentuada y una vocal inacentuada, y el segundo el contraste entre una oclusiva sonora como [b] y una fricativa sonora como [ƀ]. Estudiaremos la regla que asigna el acento más adelante; por ahora, lo único que interesa es que tal regla existe. En cuanto al contraste [b]/[ƀ], ya hemos visto (en el capítulo 1, § 1) que existe una regla general que determina en qué entornos se da [b] y en cuáles [ƀ]. Tomando las vocales inacentuadas como básicas con respecto a las acentuadas, y las consonantes oclusivas como básicas con respecto a las fricativas, obtenemos la siguiente representación fonológica para la palabra en cuestión: /kabo/.

En estas representaciones, hemos hecho uso de la siguiente convención: la representación fonética va encerrada en corchetes, y la representación fonológica en líneas paralelas inclinadas.

Problema: El lector o lectora puede ahora determinar la representación fonológica de las siguientes palabras, representadas aquí fonéticamente:

(14)   a. [lágo]   *lago*
         b. [traƀáxo]   *trabajo*
         c. [kaðéna]   *cadena*

Solución: Como hemos dado por supuesto que la colocación del acento está sujeta a una regla, las representaciones fonológicas no incluyen el acento, es decir, en las matrices representadas por nuestras transcripciones, todas las vocales están especificadas como [−acento]. Sabemos, además, que el contraste entre [g] y [g], [b] y [b], y [ð] y [d] está sujeto a regla, y hemos hipotetizado que la forma básica de estas parejas de sonidos es la variedad oclusiva (véase cap. 1, § 1). Por lo tanto, las representaciones fonológicas correspondientes son las siguientes:

(15) a. /lago/
      b. /trabaxo/
      c. /kadena/

Conviene advertir aquí que no existen procedimientos generales que garanticen el descubrimiento de las representaciones fonológicas adecuadas para una lengua determinada. Toda representación fonológica es producto de hipótesis formuladas por el lingüista, y su adecuación depende del poder explicativo de la teoría específica de que forman parte. En esto, la fonología generativa difiere radicalmente de la fonémica estructuralista norteamericana, en la que se intentaba formular procedimientos generales de análisis que identificaran las representaciones fonológicas adecuadas. Un ejemplo ilustrativo de las diferencias entre los dos tipos de análisis es el tratamiento de las consonantes nasales en castellano.[3] La fonémica estructuralista procede inductivamente, y establece los *fonemas* de la lengua de acuerdo al principio de oposición, que dice básicamente que dos sonidos constituyen distintos fonemas si se oponen el uno al otro. La definición de oposición fue siempre problemática, pero en los casos más claros corresponde a la aparición potencial de dos o más sonidos en el mismo entorno, con cambio de significado. Así se establece, sobre la base de ejemplos como los siguientes,

(16) cana, cama, caña

que los sonidos [n], [m] y [ñ] constituyen distintos fonemas. Se establece, además, que [ŋ], nasal que se da en palabras como *tango* [táŋgo], *banco* [báŋco], *franja* [fráŋxa], no es fonema distinto de los otros tres, porque nunca entra en oposición con ellos. Se asigna a [ŋ] el carácter de «variante» (o *alófono*) del fonema /n/ (aunque en términos de rasgos fonéticos quizás cupiera asignarlo a /ñ/, ya que tiene mayor semejanza fonética con este último),[4] y se formula una regla de distribución como la siguiente:

(17) El fonema /n/ tiene los siguientes alófonos:
      [ŋ] delante de [k], [g] y [x], [ṇ] delante de [t] y [d],
      [ṇ] —en el castellano peninsular— delante de [θ] y
      [n] en los demás entornos.

Notamos de paso que esta formulación en términos de fonemas y alófonos, no en términos de rasgos, no permite distinguir una regla natural de asimilación como ésta, en que cada entorno y el alófono por él condicionado

3. Por ejemplo, Cárdenas (1960) y Stockwell, Bowen y Silva-Fuenzaliza (1956).
4. [ŋ] difiere de [n] en la especificación de los rasgos *coronal, anterior, alto* y *retraído*; en cambio, [ŋ] difiere de [ñ] sólo con respecto a los rasgos *coronal* y *retraído*.

tienen en común los rasgos que determinan el punto de articulación (p.ej., el primer alófono [ŋ] comparte con su entorno el rasgo de velaridad, o en términos de Chomsky y Halle, los rasgos [+alto], [+retraído]), de una regla hipotética totalmente disparatada como la siguiente:

(18) El fonema /n/ tiene los siguientes alófonos:
      [ŋ] delante de [s], [p] y [m],
      [n] delante de [l], [b] y [k], etc.

Ignorando por ahora esta deficiencia de la regla (17), sigamos con el análisis fonémico estructuralista de las nasales en castellano. Como hemos visto, se determinan los fonemas sobre la base del concepto de oposición, y la representación fonémica incluye sólo fonemas, no alófonos. Así, las representaciones fonémicas de *tango, banco* y *franja* son /tango/, /banko/ y /franxa/ respectivamente.

Ahora bien, la mayor parte de la fonémica estructuralista norteamericana se rige por el principio *Once a phoneme, always a phoneme*, que significa que una vez establecido el carácter de fonema de un sonido determinado, hay que representarlo como tal en todos los casos, aun en aquellos entornos en que su aparición con respecto a otro fonema pudiera estar determinada por una regla. Esto implica que las representaciones fonémicas de *imposible* e *insalubre* son idénticas a sus representaciones ortográficas, ya que, sobre la base de la oposición *cama/cana* se ha establecido que /m/ y /n/ son fonemas diferentes. Es claro, sin embargo, que la aparición de [m] o [n] está determinada por la consonante siguiente (las combinaciones [np] y [ms] son imposibles en castellano) en la misma forma en que la aparición de [ŋ] (frente a los demás alófonos) está determinada por la consonante siguiente en *tango, banco* y *franja*. Para dar cuenta de este hecho, la fonémica estructuralista debe recurrir a un tercer nivel de representación llamado *morfofonémico*, cuyas unidades son los morfofonemas, unidades abstractas relacionadas con el fonema en la misma forma en que éste se relaciona con el alófono. La representación morfofonémica de *imposible* e *insalubre* es, pues, como sigue,

(19) {iNposible}, {iNsalubre}

y el morfofonema {N} se relaciona con los fonemas /m/ y /n/ por medio de la siguiente regla morfofonémica:

(20) El morfofonema {N} está representado por el fonema /m/
      delante de /p/, /b/ o /m/, y por el fonema /n/ en otros casos.

El cuadro siguiente resume el análisis fonémico estructuralista de las nasales en castellano:

(21)

Representación morfofonémica:	{iNposible}	{iNsalubre}	{iNgrato}	
Representación fonémica:	/imposible/	/insalubre/	/ingrato/	(regla 20)
Representación fonética:	[imposíble]	[insalúbre]	[iŋgráto]	(regla 17 y otras)

Dentro de este análisis, se requieren dos reglas, una morfofonémica (20) y otra fonémica (17), sin ninguna relación formal entre ellas, para dar cuenta de un fenómeno que es claramente unitario, y que, en aras a la simplicidad, debería estar expresado en el equivalente formal de la regla (22):

(22)   Las consonantes nasales asumen el punto de articulación
       de las consonantes no nasales inmediatamente siguientes.

En contraste con el análisis estructuralista, la fonología generativa tiende a la máxima generalización. Esto significa que se elimina el nivel intermedio de representación fonémica, y se postulan, en cambio, sólo dos niveles de representación, el fonológico (más o menos equivalente al nivel morfofoné- mico del estructuralismo norteamericano) y el fonético. La derivación de los ejemplos en cuestión es, en consecuencia, como sigue:

(23)

Representación fonológica:	/inposible/	/insalubre/	/ingrato/[5]	
Representación fonética:	[imposíble]	[insalúbre]	[iŋgráto]	(regla 22 y otras)

Para resumir, digamos que la fonología generativa reconoce dos niveles de representación en el componente fonológico: la representación fonológica y la representación fonética, de las cuales la primera es más abstracta que la segunda. La representación fonética especifica todos los rasgos que son de

5.   La selección de /n/ como representación fonológica está determinada por dos tipos de consideración. En cuanto a lo específico del castellano, [n] tiene una mayor libertad contextual que las demás nasales en el caso del prefijo en consideración, ya que se da no sólo delante de consonantes homorgánicas sino también delante de vocales, p. ej. *inalienable*. La segunda con- sideración es de tipo general; [n] parece ser la consonante nasal «no marcada», es decir, proto- típica, como lo indican su profusa distribución en las lenguas del mundo y los hechos relativos a la adquisición del sistema fonológico por parte del niño (véase el capítulo 7 al respecto).

alguna pertinencia lingüística,[6] en tanto que la representación fonológica registra sólo los rasgos que no están sujetos a regla general. El grado de abstracción permisible en la representación fonológica ha sido, y es, objeto de acalorada polémica. Discutiremos este problema en el capítulo cinco.

Pasamos ahora al examen de las reglas fonológicas.

4. LAS REGLAS FONOLÓGICAS

Las reglas fonológicas relacionan el nivel de representación fonológica con el de representación fonética. Al igual que en el caso de los niveles de representación, no hay procedimientos generales que permitan descubrir las reglas fonológicas de una lengua. Dada nuestra ignorancia con respecto a una multitud de hechos y principios lingüísticos, la mayoría de las reglas que proponemos en el análisis de una lengua son probablemente inadecuadas, y conforme vayamos obteniendo más información sobre esa lengua en particular y sobre el lenguaje en general, tendremos que irlas modificando. En esto, sin embargo, la lingüística no difiere de otras disciplinas: lo que importa es formular las reglas con suficiente explicitud como para poder someterlas a la comprobación empírica. Tal como en el caso de otras ciencias, no podemos estar seguros de que una regla determinada sea la regla adecuada. Lo que sí podemos decir, en un momento determinado, es que no ha sido refutada, y mientras no sea refutada, habrá que tenerla por valedera.

La propiedad más notable de las reglas fonológicas es que operan sobre lo que se ha llamado «clases naturales» de sonidos, es decir, sobre clases de sonidos que tienen rasgos fonéticos en común. (Para más detalles, consúltese el capítulo siete, sección 2.) Ya hemos visto, por ejemplo, que la regla que ajusta el punto de articulación de las nasales en castellano tiene ese carácter. En primer lugar, la regla afecta a las consonantes *nasales*, no a una clase arbitraria como, digamos, {/m/, /s/, /p/}. En segundo lugar, hay una relación fonética entre el entorno activante (la consonante que sigue a la nasal) y el producto de la regla: la nasal se hace bilabial delante de bilabial, velar delante de velar, etc. No sería natural una regla que convirtiera a una nasal en bilabial delante de dental, en velar delante de bilabial, etc.

Pasaremos revista, a continuación, a los principales tipos de reglas fonológicas que se dan en las lenguas del mundo. Los términos que usaremos para clasificar estas reglas están destinados sólo a facilitar la exposición, y no tienen ningún carácter técnico dentro de la teoría de la fonología generativa.

---

6. En la práctica, el grado de refinamiento de la representación fonética está determinado por convenciones más o menos generalizadas; fundamentalmente, se registran todas aquellas características fonéticas que en alguna de las lenguas del mundo conocidas son fonológicamente distintivas.

4.1. *Reglas de asimilación*

El tipo más importante de regla fonológica es el de asimilación. Por asimilación se entiende el proceso mediante el cual un segmento, es decir, una vocal o una consonante, se hace semejante a otro segmento dentro de la misma unidad fonológica.

Según la distancia entre el segmento asimilado y el asimilante podemos distinguir asimilación entre segmentos adyacentes y asimilación a distancia, y según el orden relativo de los segmentos asimilante y asimilado, podemos distinguir asimilación regresiva, asimilación progresiva y asimilación simultánea.

4.1.1. Asimilación entre segmentos adyacentes
A) Asimilación regresiva

La asimilación de la consonante nasal al punto de articulación de la consonante siguiente, que hemos venido considerando en castellano, es un ejemplo típico de asimilación entre elementos adyacentes. Es, además, un caso de asimilación regresiva porque el segmento asimilado precede al asimilante, es decir, porque la acción asimilante se efectúa, por decirlo así, de derecha a izquierda.

Otro caso semejante es el de la llamada *palatalización*, que consiste en que una consonante se hace palatal por influencia de una vocal o semiconsonante palatal siguiente. Esta regla opera en inglés, por ejemplo, en formas como las siguientes,

(24)   I miss you   «Te extraño/te echo de menos»
       I hit you   «Te golpeé»
       I led you   «Te guié»

en que las consonantes alveolares [s], [t] y [d] se convierten en las palatales [š], [č] y [ǰ] respectivamente, por influencia de la [y] siguiente. En efecto, las consonantes palatales mencionadas resultan de la fusión de las consonantes alveolares con la semiconsonante palatal [y].

Una regla semejante de palatalización explica también la evolución del latín a algunas lenguas románicas, por ejemplo, en el caso siguiente:

(25)   Latín: *centum*   [kentum] «cien»
       Italiano: *cento*   [čento]

B) Asimilación progresiva

Los casos de asimilación progresiva entre segmentos adyacentes son menos comunes que los de asimilación regresiva. Un ejemplo de este tipo es la asimilación que se da en warao, lengua indígena de Venezuela (véase Osborn 1966), en que la presencia de una consonante nasal produce la nasalización de todas las vocales o semiconsonantes siguientes (la [h] es una semiconsonante en esta lengua), siempre que no se interponga una consonante. Así, a las representaciones fonológicas (26)

(26)   /inawaha/   «verano»
        /mehokohi/   «sombra»

corresponden las representaciones fonéticas (27)

(27)   [ināw̃āh̃ā]
        [mēh̃õkohi]

C) Asimilación simultánea

En algunos casos la acción asimilante opera simultáneamente desde la derecha y desde la izquierda del segmento asimilado. Por ejemplo, en chatino, lengua indígena de México, las vocales se hacen sordas entre dos consonantes sordas. Compárese la lista (28), en que todas las vocales son sonoras, con la lista (29), en que la vocal de la primera sílaba es sorda.

(28)   [tiyéʔ]   «lima»
        [kinó]   «sandalia»
        [laʔá]   «lado»

(29)   [ti̥hí]   «duro»
        [ki̥sú]   «aguacate»
        [su̥ʔwá]   «envías»

Los casos de asimilación no simultánea, A y B, pueden ser iterativos como el ejemplo del warao, o no iterativos como la palatalización del inglés.

4.1.2. Asimilación a distancia

La asimilación a distancia puede ser progresiva o regresiva. No conocemos casos de asimilación a distancia simultánea.

El caso más conocido de asimilación a distancia del tipo progresivo es el de la *armonía vocálica* de lenguas como el turco. La armonía vocálica consiste en que la vocal de los sufijos varía según la vocal de la raíz que los precede. En el caso del sufijo de plural /lVr/, la vocal (V) aparece como retraída [a] si la raíz contiene una vocal retraída, y como no retraída [e] si la raíz contiene una vocal no retraída, según se puede ver en los siguientes ejemplos:

(30)   [bašlar]   «cabezas»
        [gullar]   «rosas»
        [kollar]   «brazos»

(31)   [dišler]   «dientes»
        [evler]   «casas»
        [gözler]   «ojos»

En el caso de sufijos con vocales cerradas se dan cuatro variantes, según que la vocal de la raíz sea retraída o no retraída, redondeada o no redondeada, como se ve en los ejemplos siguientes:

(32)   [dišim]   «mi diente»
        [gözüm]   «mi ojo»
        [bašɯm]   «mi cabeza»
        [kolum]   «mi brazo»

Un caso de asimilación a distancia de tipo regresivo es el llamado *umlaut* de las lenguas germánicas, en que un sufijo con una vocal no retraída cerrada convierte a la vocal de la raíz en vocal no retraída. Los ejemplos siguientes ilustran este fenómeno:

(33)   [štunde]   «hora»   [stündliç]   «cada hora»
        [nōt]   «necesidad»   [n͞ötik]   «necesario»
        [hunt]   «perro»   [hündin]   «perra»

4.2. Reglas de disimilación

Aunque mucho menos frecuentes que las reglas de asimilación, existen también reglas de disimilación. Algunas de las reglas que consideraremos en la sección siguiente bajo el título de *reglas de ajuste silábico* son disimilativas. Por ejemplo, una regla como la del castellano que convierte a una vocal alta en semiconsonante cuando está seguida de otra vocal (e.g. /aktuar/→ [aktwár], /konfiar/[komfyár]), se puede decir que «disimila» a la vocal alta de la vocal siguiente.

4.3. Reglas de ajuste silábico

Consideraremos ahora algunas reglas que alteran la estructura silábica de la cadena fónica. Sin querer sugerir necesariamente una visión teleológica de estas reglas, y sólo para organizar de algún modo la exposición, las dividiremos en dos clases: a) reglas que simplifican grupos consonánticos; b) reglas que simplifican grupos vocálicos.

4.3.1. Reglas que simplifican grupos consonánticos

La simplificación de un grupo consonántico puede llevarse a cabo por lo menos de cuatro maneras: a) por eliminación o vocalización de una consonante; b) por inserción de una vocal; c) por metátesis; d) por fusión.

Los llamados grupos consonánticos cultos del castellano reflejan en muchos dialectos los efectos de una regla de elisión. Así, por ejemplo, en el castellano coloquial de Chile, la [s] precedida de nasal y seguida de consonante desaparece, de manera que, por ejemplo, *constante* se pronuncia [koɲtánte] y *construir* [koɲtruír]. En otros dialectos desaparece la nasal, es decir, se pronuncia [kostánte] y [kostruír]. En ambos casos, se ha simplificado la estructura silábica por *elisión* de una consonante.

Ejemplo de simplificación de grupo consonántico por *vocalización* de una consonante es la pronunciación *paire* por *padre*, común en el castellano no estándar de diversas regiones. La consonante fricativa [đ] se transforma en una semivocal que forma diptongo con la vocal precedente, desplazándose así el linde silábico de la palabra. Otros ejemplos semejantes son: *aula* por *habla* en el castellano no estándar de Chile y otras regiones, y la vocalización de la [l] final de sílaba en latín vulgar, que se refleja en el portugués *outro*, del latín *alteru*. El catalán también presenta numerosos ejemplos de vocalización:

(34)   Latín: sól(i)du   «sueldo»   Catalán [sɔ́w]
                  déb(i)tu   «deuda»   [déwtə]
                  móv(e)re   «mover»   [mɔ́wnə]
                  déb(e)re   «deber»   [déwɾə]

Ejemplo de simplificación de grupo consonántico por *inserción* de vocal es la [e] protética de palabras como *escribir*. Examinando formas emparentadas como *inscribir, proscribir*, etc., vemos que la raíz es fonológicamente /skrib/. La [e] protética de *escribir* simplifica la estructura silábica, ya que atrae a la [s] para formar con ella una sílaba.

La vocal [e] que aparece en los plurales del tipo *canciones, colores*, etc. puede considerarse como epentética. En este caso, sin embargo, se trata de una regla sensible a la información morfológica, ya que no se inserta una [e] epentética entre las dos consonantes finales de *vals*, pero sí entre las de *sales*. La diferencia es, por supuesto, que no hay linde morfemático entre *l* y *s* en *vals*, pero sí lo hay en *sales*.

Veamos ahora un ejemplo de simplificación por *metátesis*. En hanunoo, lengua indígena de las Filipinas, cuando una oclusiva glotal va seguida de consonante, se altera el orden, como se ve en los ejemplos siguientes:

(35)   /ʔusa/   «uno»   [ka+sʔa]   «una vez» [7]
        /ʔupat/   «cuatro»   [ka+pʔat]   «cuatro veces»

La representación fonética de las palabras de la derecha resulta de la aplicación de dos reglas: la primera elide la vocal de la segunda sílaba (las condiciones no interesan aquí) y la segunda es la regla de metátesis que nos concierne. La derivación de estas palabras es, pues, como sigue:

---

7. El signo + representa el linde morfemático que separa el prefijo de la raíz.

(36) /ka+ʔusa/ /ka+ʔupat/
      ka+ʔsa   ka+ʔpat   Elisión de la vocal
      [ka+s'a] [ka+p'at] Metátesis

Esta metátesis parece contribuir a la simplificación de la estructura silábica, ya que se elimina la consonante postnuclear [ʔ], que al trasladarse a la derecha de la consonante siguiente forma con ésta un solo segmento, una consonante glotalizada.

Veamos finalmente un caso de simplificación por *fusión*. La palatalización de consonantes alveolares en inglés, mencionada más arriba (en § 4.1.1.), es un caso de este tipo, ya que la consonante alveolar se funde con la semiconsonante [y] siguiente en una consonante palatal, como se indica en el siguiente ejemplo:

(37) I miss you   «Te extraño/ te echo de menos»
      /ay+mɪs+yu/
      [aymɪšu]   Palatalización

4.3.2. Reglas que simplifican grupos vocálicos

Hay tres tipos de reglas que simplifican grupos vocálicos:
a) elisión; b) consonantización; c) inserción de consonante.

Como ejemplo de *elisión*, consideremos el caso del siguiente paradigma verbal:

(38) amo, amas, ama, amamos, amáis, aman

La forma de primera persona difiere de las demás en la ausencia de la vocal temática *a*. Es posible, sin embargo, suponer que el paradigma es regular al nivel de representación fonológica, y que la ausencia de la vocal temática en la primera persona se debe a una regla de elisión que elimina la primera de dos vocales separadas por un linde morfemático (la regla no se aplica a la forma *amáis* porque fonéticamente la *i* no es una vocal sino una semivocal; para mayores detalles, véase Harris, 1969: cap. 3 § 3. 2.). Así, la derivación de *amo* es como sigue:

(39) /am+a+o/
      [am+o]   Elisión de vocal

En francés, la vocal del artículo definido se elide cuando la palabra siguiente empieza por vocal:

(40) le arbre   l'arbre   «el árbol»
      la amie   l'amie   «la amiga»

En catalán, el artículo femenino *la* pasa a *l* ante vocal, siempre que ésta no sea *i* átona (ya que en este caso, al igual que en la forma *amáis* del castellano, la *i* es fonéticamente una semivocal, no una vocal):

(41) *l'amiga, l'illa* «la isla»; pero *la història*

También se puede efectuar la disolución de un grupo vocálico mediante la *consonantización* de una de las vocales. Las vocales [i] y [u] del castellano, por ejemplo, se convierten en las semiconsonantes [y] y [w] respectivamente cuando van seguidas de otra vocal, como en los casos siguientes:

(42) tu amigo   [twamígo]
      mi abrigo   [myabrígo]

Finalmente, se puede disolver un grupo vocálico insertando una consonante. En el castellano no estándar de diversas regiones, se inserta una [y] entre una [i] acentuada y otra vocal, y así se pronuncia [sandíya] por *sandía*.

Hay dialectos del inglés en que se inserta una [r] entre una palabra que termina en vocal y otra que empieza por vocal. Se dice así, por ejemplo, *the idea-r-of it* por *the idea of it* (literalmente «la idea de ello (eso)»).

4.4. *Reglas de debilitamiento*

Hay una serie de reglas que parecen obedecer a un relajamiento de la articulación. Las principales reglas de este tipo que afectan a las vocales son reglas de elisión y de debilitamiento u oscurecimiento del timbre vocálico de vocales inacentuadas. La elisión de una vocal pretónica o postónica se llama *síncope*. La elisión de una vocal final se denomina *apócope*. Ambos fenómenos se dan en la evolución del latín a las lenguas románicas, como se ve en los siguientes cuadros:

(43) Síncope   Lat. tabula(m)   Cast. tabla
                 Lat. populu(m)   Cast. pueblo

(44) Apócope   Lat. dece(m)   Cast. diez
                 Lat. arbore(m)   Cast. árbol

En cuanto al oscurecimiento del timbre vocálico, el inglés moderno contiene una regla que convierte a ciertas vocales inacentuadas en [ə], es decir, una vocal central media relajada. Se pueden ver los efectos de esta regla en palabras como las siguientes:

(45) telegraph   «telégrafo»
      telegraphy   «telegrafía»
      telegraphic «telegráfico»

En *telegraph*, la vocal inicial, que lleva el acento principal, es [ɛ]. Esta vocal se transforma en [ə], o, según el tempo, puede incluso desaparecer en *telegraphy*, en que el acento principal recae sobre la segunda vocal. Esta segunda vocal, que en *telegraphy* es [ɛ], también se hace [ə] en *telegraph* y *telegraphic*, en que el acento principal recae sobre la primera y la tercera vocal respectivamente. En cuanto a la tercera vocal de estas palabras, que es [æ] en *telegraph* y *telegraphic*, porque lleva acento secundario y primario respectivamente, también se reduce a [ə] cuando no lleva acento, es decir, en *telegraphy*. Las formas fonéticas correspondientes a estas palabras son, pues, las siguientes:

(46) [téləgræf] [təlégrəfi] [tèləgræfík]

En la evolución del latín al francés se ve también una regla de debilitamiento de la vocal final [a], por ejemplo, en la forma latina *tabulam*, que pasa al francés como *table* (fonéticamente [tablə]).

En los dialectos orientales del catalán, hay una regla que convierte en [ə] las vocales /a, ɛ, e/ y en [u] las vocales /ɔ, o/, siempre que las mismas se encuentren en posición átona. Ejemplos de la aplicación de esta regla son las alternancias siguientes:

(47) *m*[á]*to*   «mato»   *m*[ə]*tar*   «matar»
      p[ɛ́]*nso*   «pienso»   *p*[ə]*nsar* «pensar»
      p[é]*njo*   «cuelgo»   *p*[ə]*njar* «colgar»
      g[ɔ́]*so*   «me atrevo»   *g*[u]*sar*   «atreverse»
      t[ó]*sso*   «toso»   *t*[u]*ssir* «toser»

El debilitamiento de las consonantes en posición intervocálica es también un fenómeno muy común. En el castellano no estándar de diversas regiones, la [đ] y [b] intervocálicas se debilitan, de tal manera que en algunos casos llegan a la elisión total:

(48) trabajo   [tra^báxo] ∼ [traáxo]
      cadena   [ka^déna]   ∼ [kaéna]
      cantado   [kantá^do] ∼ [kantáo]

Este es esencialmente el mismo fenómeno histórico que en latín transforma una oclusiva sorda geminada en simple y una oclusiva sorda simple en sonora:

(49) Latín: güttam Castellano: gota
         vītam   vida

4.5. Reglas de refuerzo

Finalmente hay algunas reglas que refuerzan la articulación de ciertos segmentos. La diptongación de las vocales medias breves del latín en castellano puede ser considerada como refuerzo de la articulación:

(50) Latín: cĕntum Castellano: ciento
            sŏcrum   suegro

Esta es una regla que todavía tiene vigencia en el castellano moderno, como se puede ver en las alternancias siguientes:

(51) contar/cuento; sentir/siento

Nótese que la diptongación tiene lugar en la sílaba acentuada, es decir, en la posición más fuerte de la palabra.

Otro caso de refuerzo de la articulación es el de la alternancia que refleja en inglés moderno los efectos del llamado *great vowel shift* [gran desplazamiento de las vocales], ilustrado en los ejemplos siguientes:

(52) divinity «divinidad»   divine «divino»
        [divíniti^y]   [diváy^n]
        serenity «serenidad»   serene «sereno»
        [siréniti^y]   [siríy^n]
        vanity «vanidad»   vain «vano»
        [væniti^y]   [véy^n]

Según el análisis de Chomsky y Halle (1968), la vocal acentuada de la primera columna, que es relajada, se transforma en diptongo tenso en las palabras de la segunda columna.

Esta lista rápida de procesos fonológicos no pretende de ningún modo ser exhaustiva. Sin embargo, es suficientemente representativa como para dar una idea de los tipos de reglas más comunes en las lenguas del mundo, por lo menos en lo que se refiere a la fonología segmental.

5. Notación

5.1. *Convenciones para las reglas simples*

Veamos ahora las convenciones que se usan en fonología generativa para representar las reglas fonológicas. Conviene tener presente que estas convenciones se justifican sólo en cuanto permitan expresar generalizaciones no expresables de otro modo, por lo que hay que considerarlas como hipótesis relativas a la forma de la teoría fonológica, y como tales, están sujetas a la refutación empírica.

Empecemos por recordar que las reglas fonológicas relacionan dos niveles de representación, el fonológico y el fonético, y que ambos niveles están especificados en términos de rasgos fonéticos. Así la forma general de una regla fonológica es la siguiente:

(53)   X → Y

Las variables X e Y representan haces de rasgos y la flecha significa «se convierte en». Llamaremos a X la *matriz de entrada* [input] y a Y la *matriz de salida* [output] de la regla. Para los efectos de las reglas que siguen nos basamos en las siguientes especificaciones:

(54)

	p	b	ƀ	m	f	t	d	đ	s	z	n	r	l	λ	č	ǰ	ñ	k	x	g	ǥ	w	y	i	u	e	o	a
Consonántico	+	+	+	+	+	+	+	+	+	+	+	+	+	+	+	+	+	+	+	+	+	−	−	−	−	−	−	−
Silábico	−	−	−	−	−	−	−	−	−	−	−	−	−	−	−	−	−	−	−	−	−	−	−	+	+	+	+	+
Obstruyente	+	+	+	−	+	+	+	+	+	+	−	−	−	−	+	+	−	+	+	+	+	−	−	−	−	−	−	−
Coronal	−	−	−	−	−	+	+	+	+	+	+	+	+	+	+	+	+	−	−	−	−	−	−	−	−	−	−	−
Anterior	+	+	+	+	+	+	+	+	+	+	+	+	+	−	−	−	−	−	−	−	−	−	−	−	−	−	−	−
Alto	−	−	−	−	−	−	−	−	−	−	−	−	−	+	+	+	+	+	+	+	+	+	+	+	+	−	−	−
Bajo	−	−	−	−	−	−	−	−	−	−	−	−	−	−	−	−	−	−	−	−	−	−	−	−	−	−	−	+
Retraído	−	−	−	−	−	−	−	−	−	−	−	−	−	−	−	−	−	+	+	+	+	+	−	−	+	−	+	+
Redondeado	−	−	−	−	−	−	−	−	−	−	−	−	−	−	−	−	−	−	−	−	−	+	−	−	+	−	+	−
Continuo	−	−	+	−	+	−	−	+	+	+	−	+	−	−	−	−	−	−	+	−	+	+	+	+	+	+	+	+
Estridente	−	−	−	−	+	−	−	−	+	+	−	−	−	−	+	+	−	−	−	−	−	−	−	−	−	−	−	−
Sonoro	−	+	+	+	−	−	+	+	−	+	+	+	+	+	−	+	+	−	−	+	+	+	+	+	+	+	+	+
Nasal	−	−	−	+	−	−	−	−	−	−	+	−	−	−	−	−	+	−	−	−	−	−	−	−	−	−	−	−

La regla que cambia las oclusivas sonoras no nasales en fricativas, haciendo abstracción por ahora del entorno determinante, puede ser expresada de la siguiente manera:

$$(55)\quad \begin{bmatrix} +\text{cons} \\ +\text{obst} \\ +\text{son} \\ -\text{cont} \end{bmatrix} \rightarrow \begin{bmatrix} +\text{cons} \\ +\text{obst} \\ +\text{son} \\ +\text{cont} \end{bmatrix}$$

Esta regla, una vez que se ha especificado el entorno en que se aplica, convierte, por ejemplo, la representacion fonológica (56) (omitimos rasgos irrelevantes) en la representacion fonética (57).

(56)		k	a	b	o
	Cons	+	−	+	−
	Sil	−	+	−	+
	Obst	+	−	+	−
	Ant	−	−	+	−
	Alto	+	−	−	−
	Bajo	−	+	−	−
	Retr	+	+	−	+
	Red	−	−	−	+
	Cont	−	+	−	+
	Estrid	−	−	−	−
	Son	−	+	+	+

(57)		k	a	b	o
	Cons	+	−	+	−
	Sil	−	+	−	+
	Obst	+	−	+	−
	Ant	−	−	+	−
	Alto	+	−	−	−
	Bajo	−	+	−	−
	Retr	+	+	−	+
	Red	−	−	−	+
	Cont	−	+	+	+
	Estrid	−	−	−	−
	Son	−	+	+	+

Nótese que la matriz de entrada de la regla (55) omite una serie de rasgos no pertinentes para la identificación de los segmentos afectados. Por ejemplo, no menciona los rasgos *anterior* y *retraído*, porque la regla se aplica por igual a un segmento anterior como /b/ o /d/ y a un segmento no anterior y retraído como /g/. La matriz de entrada es, pues, la especificación mínima de las clase de segmentos afectados por la regla. En el caso de la regla (55), se puede simplificar la matriz de entrada aún más. El rasgo [+ consonántico] tiene la función de excluir a las vocales del dominio de esta regla. Esta exclusión, sin embargo, parece innecesaria, porque el efecto de la regla es agregar la especificación [+ continuo], y como las vocales son todas continuas, su especificación no varía en absoluto aunque se las incluya en la regla (55). Podemos, por lo tanto, simplificar esta regla en la siguiente forma:

(58)
$$\begin{bmatrix} +\text{obst} \\ +\text{son} \\ -\text{cont} \end{bmatrix} \rightarrow \begin{bmatrix} +\text{obst} \\ +\text{son} \\ +\text{cont} \end{bmatrix}$$

Es posible omitir también la especificación [−continuo] de la matriz de entrada, ya que nada cambia si se permite que la regla se aplique (vacuamente) a los segmentos sonoros no nasales continuos. La especificación [+obst], en cambio, debe ser mantenida, porque de lo contrario la regla se aplicaría erróneamente también a las no obstruyentes, es decir, nasales y líquidas. Finalmente, la especificación [+sonoro] es también imprescindible porque, de omitirse, la regla se aplicaría erróneamente a las oclusivas sordas.

Consideremos ahora la matriz de salida. Notamos que repite dos de los rasgos de la matriz de entrada [+obstruyente, +sonoro], y difiere en el tercero. Es razonable simplificar la matriz de salida conservando en ella sólo las especificaciones que difieren de las de la matriz de entrada, en este caso el rasgo [continuo], que es el que la regla (58) somete a cambio. Por otra parte, si bien el valor para el rasgo [estridente] coincide en la entrada y en la salida, siendo [−estridente] en ambas, como a nivel de representación fonética existen en castellano fricativas sonoras estridentes, como [z] en *mi*[z]*mo* o [v] en *A*[v]*ganistán,* para evitar que esta regla convierta, por ejemplo, /d/ en [z] en lugar de [đ], habrá que especificar que la matriz de salida contiene el rasgo [−estridente]. Así obtenemos la siguiente versión de nuestra regla, que constituye la práctica comúnmente aceptada en fonología generativa.[8]

(59)
$$\begin{bmatrix} +\text{obst} \\ +\text{son} \end{bmatrix} \rightarrow \begin{bmatrix} +\text{cont} \\ -\text{estrid} \end{bmatrix}$$

Problema: Aplicando las convenciones recién explicadas, el lector o lectora puede ahora representar las reglas siguientes:

(60)   a.   Una vocal cerrada se convierte en semivocal.
           b.   Una obstruyente sonora se convierte en sorda.

Solución: Las representaciones formalizadas de estas reglas son las siguientes:

(61)   a.   [+alto] → [−silábico]
           b.   [+obstruyente] → [−sonoro]

---

8. Recordemos que esta regla se aplica sólo en ciertos entornos, que por el momento no especificamos. Véase Harris (1969) o (1975), capítulo 2, § 2.5, para la discusión y formulación más completas de esta regla

En la regla (61a), el rasgo [+alto] identifica no solamente las vocales cerradas sino también las consonantes palatales y velares. Sin embargo, como todas las consonantes son [−silábico], no causa ninguna dificultad que se les aplique la regla (vacuamente). Por lo tanto, es innecesario incluir el rasgo [+silábico] en la matriz de entrada.

En el caso de la regla (61b), es innecesario incluir en la matriz de entrada el rasgo [+sonoro], ya que nada cambia si se permite que la regla se aplique (vacuamente) a las obstruyentes sordas.

Veamos ahora cómo se especifica el entorno de una regla fonológica. Supongamos que la regla (59) se aplica a elementos intervocálicos. La formalización de esta regla será entonces así:

(62) $\quad \begin{bmatrix} +\text{obst} \\ +\text{son} \end{bmatrix} \rightarrow \begin{bmatrix} +\text{cont} \\ -\text{estrid} \end{bmatrix} / [+\text{silábico}] \rule{1cm}{0.4pt} [+\text{silábico}]$

La línea oblicua / significa «en el entorno», y la línea horizontal indica la posición del segmento afectado por la regla en relación con otros segmentos. En lenguaje corriente, la fórmula (62) equivale a la siguiente regla:

(63)

Todo segmento que contenga las especificaciones [+obst, +son] adquiere también las especificaciones [+cont, −estrid], si está inmediatamente precedido de un segmento con la especificación [+silábico] y lo sigue inmediatamente un segmento especificado [+silábico].

Es corriente abreviar la especificación [+silábico] como V (por *vocal*) y la especificación [+consonántico] como C. Siguiendo esta convención, se puede escribir la regla (62) así:

(64) $\quad \begin{bmatrix} +\text{obst} \\ +\text{son} \end{bmatrix} \rightarrow \begin{bmatrix} +\text{cont} \\ -\text{estrid} \end{bmatrix} / \quad V \rule{1cm}{0.4pt} V$

Problema: El lector o lectora puede ahora representar las siguientes reglas de acuerdo a las convenciones explicadas:

(65)

a. Una vocal cerrada se convierte en semivocal (o semiconsonante) si va seguida de una vocal.
b. Una obstruyente sonora se convierte en sorda si va seguida de un segmento sordo.
c. Una vocal se nasaliza si va precedida de una consonante nasal.

Solución: Las representaciones respectivas son las siguientes:

(66) a. [+alto] → [−silábico]/_____[+silábico]
        (o: [+alto] → [−silábico]/_____V
      b. [+obst] → [−son]/_____[−son]
      c. [+silábico] →[+nasal]/ $\begin{bmatrix} +\text{cons} \\ +\text{nasal} \end{bmatrix}$ _____

En las reglas que hemos propuesto hasta aquí, el entorno es siempre «sucesivo», es decir, se da o antes o después (en algunos casos, antes y después) del segmento afectado por la regla. Sin embargo, las reglas pueden también incluir entornos «simultáneos». Por ejemplo, la regla (64) podría escribirse así:

(64')   [+obst] → $\begin{bmatrix} +\text{cont} \\ -\text{estrid} \end{bmatrix}$ /V $\begin{bmatrix} \underline{\quad\quad} \\ +\text{son} \end{bmatrix}$ V

en que el rasgo [+son] constituye un entorno simultáneo. No hay diferencia esencial entre estas dos modalidades de escritura.

Para la especificación de algunas reglas es necesario referirse al *linde silábico*, que representaremos con el símbolo $. Puede suponerse, o bien que estos lindes son parte de la representación léxica o que se insertan por medio de reglas, pero, por el momento, no interesa de qué modo se introduzcan. Lo que importa es que las reglas fonológicas pueden referirse a ellos. Por ejemplo, la regla del castellano que asimila el punto de articulación de la nasal al de la consonante siguiente opera sólo si las dos consonantes están separadas por un linde silábico. Hay asimilación, por ejemplo, en *cónyuge* pero no en *nieve*, en *un huevo* pero no en *nuevo*. Como aún no hemos introducido las convenciones que nos permitan formular esta regla en su forma más general, tomemos sólo una parte de la misma, la que se refiere a la asimilación delante de velar, para ilustrar el uso del linde silábico. La regla en cuestión tiene la forma siguiente:

(67)   [+nasal] → $\begin{bmatrix} +\text{retraído} \\ +\text{alto} \end{bmatrix}$ /_____$ $\begin{bmatrix} +\text{cons} \\ +\text{retraído} \\ +\text{alto} \end{bmatrix}$

Esta regla produce el segmento [ŋ] delante de [k], [g], [x] o [w] heterosilábicas, por ejemplo en palabras como *nuevo* [nwéƀo].

Para la especificación de otras reglas, es necesario referirse al linde de palabra, representado por el símbolo #. Por ejemplo, si queremos decir que las obstruyentes se hacen sordas en posición final de palabra, regla que se da, por ejemplo, en alemán, catalán, ruso y otras lenguas, usamos la formulación siguiente:

(68)   [+obst] → [−sonoro]/ _____#

Por otra parte, si queremos referirnos a la posición inicial de palabra, la especificación es #_____. Por ejemplo, si queremos decir que en una lengua determinada las oclusivas no nasales son siempre sordas en posición inicial de palabra, la formulación es la siguiente:

$$(69) \quad \begin{bmatrix} -\text{continuo} \\ -\text{nasal} \end{bmatrix} \rightarrow [-\text{sonoro}]/\# \underline{\hspace{1cm}}$$

Finalmente, hay reglas que hacen referencia al linde morfemático, representado por el símbolo +. Por ejemplo, la regla de elisión que hemos postulado para explicar formas como *amo*, derivada de la representación fonológica /am+a+o/, se aplica sólo si interviene un linde morfemático entre la vocal elidida y la siguiente, sujeta a ciertas condiciones morfológicas. No hay elisión, por ejemplo, en *ahora, caoba, bacalao,* etc. La regla de elisión debe, pues, formularse como sigue:

$$(70) \quad [+\text{silábico}] \rightarrow \emptyset \ / \ \underline{\hspace{1.5cm}} +[+\text{silábico}]$$
$$(\text{o}:[+\text{silábico}] \rightarrow \emptyset \ / \ \underline{\hspace{1.5cm}} +\text{V})$$

Nótese que en esta regla, tomada de Harris (1969),[9] usamos el símbolo $\emptyset$ a la derecha de la flecha para indicar elisión. El mismo símbolo, pero a la izquierda de la flecha, denota inserción. Por ejemplo, la regla siguiente:

$$(71) \quad \emptyset \rightarrow e \ / \ \# \ \underline{\hspace{0.8cm}}sC$$

indica que se inserta una [e] en posición inicial de palabra delante de [s] seguida de consonante. Esta regla ilustra, además, la convención de usar símbolos fonéticos en vez de matrices de rasgos cuando el segmento especificado es único, no una clase.

Volviendo al linde morfemático, hay una convención especial que se refiere a él con exclusión de los otros lindes. La convención es la siguiente:

(72)   Una regla escrita sin mención del linde morfemático se aplica no sólo a cadenas que carecen de él sino también a cadenas que lo incluyen.

Según esta convención, la siguiente regla hipotética

$$(73) \quad V \rightarrow \emptyset \ / \ \underline{\hspace{1.2cm}}V$$

se aplicaría no sólo a una cadena como (74) sino también a una como (75), con lo que se produciría la elisión de la vocal tachada:

---

9.   Véase, por ejemplo, la regla (17) del capítulo.3 en Harris (1969) o (1975).

(74)   afaløa

(75)   afaló+a

La convención (72) es, de hecho, una hipótesis que predice que los fenómenos que se dan dentro de un morfema también se dan a través de morfemas. Retomaremos esta hipótesis en el capítulo ocho, sección 2.

Nótese que la convención (72) no dice nada de una regla que incluya el linde morfemático en su formulación. En efecto, tales reglas no están sujetas a ninguna convención especial. Así, por ejemplo, la regla hipotética (76)

(76) $V \rightarrow \emptyset$ / _____ $+V$

se aplicaría sólo a la cadena (75), no a la cadena (74).

Obsérvese, finalmente, que la convención (72) no afecta en absoluto a los lindes silábicos ni a los lindes de palabra. Esta exclusión parece estar bien motivada, ya que hay reglas que se aplican a segmentos de una misma sílaba y no a los mismos segmentos si son heterosilábicos, y hay reglas que operan dentro de una palabra pero no a través de palabras. Como ejemplo del primer tipo de regla, considérese la regla del inglés que inserta una vocal central [ɨ] entre dos sibilantes [s z š ž č ǰ]. Esta regla se aplica en el plural de sustantivos cuyos singulares terminan en sibilante, por ejemplo, en los siguientes casos:

(77)   passes   [pǽsɨz]   «pases»
         buzzes   [bə́zɨz]   «timbrazos»
         wishes   [wíšɨz]   «deseos»
         garages   [gərážɨz]   «garajes»
         benches   [bénčɨz]   «bancos»
         judges   [ǰə́ǰɨz]   «jueces»

Esta regla sólo opera en caso de que no exista entre las sibilantes en cuestión un linde silábico, como se puede ver a partir de los siguientes casos, en los que las sibilantes sí aparecen separadas por linde silábico:

(78)   eschew   [ɛs$ču]   «soslayar»
         S-shaped   [ɛs$šeʸpt]   «en forma de S»

En los ejemplos del grupo (77), se inserta un linde silábico, es verdad, entre las dos consonantes sibilantes, pero sólo después de aplicada la regla de inserción de [ɨ].

Como ejemplo de regla que se aplica en el interior de una palabra, pero no a través de palabras, considérese la regla del inglés que asimila una consonante nasal al punto de articulación de la consonante siguiente. Esta regla, responsable por ejemplo del contraste entre el prefijo de *impossible* «imposible» y el de *intolerable* «intolerable», no se aplica, por ejemplo, a la frase *in Paris* «en París». En castellano, en cambio, la asimilación se hace también a través de palabras, y así se pronuncia [emparís] *en París,* [kompaθyénθya] o [kompasyénsya] *con paciencia,* etc.

Problema: El lector o lectora puede ahora tratar de formular las reglas siguientes:

(79) a. Cámbiese [t] en [s] delante de un morfema que empiece por [iʸ]. Esta regla explica las siguientes alternancias del inglés: president «presidente»/presidency «presidencia» democrat «demócrata»/democracy «democracia». La vocal [iʸ] es [+alto, +tenso, −retraído]. (Nótese que esta regla no se aplica dentro de un morfema: *party* «partido» no se hace *parcy*.)
   b. Insértese la vocal [ə] al final de un morfema que termine en consonante y que esté seguido de otro morfema que empiece con consonante (úsese el símbolo [ə] en vez de los rasgos correspondientes). Esta regla explica la siguiente forma en diegueño: /p+č+tax/ → [pəčətax] «están disponibles».
   c. Elídase la vocal [e] en posición final de palabra (úsese el símbolo [e]). Esta regla explica la siguiente forma en portugués: /murale/→ [mural] «mural». Supóngase que esta vocal siempre va precedida de consonante.

Las soluciones son las siguientes:

(80) a. $[-\text{continuo}] \rightarrow [+\text{continuo}] \ / \begin{bmatrix} \underline{\qquad} \\ +\text{coronal} \\ +\text{ant} \\ -\text{son} \end{bmatrix} + \begin{bmatrix} +\text{silábico} \\ +\text{alto} \\ +\text{tenso} \\ -\text{retraído} \end{bmatrix}$

$\left(\text{o:} \begin{bmatrix} -\text{cont} \\ +\text{cor} \\ +\text{ant} \\ -\text{son} \end{bmatrix} \rightarrow [+\text{cont}]/ \underline{\qquad} + \begin{bmatrix} +\text{silábico} \\ +\text{alto} \\ +\text{tenso} \\ -\text{retraído} \end{bmatrix} \right)$

b. $\emptyset \rightarrow$ ə $/$ C$\underline{\qquad}$+C
c. e $\rightarrow \emptyset$ / C$\underline{\qquad}$ #

Hay ciertos tipos de reglas que requieren un formato diferente del explicado hasta aquí, específicamente aquellas que afectan a más de un segmento simultáneamente. Este es el caso de las reglas de fusión y de metátesis.

Un ejemplo típico de regla de fusión es la siguiente del francés (de la cual dimos más arriba una versión incompleta):

(81) Una secuencia homosilábica de vocal seguida de consonante nasal se transforma en una vocal nasal.

Para expresar esta regla unitariamente, necesitamos el siguiente formalismo (comúnmente llamado *formato transformacional*):

(82)   [+silábico] $\begin{bmatrix} +\text{cons} \\ +\text{nasal} \end{bmatrix}$

          1   2   =>

          1        $\emptyset$

     [+nasal]

Esta regla asigna un número a cada uno de los elementos afectados y en la última línea indica si el segmento se conserva, mediante la repetición de su número, o si se pierde, lo que se indica por el símbolo $\emptyset$. Además, bajo el número correspondiente se indican los rasgos insertados por la regla, en este caso [+nasal] bajo el número 1.

Veamos ahora un ejemplo de metátesis. En hanunoo, lengua indígena de las Filipinas, todo grupo de oclusiva glotal más consonante invierte el orden si el grupo está precedido y seguido de vocal. Así, a la forma [ʔusa] «uno» corresponde [kasʔa] «una vez», y no *[kaʔsa].[10] La regla correspondiente se formula así en el formato transformacional:

(83)   V ʔ C V

       1 2 3 4 ⇒

       1 3 2 4

Como no es posible expresar unitariamente las reglas de fusión y las de metátesis en el formato explicado hasta aquí (a veces denominado *clásico* en contraposición al transformacional), es necesario agregar al aparato teórico de la fonología generativa el formato transformacional.

Hay ciertas reglas de fusión, sin embargo, para las cuales el formato clásico parece preferible, ya que el transformacional impone una selección arbitraria entre dos posibilidades. Este no es el caso en la regla de nasalización del francés a que nos hemos referido más arriba, ya que el segmento resultante de la regla es una vocal, de modo que se puede determinar sin arbitrariedad que es la consonante la que se elide. Pero si tenemos una regla, por ejemplo, en que dos vocales contiguas se funden en un segmento que combine rasgos de ambas, el formato transformacional nos fuerza a elegir entre estas dos formulaciones:

(84)   V V

       1 2 ⇒

       $\emptyset$ 2

         [+X]

10.   Ya nos hemos referido a estos datos arriba, en la sección 4.3.1.

(85)　　V　V
　　　　1　2　⇒
　　　　1　∅
　　　[+X]

En cambio, el formato clásico nos permite usar una formulación neutra, que parece más adecuada para describir este proceso:

(86)　　V V→ V
　　　　　　[+X]·

Un caso real de este tipo es el siguiente: En tlapaneco se dan las siguientes fusiones de vocales heteromorfemáticas:

(87)　a.　a+o　　—　o:
　　　b.　o+o　→　o:
　　　c.　u+o　→　u:
　　　d.　i+o　→　u:
　　　e.　a+a　→　a:
　　　f.　o+a　→　wa:
　　　g.　u+a　→　wi:
　　　h.　i+a　→　i:

Para esta lengua, hay que suponer la siguiente clasificación de las vocales:

(88)　　　　　　　i　a　u　o
　　　Retraído　　−　−　+　+
　　　Alto　　　　+　−　+　−

Los casos f) y g) están sujetos a la siguiente regla:

(89)
$$
\begin{bmatrix} +\text{silábico} \\ +\text{retraído} \\ \alpha\text{alto} \end{bmatrix} + \begin{bmatrix} +\text{silábico} \\ -\text{retraído} \\ -\text{alto} \end{bmatrix}
$$
　　　　　1　　　2　　3
　　　　　1　　　2　　3　　　⇒
　　[−silábico]　　$\begin{bmatrix} \alpha\text{alto} \\ +\text{largo} \end{bmatrix}$

en que el símbolo α indica concordancia de especificación, es decir, si el elemento 1 de la matriz de entrada es [+alto], el elemento 3 adquiere esa especificación, y si el elemento 1 es [−alto], el elemento 3 queda especificado de este mismo modo.

La regla que nos interesa aquí es la que da cuenta de los demás casos. El lector o lectora puede tratar de expresarla de manera no formalizada; para mayor simplicidad, supóngase que está ordenada después de la regla (89).

La formulación, sin rigor formal, deberá ser ésta: dos vocales heteromorfemáticas se funden en una vocal larga que toma su altura de la primera y su retracción de la segunda. El caso más claro es d), en que la secuencia /i+o/, que consta de una vocal alta no retraída y una no alta retraída se transforma en una vocal larga alta retraída (u:). Ahora si tratamos de expresar esta regla con el formato transformacional, hay dos posibilidades. ¿Cuáles son?

Las formulaciones son las siguientes:

(90)
$$
\begin{bmatrix} +\text{silábico} \\ \alpha\text{alto} \end{bmatrix} + [+\text{silábico}]
$$

$$
\begin{array}{ccc}
1 & 2 & 3 \Rightarrow \\
\emptyset & 2 & 3 \\
& & \begin{bmatrix} \alpha\text{alto} \\ +\text{largo} \end{bmatrix}
\end{array}
$$

(91)
$$
[+\text{silábico}] + \begin{bmatrix} +\text{silábico} \\ \alpha\text{retraído} \end{bmatrix}
$$

$$
\begin{array}{ccc}
1 & 2 & 3 \Rightarrow \\
1 & 2 & \emptyset
\end{array}
$$
$$
\begin{bmatrix} \alpha\text{retraído} \\ +\text{largo} \end{bmatrix}
$$

No parece haber motivación alguna para elegir entre una u otra de estas reglas.

Por otra parte, el otro formato, no transformacional, nos permite evitar este problema, y reflejar más directamente el proceso en cuestión:

(92)
$$
\begin{bmatrix} +\text{silábico} \\ \alpha\text{alto} \end{bmatrix} + \begin{bmatrix} +\text{silábico} \\ \beta\text{retraído} \end{bmatrix} \rightarrow \begin{bmatrix} +\text{silábico} \\ \alpha\text{alto} \\ \beta\text{retraído} \\ +\text{largo} \end{bmatrix}
$$

En conclusión, para algunas reglas de fusión, el formato clásico es más adecuado que el transformacional, mientras que para otras, sucede a la inversa. Sería deseable, por supuesto, que la teoría no admitiera esta proliferación de recursos.

5.2. *Convenciones para combinar dos o más reglas*

Consideremos ahora las convenciones para abreviar dos o más reglas similares. Por ejemplo, la regla que transforma la [n] de *en* en [m] en la frase

61

en París, y la regla que efectúa el mismo cambio dentro de una palabra, como en *imposible*, son incuestionablemente similares, y nuestra notación debe reflejar ese hecho. Sin una convención especial para combinar estas reglas, las formulaciones son como sigue:

(93) $[+\text{nasal}] \rightarrow \begin{bmatrix} +\text{anterior} \\ -\text{coronal} \end{bmatrix} / \underline{\qquad} \# \begin{bmatrix} +\text{cons} \\ +\text{ant} \\ -\text{cor} \end{bmatrix}$

(94) $[+\text{nasal}] \rightarrow \begin{bmatrix} +\text{anterior} \\ -\text{coronal} \end{bmatrix} / \underline{\qquad} \begin{bmatrix} +\text{cons} \\ +\text{ant} \\ -\text{cor} \end{bmatrix}$.

Como se ve, formalmente estas reglas difieren sólo en la presencia versus la ausencia del linde de palabra. Si adoptamos la convención de encerrar entre paréntesis los elementos cuya presencia no es obligatoria para la aplicación de la regla, podemos combinar las reglas (93) y (94) en una sola:

(95) $[+\text{nasal}] \rightarrow \begin{bmatrix} +\text{anterior} \\ -\text{coronal} \end{bmatrix} / \underline{\qquad} (\#) \begin{bmatrix} +\text{cons} \\ +\text{ant} \\ -\text{cor} \end{bmatrix}$

Estrictamente, (95) no es una regla sino un *esquema* que abrevia dos reglas, pero en la práctica ignoraremos esta distinción a menos que sea importante para la discusión.

Supongamos ahora que hay una regla que asimila una vocal a la vocal precedente, y que esta regla se aplica tanto cuando las vocales en cuestión están separadas por una o más consonantes como cuando no lo están. Si usamos la convención recién presentada, la regla tendrá la forma siguiente:

(96) $V \rightarrow [+X] / \underset{[+X]}{V} \ (C) (C) ... \underline{\qquad}$

representando X los rasgos de la vocal asimilante. Este esquema, sin embargo, no es totalmente satisfactorio. En vez de los puntos suspensivos, lo que habría que escribir sería el máximo número de consonantes que pueden intervenir entre dos vocales. Pero como ese número es en realidad irrelevante, sería preferible usar una convención que permitiera omitir su mención. Esta convención es la siguiente:

(97) La expresión «n o más casos de X» se representa con el símbolo X_n.

62

Como la expresión que nos interesa es «cero o más consonantes», la representación adecuada es C_0 (o, lo que significa lo mismo, $[+\text{cons}]_0$). En vez de la regla (96), tenemos entonces la regla (98):

(98) $V \rightarrow [+X] / \quad V \; C_0 \underline{\hspace{2cm}}$
$[+X]$

Si la regla se aplicara a través de una o más consonantes, el símbolo apropiado sería, por supuesto, C_1.

Supongamos ahora una regla del mismo tipo pero con un número tope. Por ejemplo, la regla siguiente:

(99) Una vocal se asimila a la vocal precedente si las separa no más de una consonante.

La convención que necesitamos para representar el límite superior es la siguiente:

(100) La expresión «no más de n casos de X» se representa con el símbolo X^n.

Combinando las convenciones (97) y (100), podemos representar la regla (99) así:

(101) $V \rightarrow [+X] / V \quad C_0^1 \underline{\hspace{2cm}}$
$[+X]$

Las representaciones C_0^1 y (C) son, por supuesto, equivalentes, pero ambos tipos parecen ser necesarios, porque cada uno de ellos permite representar expresiones que no son representables mediante el otro tipo. Así, por ejemplo, la expresión «una o más consonantes» se representa C_1, y no admite representación por medio de paréntesis. Por otro lado, los paréntesis permiten expresar ciertas opciones de tipo jerárquico que no se pueden expresar de otro modo, por ejemplo en la siguiente regla, que discutiremos detenidamente más adelante (véase el capítulo 4 §2.1.1.):

(102) $V \rightarrow [+\text{acento}] / \underline{\hspace{2cm}} C_0((VC)VC_0^1)\#$

Las convenciones que hemos examinado hasta el momento permiten incluir elementos facultativos en una regla. Un caso especial de elementos facultativos es aquél en que la selección de un elemento facultativo en una parte de la regla está condicionada por la selección de otro elemento facultativo en otra parte de la regla. Para ilustrar la convención que permite expresar esta relación, consideremos la siguiente regla imaginaria:

(103)   una vocal alta inacentuada se hace semiconsonante (i.e. [−silá-
bico]) delante de otra vocal. Si la vocal condicionante (es decir,
esta última) es redondeada, la semiconsonante resultante también es redondeada.

Según esta regla, los siguientes cambios tienen lugar: ia→ya, ua→wa,
io→ɥo, iu→ɥu (el símbolo ɥ representa una semiconsonante palatal redondeada como la que se da en francés en palabras como *huit* «ocho»). Se
puede expresar la primera parte de esta regla así:

(104) $\begin{bmatrix} +\text{silábico} \\ -\text{acento} \\ +\text{alto} \end{bmatrix} \rightarrow [-\text{silábico}] \ / \ \underline{} \ [+\text{silábico}]$

y la segunda parte de este modo:

(105) $\begin{bmatrix} +\text{silábico} \\ -\text{acento} \\ +\text{alto} \end{bmatrix} \rightarrow \begin{bmatrix} +\text{silábico]} \\ +\text{redondeado} \end{bmatrix} \ / \ \underline{} \ \begin{bmatrix} +\text{silábico} \\ +\text{redondeado} \end{bmatrix}$

Es posible combinar estas dos reglas de la siguiente manera:

(106) $\begin{bmatrix} +\text{silábico} \\ -\text{acento} \\ +\text{alto} \end{bmatrix} \rightarrow \begin{bmatrix} -\text{silábico} \\ <+\text{red}> \end{bmatrix} \ / \ \underline{} \ \begin{bmatrix} +\text{silábico} \\ <+\text{red}> \end{bmatrix}$

En este esquema, las especificaciones encerradas en paréntesis angulares
deben interpretarse como co-dependientes. Así, si la vocal determinante
tiene la especificación [+red], la regla introduce la especificación [+red] en
la vocal que constituye el foco de la regla; de lo contrario, no. Por supuesto,
si la vocal focal ya tiene el rasgo [+red], es decir si es [u], conserva ese rasgo
(por ejemplo, ua→wa).

El lector o lectora puede tratar de determinar la diferencia entre la regla
(106) y la siguiente:

(107) $\begin{bmatrix} +\text{silábico} \\ -\text{acento} \\ +\text{alto} \end{bmatrix} \rightarrow \begin{bmatrix} -\text{silábico} \\ \alpha\text{red} \end{bmatrix} \ / \ \underline{} \ \begin{bmatrix} +\text{silábico} \\ \alpha\text{red} \end{bmatrix}$

La diferencia está reflejada en el siguiente cuadro:

(108)   regla (106)   regla (107)
        ia   ya   ya
        ua   wa   ɰa (es decir, semivocal alta
                                   retraída no redondeada
                                   más vocal)
        io   ɥo   ɥo
        iu   ɥu   ɥu

Como se ve, la regla (106) nunca elimina el redondeamiento de una vocal redondeada; sólo agrega redondeamiento a una vocal no redondeada, mientras que la regla (107) funciona en ambas direcciones.

Los fonólogos generativistas no están totalmente de acuerdo sobre el uso de los paréntesis angulares. A algunos les parece una convención demasiado potente, que permite expresar generalizaciones espurias. Efectivamente, en nuestro ejemplo hipotético, parecería que se trata de dos reglas distintas, una de semivocalización y otra de asimilación en el redondeamiento, y que su reducción a una no es recomendable. En vista de esta observación, habrá que usar con cuidado este recurso de los paréntesis angulares, y tener en cuenta la posibilidad de que no sean en verdad recursos legítimos.

Veamos ahora cómo se representan las reglas de asimilación y disimilación. Tomemos como ejemplo la regla de asimilación de las nasales al punto de articulación de la consonante siguiente que, como hemos visto, se aplica en castellano tanto dentro de la palabra como a través de palabras.

Hemos representado la subregla que opera delante de labial así:

$$(109) \quad (=95) \quad [+\text{nasal}] \quad \rightarrow \begin{bmatrix} +\text{ant} \\ -\text{cor} \end{bmatrix} / \underline{\quad\quad} (\#) \begin{bmatrix} +\text{cons} \\ +\text{ant} \\ -\text{cor} \end{bmatrix}$$

Para dar cuenta de la asimilación delante de velar (por ejemplo en *un gato*) necesitaríamos una regla como la siguiente,

$$(110) \quad [+\text{nasal}] \rightarrow \begin{bmatrix} -\text{ant} \\ -\text{cor} \\ +\text{retr} \\ +\text{alto} \end{bmatrix} / \underline{\quad\quad} (\#) \begin{bmatrix} +\text{cons} \\ -\text{ant} \\ -\text{cor} \\ +\text{retr} \\ +\text{alto} \end{bmatrix}$$

y así sucesivamente para cada punto de articulación distinto. Lo que se necesita es una convención que permita asignar una especificación variable a los rasgos que definen el punto de articulación (esto es anterior, coronal, retraído, alto, distribuido) según las especificaciones de la consonante siguiente. La convención es la siguiente:

(111)   Las letras griegas α,β,γ... son variables que representan la especificación + o −. Rasgos especificados con la misma variable en
una regla tienen la misma especificación en cada aplicación de
la regla (es decir, o bien son todos positivos o todos negativos).

De acuerdo con esta convención, una regla que diga que la nasal es + o
− anterior según que la consonante siguiente sea + o − anterior se escribe
así:

(112)   [+nasal]   →   [αanterior] / _____ (#) $\begin{bmatrix} +\text{cons} \\ α\text{anterior} \end{bmatrix}$

Aplicando la misma convención a los demás rasgos que definen el punto
de articulación, resulta la siguiente regla,

(113)   [+nasal]   → $\begin{bmatrix} α\,\text{ant} \\ β\,\text{cor} \\ γ\,\text{alto} \\ δ\,\text{retr} \\ ε\,\text{dist} \end{bmatrix}$ / _____ (#) $\begin{bmatrix} +\text{cons} \\ α\,\text{ant} \\ β\,\text{cor} \\ γ\,\text{alto} \\ δ\,\text{retr} \\ ε\,\text{dist} \end{bmatrix}$

que es el equivalente formalizado de la regla que asimila las nasales al punto
de articulación de la consonante siguiente.[11]
El uso de variables está sujeto además a la siguiente convención:

(114)   Las especificaciones pareadas [−αX, αX] (o αX, −αX)
representan los siguientes casos: [+X, −X] y [−X, +X].

Esta convención es útil para las reglas de disimilación. Supongamos que
hay una lengua que no permite dos oclusivas o dos fricativas juntas, y que
cambia la primera consonante en fricativa si la siguiente es oclusiva, y en
oclusiva si la siguiente es fricativa. Esta regla, por ejemplo, tiene los siguientes efectos: kp → xp, tt → st, fs → ps, ss → ts.
Sin la convención (114), habría que escribir dos reglas separadas,

(115)   [+obst] → [+cont]   / _____ [−cont]

(116)   [+obst] → [−cont]   / _____ [+cont]

pero dicha convención (114) permite combinar estas dos reglas así:

(117)   [+obst] → [−αcont]   / _____ [αcont]

11. En Harris (1969) y (1975), capítulo 2, § 2.2, se encontrará una discusión más detallada
de esta regla.

Consideraremos ahora el uso de los signos { } en la abreviación de las reglas. Estos signos permiten la referencia en una sola regla a dos o más segmentos o secuencias distintos y mutuamente exclusivos. Así si se quiere indicar que una regla se aplica: a) delante de vocal alta; b) delante de consonante labial, se puede especificar el entorno de la siguiente manera:

(118)

$$\underline{\hspace{1.5cm}} \left\{ \begin{array}{l} \begin{bmatrix} +\text{silábico} \\ +\text{alto} \end{bmatrix} \quad \text{(a)} \\[2em] \begin{bmatrix} +\text{cons} \\ +\text{ant} \\ -\text{cor} \end{bmatrix} \quad \text{(b)} \end{array} \right.$$

Por supuesto, es difícil imaginar reglas de este tipo, que se apliquen en entornos tan disímiles, por lo que muchos fonólogos generativistas dudan de la necesidad de esta convención. Es claro que una convención de este tipo puede dar la apariencia de generalización a una regla que no tenga nada de general, y por eso no parece conveniente su uso. La mayoría de los casos en que se usan estos signos son, o bien generalizaciones espurias (es decir, se trata de dos o más reglas distintas), o bien casos en que la generalización puede ser expresada de otro modo. Un ejemplo de este último tipo es la siguiente regla del francés:

(119) $\quad V \rightarrow [+\text{ nasal}] / \underline{\hspace{1.5cm}} \begin{bmatrix} +\text{cons} \\ +\text{nasal} \end{bmatrix} \left\{ \begin{array}{l} C \\ \# \end{array} \right\}$

Esta regla dice que una vocal se nasaliza delante de consonante nasal, si ésta va seguida a su vez de consonante o de linde de palabra. La regla se aplica, así, a representaciones fonológicas como las siguientes:

(120)   /bon/   «bueno»
         /lœndi/   «lunes»
         /blanš/   «blanca»

pero no a representaciones como éstas:

(121)   /ami/   «amigo»
         /ane/   «año»

Si se considera la estructura silábica de estas representaciones, es posible formular la regla (119) sin el uso de los signos { } que indican la disyunción. En los ejemplos del grupo (120), la estructura silábica es como sigue:

(122)   /bon/
          /$lœn$di$/
          /$blanš$/

En cambio, en los ejemplos de (121) es así:

(123)   /$a$mi$/
          /$a$ne$/

Como se ve, la regla de nasalización se aplica siempre que no medie un linde silábico entre la vocal y la consonante nasal. Basta suponer, como lo hemos hecho más arriba, que los lindes silábicos cuentan para la especificación de las reglas tal como cualquier otro símbolo, para reformular la regla así:

$$(124) \quad V \rightarrow [+\text{nasal}] / \underline{\quad\quad} \begin{bmatrix} +\text{cons} \\ +\text{nasal} \end{bmatrix}$$

Como en los ejemplos del número (123) hay un linde silábico entre la vocal y la nasal, la regla no se aplica.

En conclusión, parece que los signos { } son superfluos. Hemos explicado su uso de todos modos, porque aparecen frecuentemente en la literatura de la fonología generativa.

Finalmente, presentaremos una convención para expresar las llamadas *reglas de entorno reversible* [*mirror-image rules*]. Supongamos una regla como la siguiente:

(125)   Una vocal inacentuada alta se transforma en semivocal cuando va seguida o precedida de otra vocal.

Las convenciones que hemos explicado hasta aquí no nos permiten expresar esta regla unitariamente, sino en dos partes:

$$(126) \quad \begin{bmatrix} +\text{silábico} \\ +\text{alto} \\ -\text{acento} \end{bmatrix} \rightarrow [-\text{silábico}] / \underline{\quad\quad} V$$

$$(127) \quad \begin{bmatrix} +\text{silábico} \\ +\text{alto} \\ -\text{acento} \end{bmatrix} \rightarrow [-\text{silábico}] / V \underline{\quad\quad}$$

En vista de la semejanza formal de estas reglas, sería deseable poder combinarlas en una. Esto se puede hacer marcando el entorno con un asterisco:

(128) $\begin{bmatrix} +\text{silábico} \\ +\text{alto} \\ -\text{acento} \end{bmatrix} \rightarrow [-\text{silábico}] \; */ \; \underline{\qquad} V$

Parecería que este recurso produce arbitrariedad, ya que en vez de (128) se podría ofrecer la formulación (129):

(129) $\begin{bmatrix} +\text{silábico} \\ +\text{alto} \\ -\text{acento} \end{bmatrix} \rightarrow [-\text{silábico}] \; */ \; V \underline{\qquad}$

Sin embargo, en la práctica no hay arbitrariedad, ya que los hechos pertinentes normalmente favorecen una formulación sobre otra. Así, por ejemplo, según cuál sea el reflejo fonético de secuencias como /iu/ y /ui/ en nuestro ejemplo hipotético, la formulación adecuada será (128) o (129). Si estas secuencias están representadas fonéticamente como [yu] y [wi], quiere decir que la formulación correcta es (128). Si, por el contrario, están representadas como [iw] y [uy], la formulación correcta es (129). Esto supone que los dos casos abreviados por una regla de entorno reversible están ordenados de modo que se aplica primero la versión «literal» de la regla y luego la versión «invertida».

Hay, sin embargo, ciertos casos en que la convención que acabamos de explicar produciría arbitrariedad. Por ejemplo, supongamos una regla que nasalice una vocal que vaya o precedida o seguida de una nasal. En este caso, resultará arbitrario elegir uno u otro entorno como básico. Existe otra convención para estos casos que consiste simplemente en omitir la línea horizontal que especifica la posición del segmento afectado por la regla. Nuestra regla hipotética deberá expresarse, por lo tanto, de este modo:

(130) $V \rightarrow [+\text{nasal}] / [+\text{nasal}]$

Es muy probable que un estudio más profundo de estos casos muestre que no hay diferencia real entre estos dos tipos de reglas de entorno reversible.

> *Problema*: El lector o lectora puede ahora escribir las siguientes reglas usando las convenciones explicadas:
>
> (131)   a. En una lengua imaginaria, se acentúan la penúltima vocal si la palabra tiene dos o más sílabas, de otro modo, el acento va en la única vocal de la palabra. (Escríbase $V \rightarrow [+\text{acento}] /$ .....)
>   b. En turco, una vocal alta se asimila en redondeamiento y retracción a la vocal de la sílaba precedente (no importa cuántas consonantes se interpongan). Las vocales del turco se clasifican así:

	i	ü	ɯ	u	e	ö	a	o
alto	+	+	+	+	−	−	−	−
retraído	−	−	+	+	−	−	+	+
redondeado	−	+	−	+	−	+	−	+

Ejemplos de aplicación de esta regla:

evim	«mi casa»
gözüm	«mi ojo»
gulum	«mi rosa»
bašɯm	«mi cabezà»

    c. En una lengua con cinco vocales (i e a o u) se dan las siguientes reglas:

(i) $i \rightarrow y$ / _____ $\left\{ \begin{matrix} a \\ o \\ u \end{matrix} \right\}$

(ii) $u \rightarrow w$ / _____ $\left\{ \begin{matrix} i \\ e \end{matrix} \right\}$

Suponiendo las siguientes especificaciones,

	i	e	a	o	u	y	w
silábico	+	+	+	+	+	−	−
alto	+	−	−	−	+	+	+
retraído	−	−	+	+	+	−	+
redondeado	−	−	−	+	+	−	+
bajo	−	−	+	−	−	−	−

formúlense las reglas (i) e (ii) separadamente,
y luego combínense en una.

Las soluciones son las siguientes:

(132)   a. $V \rightarrow [+\text{acento}]$ / _____ $C_0(VC_0)\#$

b. $\begin{bmatrix} +\text{silábico} \\ +\text{alto} \end{bmatrix} \rightarrow \begin{bmatrix} \alpha\text{retraído} \\ \beta\text{redondeado} \end{bmatrix} \Big/ \begin{bmatrix} +\text{silábico} \\ \beta\text{redondeado} \\ \alpha\text{retraído} \end{bmatrix} \quad C_0$ _____

c. (i)
$$\begin{bmatrix} +\text{silábico} \\ +\text{alto} \\ -\text{retraído} \end{bmatrix} \rightarrow [-\text{silábico}] \ / \ \underline{\quad} \begin{bmatrix} +\text{silábico} \\ +\text{retraído} \end{bmatrix}$$

o alternativamente:

(i')
$$\begin{bmatrix} +\text{silábico} \\ +\text{alto} \\ -\text{redondeado} \end{bmatrix} \rightarrow [-\text{silábico}] \ / \ \underline{\quad} \begin{bmatrix} +\text{silábico} \\ +\text{retraído} \end{bmatrix}$$

(ii)
$$\begin{bmatrix} +\text{silábico} \\ +\text{alto} \\ +\text{retraído} \end{bmatrix} \rightarrow [-\text{silábico}] \ / \ \underline{\quad} \begin{bmatrix} +\text{silábico} \\ -\text{retraído} \end{bmatrix}$$

o alternativamente:

(ii')
$$\begin{bmatrix} +\text{silábico} \\ +\text{alto} \\ +\text{redondeado} \end{bmatrix} \rightarrow [-\text{silábico}] \ / \ \underline{\quad} \begin{bmatrix} +\text{silábico} \\ -\text{retraído} \end{bmatrix}$$

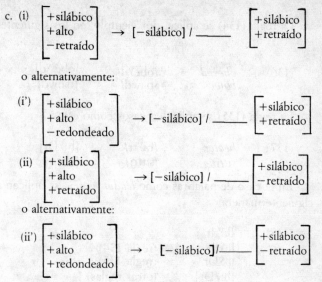

6. EL ORDEN DE LAS REGLAS

La fonología generativa, a partir de Halle (1962), difiere de otras teorías fonológicas anteriores en que incluye el siguiente principio:[12]

(133)   Principio de ordenación lineal:
        Excepto en los casos expresamente previstos por la teoría, las reglas fonológicas se aplican en orden lineal.

Este principio implica que una regla B puede ser aplicada al producto de una regla precedente A. Así, por ejemplo, las dos reglas siguientes del inglés pueden ser aplicadas sucesivamente a una cadena de segmentos fonológicos:

(134) $\bar{V} \rightarrow [+\text{largo}] \ / \ \underline{\quad} \left(\begin{bmatrix} -\text{silábico} \\ -\text{consonántico} \end{bmatrix} \right) \begin{bmatrix} +\text{consonántico} \\ +\text{sonoro} \end{bmatrix}$

(135) $\begin{bmatrix} -\text{continuo} \\ +\text{coronal} \\ +\text{anterior} \\ (t, d) \end{bmatrix} \rightarrow [+\text{corto}]^{13} \ / \ [+\text{silábico}] \ \underline{\quad} \begin{bmatrix} +\text{silábico} \\ -\text{acento} \end{bmatrix}$
        (D)

---

12. Nos estamos referiendo al modelo de fonología generativa de los años sesenta, que entonces se consideraba clásico y que culminó en Chomsky y Halle (1968). Hoy en día, la Fonología Generativa Natural ha rebautizado dicho modelo como Fonología Generativa Transformacional. El problema de la ordenación de las reglas, con sus múltiples versiones, se discutirá a fondo en el capítulo 6, especialmente en la sección § 3.

13. Empleamos la especificación [+corto] para distinguir la consonante media de *beater* «batidora» en su pronunciación norteamericana [D] de la oclusiva que se usa en la pronunciación británica [t].

La regla (134) se aplica, por ejemplo, en los siguientes casos:

(136)   *obeyed*   /obeʸd/   [obé:ʸd]   «obedeció»
         bowed   /bawd/   [bá:wd]   «saludó»

La regla (135) se aplica en casos como éstos:

(137)   *beater*   /biʸtr/   [bíʸDr̩]   «batidora»
         sitting   /sıtıŋ/   [sıDıŋ]   «sentado»

En el caso de palabras como *leader* «jefe», se aplican ambas reglas, de la siguiente manera:

(138)   /liʸdr/
         li:ʸdr   (regla 134)
         li:ʸDr   (regla 135)
         [lí:ʸDr̩]   (otras reglas)

Que el orden es como se indica y no a la inversa, se puede ver en el hecho de que *beater* es fonéticamente [bíʸDr̩], y no [bí:ʸDr̩]. Este es precisamente el resultado que se obtiene al aplicar las reglas en el orden propuesto, como se muestra en la siguiente derivación:

(139)   /biʸtr/
         ——————   (regla 134 no es aplicable)
         biʸDr   (regla 135)
         [bíʸDr̩]   (otras reglas)

Si se aplicaran las reglas en el orden inverso, el resultado sería distinto:

(140)   /biʸtr/
         biʸDr: (regla 135)
         bi:ʸDr   (regla 134)
         *[bí:ʸDr̩]   (otras reglas)

Hay dialectos del inglés en que la pronunciación de *beater* es, en efecto, [bí:ʸDr̩], con una vocal larga. Para esos dialectos, habrá que especificar que el orden de las reglas es 135-134.

Otro ejemplo que ilustra el principio (133) es el siguiente. En el castellano no estándar de diversas regiones (por ejemplo, de Chile), es frecuente que las consonantes /b/ y /d/ se elidan entre vocales. Si las vocales a ambos lados de la consonante son idénticas, hay fusión si la consonante elidida es /d/, pero no si es /b/. Así resultan las siguientes pronunciaciones:

(141)   *estaba*   [ehtáa]
         cansada   [kansá]

Se pueden explicar estos hechos por medio de tres reglas, ordenadas de la siguiente manera,

(142)   a. Elisión de /d/ intervocálica
           b. Fusión de vocales idénticas
           c. Elisión de /b/ intervocálica

que permiten las siguientes derivaciones:

(143)   /estaba/   /kansada/

/estaba/	/kansada/	
————	kansaa	(regla 142a)
————	kansa	(regla 142b)
estaa	————	(regla 142c)
ehtáa	kansá	(otras reglas)

Problema: El lector o lectora puede ahora tratar de determinar el orden de las reglas en los siguientes casos:

(144)   a. En yawelmani, lengua indígena de California, se dan las siguientes representaciones:

      /sudu:kʔ+it/   [sudo:kʔut]   «remover»
      /ʔu:tʔ+hin/   [ʔotʔhun]   «robar»

Las diferencias entre las representaciones fonológicas y las representaciones fonéticas se explican por el efecto de las siguientes tres reglas:

(i) $V \rightarrow$ [−largo] / ———— C_2

(ii) $\begin{bmatrix} +\text{silábico} \\ +\text{alto} \end{bmatrix} \rightarrow \begin{bmatrix} +\text{retraído} \\ +\text{redondeado} \end{bmatrix} \Bigg/ \Bigg[\begin{bmatrix} +\text{silábico} \\ +\text{alto} \\ +\text{retraído} \end{bmatrix} C_0 + ———— \Bigg]$

(iii) $\begin{bmatrix} +\text{silábico} \\ +\text{alto} \\ +\text{largo} \end{bmatrix} \rightarrow$ [−alto]

Determínese el orden de las reglas.

      b. En finlandés, se dan las siguientes representaciones:

      /vee/   [vye]
      /teɣe/   [tee]

Hay una regla de diptongación (ee → ye) y una de elisión de /ɣ/ intervocálica. ¿En qué orden se aplican estas reglas?

Las soluciones a estos problemas son las siguientes:

a. En el caso del yawelmani, el orden de las reglas debe ser así: (144ii) – (144iii) - (144i)

Se puede ver que la forma correcta [ʔotʔhun] resulta sólo de esta ordenación:

(145) /ʔu:tʔ+hin/

   ʔu:tʔ+hun   (regla 144ii)

   ʔo:tʔ+hun   (regla 144iii)

   [ʔotʔhun]   (regla 144i)

Si la regla (iii) se aplicara antes de la regla (ii), la forma del sufijo no cambiaría, ya que la vocal condicionante no sería alta. Por otra parte, si se aplicara la regla (i) antes de la regla (iii), resultaría la forma fonética *[ʔutʔhun], como se ve en la siguiente derivación:

(146) /ʔu:tʔ+hin/

   ʔu:tʔ+hun   (regla 144ii)

   [ʔutʔhun]   (regla 144i)

   ————   (regla 144iii)

b. En cuanto al segundo problema, la regla de diptongación debe preceder a la de elisión de /γ/. De lo contrario, tanto la secuencia [ee] original como la producida por la elisión de /γ/ se diptongarían; es decir, las formas fonéticas resultantes serían [vye] y *[tye].

El principio de ordenación lineal no dice que todas las reglas estén ordenadas críticamente, ya que en muchos casos el orden relativo de dos reglas es irrelevante. Por ejemplo, en castellano, la regla que espirantiza las oclusivas sonoras en ciertas posiciones (por ejemplo, entre vocales) puede aplicarse antes o después de la regla que inserta una [e] epentética en palabras como *escribir*. La ordenación de estas dos reglas no es crítica, porque sus dominios[14] no coinciden en absoluto. Es posible, sin embargo, que dos reglas que no tengan relación directa estén ordenadas críticamente por su relación a una tercera. Considérese, por ejemplo, el caso mencionado anteriormente del castellano no estándar en que se dan formas como las siguientes:

(147) /estaba/ [ehtáa]

    /kansada/ [kansá]

14. El *dominio* de una regla fonológica es la cadena definida por la descripción estructural de la regla. Así, por ejemplo, el dominio de la regla (i) es la porción subrayada en (ii).

(i) [+silábico] → ∅ / _____ #

(ii) #pal<u>u</u>#

En otras palabras, el dominio de la regla está constituido por el *foco* (el segmento afectado por la regla) y el *entorno*. En este ejemplo, el foco es la última vocal y el entorno el linde final de palabra.

Recuérdese que estas formas han sido explicadas por la acción de tres reglas: a) elisión de [d] intervocálica; b) fusión de vocales idénticas; y c) elisión de [b] intervocálica.

Si consideramos las reglas a) y c) independientemente, no parece haber razón para ordenarlas una después de la otra, sino por el contrario, dada su semejanza, parecería que hubiera que combinarlas en una sola. Sin embargo, al considerar su relación con la regla b), vemos que mientras que a) precede a b), c) la sigue. Por lo tanto, las reglas a) y c) resultan ordenadas indirectamente, por un principio de transitividad:

(148)   Principio de transitividad:
         Si una regla X precede a una regla Y, y la regla Y precede a una regla W, X precede a W.

Volviendo ahora al principio de ordenación lineal (133), tratemos de aclarar el significado de la frase introductoria «excepto en los casos expresamente previstos por la teoría».

Hay por lo menos dos tipos de reglas que no permiten ordenación lineal, pero existen convenciones de abreviación que las exceptúan automáticamente del principio (133). El primer caso es el de las reglas de acento «variable», es decir, las que asignan el acento a distintas sílabas según que se den o no ciertas condiciones. Un ejemplo muy simple es la siguiente regla imaginaria:

(149)   Asígnese el acento a la penúltima vocal si la palabra tiene dos o más sílabas; si sólo tiene una sílaba, asígnese el acento a la única vocal de la palabra.

Usando las convenciones explicadas anteriormente, podemos expresar esta regla así:

(150)   a. $V \rightarrow [+\text{acento}] /$ _____$C_0 V C_0 \#$
         b. $V \rightarrow [+\text{acento}] /$ _____$C_0 \#$

Es claro que no se pueden ordenar linealmente estas dos reglas. Así, dada una forma /baba/, si el orden fuera a-b, obtendríamos la siguiente derivación:

(151)   /baba/
         bába   (regla 150a)
         [bábá]   (regla 150b)

que nos daría una forma incorrecta con acento en ambas sílabas. Lo mismo sucedería si el orden fuera el inverso:

(152)   /babá/
          babá   (regla 150b)
          [bábá]   (regla 150a)

Lo que se requiere es que se aplique una u otra regla, pero no ambas, es decir, que estas reglas estén ordenadas *disyuntivamente*. Esto se puede lograr fácilmente. Nótese que las reglas (150a) y (150b) deben combinarse en una, de acuerdo con las convenciones anteriormente explicadas:

(153) $V \rightarrow [+\text{acento}]\ /$ _____ $C_0(VC_0)\#$

Bastará agregar el siguiente principio a la teoría para impedir que las dos reglas abreviadas en este esquema se apliquen a una misma forma:

(154)   Principio de ordenación disyuntiva (según Chomsky y Halle, 1968: 30): Las reglas abreviadas por medio de paréntesis están ordenadas disyuntivamente.

Este principio es, por supuesto, una hipótesis sujeta a la refutación empírica.

Ahora bien, el principio (154) impide la aplicación de las dos reglas (150a) y (150b) a una misma forma. Pero todavía queda un problema por resolver. Al considerar una representación fonológica determinada, ¿cuál de las dos reglas tiene primacía? Es claro que si prima la regla (150b), todas las palabras van a recibir el acento en la última sílaba. En cambio, si prima la regla (150a), se obtienen los resultados correctos, ya que esa regla se aplica sólo si la palabra tiene dos o más sílabas, y sólo en caso contrario, se aplica la regla (150b). Para lograr este resultado sin necesidad de especificar el orden de primacía en cada caso específico o siquiera para cada lengua específica, agregamos a la teoría otro principio general:

(155)   Orden de primacía para las reglas ordenadas disyuntivamente: En un esquema que contenga paréntesis, el orden de consideración de las reglas va desde la más compleja hasta la más simple (entendiendo por complejidad el número relativo de símbolos).

Ilustremos ahora la aplicación de los principios (154) y (155) a un caso un poco más complejo, a saber, la siguiente regla de acentuación del árabe palestino:

(156) $V \rightarrow [+\text{acento}]\ /$ _____ $C_0\ ((VC)\ V\ C_0^1)\ \#$

De acuerdo a los principios (154) y (155), las reglas abreviadas por este esquema están ordenadas disyuntivamente, y se consideran para su aplicación en el siguiente orden:

(157) a. $V \rightarrow [+\text{acento}] /$ _____ $C_0 VCVC_0^1 \#$
     b. $V \rightarrow [+\text{acento}] /$ _____ $C_0 VC_0^1 \#$
     c. $V \rightarrow [+\text{acento}] /$ _____ $C_0 \#$

Una forma como /katabit/ «ella escribió», por ejemplo, cumple con los requisitos de la regla (157a) y, por lo tanto, recibe la siguiente acentuación: [kátabit]. Por otra parte, una forma como /katabna/ «nosotros escribimos» no cumple con los requisitos de la regla (157a) (el símbolo C equivale a C_1^1, es decir, representa una consonante simple), pero sí cumple con los requisitos de la regla (157b) (ya que C_0 representa «cero o más consonantes»), y por lo tanto su acentuación es [katábna]. Por último, una forma como /sitt/ «dama», no cumple con los requisitos de las reglas (157a) ni (157b), pero sí con los de la regla (157c), y su acentuación es, en consecuencia, [sítt].

Problema: El lector o lectora puede ahora considerar la siguiente regla imaginaria de acentuación:

(158) $V \rightarrow [+\text{acento}] /$ _____ $C_0 ((V (C) V C_0) \#$

Ordénense las reglas abreviadas por este esquema y muéstrese la acentuación asignada a las siguientes palabras:

(159) a. /aparat/
     b. /aparnat/
     c. /apaat/
     d. /apan/
     e. /ap/

Solución: Las reglas están ordenadas disyuntivamente del siguiente modo:

(160) a. $V \rightarrow [+\text{acento}] /$ _____ $C_0 VCVC_0 \#$
     b. $V \rightarrow [+\text{acento}] /$ _____ $C_0 VVC_0 \#$
     c. $V \rightarrow [+\text{acento}] /$ _____ $C_0 VC_0 \#$
     d. $V \rightarrow [+\text{acento}] /$ _____ $C_0 \#$

Las formas dadas reciben la siguiente acentuación:

(161) a. /aparat/   [áparat]   (regla 160a)
     b. /aparnat/   [apárnat]   (regla 160c)
     c. /apaat/   [ápaat]   (regla 160b)
     d. /apan/   [ápan]   (regla 160c)
     e. /ap/   [áp]   (regla 160d)

El lector atento habrá notado que se podría escribir la regla (158) así:

(162) $V \rightarrow [+acento] / \underline{\hspace{1cm}} C_0((VC_0^1) \ V \ C_0)\#$

ya que las expresiones C_0^1 y (C) son equivalentes. En la forma (162), la ordenación de las subreglas corresponde a (163) y la asignación del acento a (164):

(163)   a. $V \rightarrow [+acento] / \underline{\hspace{1cm}} C_0VC_0^1VC_0\#$
        b. $V \rightarrow [+acento] / \underline{\hspace{1cm}} C_0VC_0\#$
        c. $V \rightarrow [+acento] / \underline{\hspace{1cm}} C_0\#$

(164)			
a.	/aparat/	[áparat]	(regla 163a)
b.	/aparnat/	[apárnat]	(regla 163b)
c.	/apaat/	[ápaat]	(regla 163a)
d.	/apan/	[ápan]	(regla 163b)
e.	/ap/	[áp]	(regla 163c)

El segundo tipo de regla que no admite ordenación lineal es el de las llamadas *reglas de intercambio* [*flip-flop rules*], es decir, reglas del tipo (165).

(165) $[\alpha X] \rightarrow [-\alpha X]$

Chomsky y Halle (1968:256) han propuesto una regla de este tipo para explicar parte del siguiente cambio del inglés medio al inglés moderno:

(166) $\bar{\text{i}}$ $\bar{\text{u}}$ $\bar{\text{e}}$ $\bar{\text{o}}$
         ↙   ↙   ↙   ↙
     $\bar{\text{e}}$y $\bar{\text{o}}$w $\bar{\text{i}}$ $\bar{\text{u}}$

La regla en cuestión, que da cuenta del cambio vocálico pero no de la diptongación, objeto de una regla distinta, es la siguiente:

(167) $\begin{bmatrix} \alpha\text{alto} \\ -\text{bajo} \end{bmatrix} \rightarrow [-\alpha\text{alto}] / \begin{bmatrix} \underline{\hspace{1cm}} \\ +\text{tenso} \\ +\text{acento} \end{bmatrix}$

Este esquema abrevia las dos reglas siguientes:

(168) $\begin{bmatrix} +\text{alto} \\ -\text{bajo} \end{bmatrix} \rightarrow [-\text{alto}] / \begin{bmatrix} \underline{\hspace{1cm}} \\ +\text{tenso} \\ +\text{acento} \end{bmatrix}$

$(\bar{\text{i}}, \ \bar{\text{u}} \ \rightarrow \ \bar{\text{e}}, \ \bar{\text{o}})$

(169) $\begin{bmatrix} -\text{alto} \\ -\text{bajo} \end{bmatrix} \rightarrow [+\text{alto}] / \begin{bmatrix} +\text{tenso} \\ +\text{acento} \end{bmatrix}$

$$(\bar{\text{e}}, \bar{\text{o}} \rightarrow \bar{\text{i}}, \bar{\text{u}})$$

Es claro que cualquier ordenación lineal de estas dos reglas es inadecuada. El orden (168-169) produce las siguientes derivaciones incorrectas:

$\bar{\text{i}}, \text{u} \xrightarrow{\;168\;} \bar{\text{e}}, \bar{\text{o}} \xrightarrow{\;169\;} \bar{\text{i}}, \bar{\text{u}}$, y el orden inverso las siguientes, también incorrectas: $\bar{\text{e}}, \bar{\text{o}} \xrightarrow{\;169\;} \bar{\text{i}}, \bar{\text{u}} \xrightarrow{\;168\;} \bar{\text{e}}, \bar{\text{o}}$.

La ordenación debe ser disyuntiva, por lo que se requiere en la teoría fonológica el siguiente principio:

(170)   Las reglas abreviadas por esquemas del tipo $[\alpha X] \rightarrow [-\alpha X]$ poseen ordenación disyuntiva.

En este caso, a diferencia del de las reglas entre paréntesis, no es necesario establecer ningún orden de primacía. En efecto, sería inadecuado hacerlo, ya que el sentido de las reglas de este tipo es que los dos cambios se aplican simultáneamente.

Capítulo tres

LA REDUNDANCIA

1. Representación léxica

Según el modelo gramatical que hemos esbozado en el capítulo 2, sección 1, la gramática de una lengua contiene un diccionario o *lexicón*, en el que figuran todos los morfemas o formativos de la lengua en cuestión. Dichos morfemas aparecen caracterizados en términos de los rasgos fonéticos universales presentados en el capítulo 1. Cada morfema está representado por una matriz de rasgos, en la que las columnas representan los segmentos y las hileras los rasgos que caracterizan a los segmentos. Por ejemplo, la representación del formativo *sol* en castellano sería así:[1]

(1)

	s	o	l
consonante	+	−	+
silábico	−	+	−
obstruyente	+	−	−
coronal	+	−	+
anterior	+	−	+
alto	−	−	−
bajo	−	−	−
retraído	−	+	−
redondeado	−	+	−
continuo	+	+	−
estridente	+	−	−
sonoro	−	+	+
nasal	−	−	−

---

1. Aquí utilizamos el mismo cuadro de los segmentos del castellano con los rasgos y sus especificaciones respectivas, que hemos dado más arriba, p. 51.

Cada segmento constitutivo del morfema *sol* es la suma de una serie de especificaciones binarias correspondientes a cada uno de los rasgos fonéticos pertenecientes al conjunto universal de rasgos; y la suma de especificaciones que definen a cada uno de los segmentos constituye la representación fonológica del morfema en cuestión.

Ahora bien, la representación del morfema *sol* tal como se da en (1) contiene mucha información innecesaria. Por ejemplo, dado que en castellano los únicos segmentos [+continuo, −sonoro] son /s, f, x/, muchos de los rasgos que en (1) caracterizan a /s/ son innecesarios. Es decir, si sabemos que un segmento es [+continuo, −sonoro], otros rasgos son predecibles a partir de éstos: el segmento debe ser automáticamente [+consonante, −silábico, +obstruyente, −redondeado, −nasal], ya que en castellano no hay ningún segmento continuo sordo que sea al mismo tiempo vocálico, que sea redondeado o que sea nasal. Muchas de las especificaciones que aparecen en (1) para /s/ son innecesarias, por ser predecibles a partir de otras especificaciones. Por otra parte, hay que especificar el rasgo [+coronal] que opone /s/ a todas las otras continuas sordas castellanas: tanto /f/ como /x/ son [−coronal]; a partir de [+coronal] puede predecirse [+anterior], ya que en castellano no hay ningún segmento retroflejo [+coronal, −anterior].[2] Los rasgos [−alto, −bajo] son también predecibles: el primero, porque las únicas obstruyentes palatales en castellano son /č/ y /ǰ/, diferenciables de /s/ por ser [−continuo], y el segundo, porque todas las consonantes son [−bajo] en castellano, ya que en esta lengua no hay consonantes faríngeas, que son las únicas caracterizadas [+bajo].[3]

Otro tanto puede decirse de la vocal /o/: tratándose de una vocal, es decir, estando caracterizada como [−consonante, +silábico], podemos predecir que es [−obstruyente, −anterior, +continuo, −estridente], ya que éstos son rasgos que universalmente adoptan los valores indicados cuando se refieren a las vocales. Además, en castellano no hay vocales nasales, ni vocales sordas, ni vocales retroflejas, por lo que [−nasal, +sonoro, −coronal] son también predecibles automáticamente, una vez que sabemos que se trata de una vocal. Lo único que habrá que indicar para /o/, por tanto, es que se trata de una vocal [−alto, −bajo, +retraído], lo cual permite oponerla a /e/ que es [−alto, −bajo, −retraído], a /u/ e /i/ que son [+alto] y a /a/ que es [−alto, +bajo]. La especificación [+redondeado], es también predecible a partir de [−bajo, +retraído], ya que en castellano no hay vocales posteriores no redondeadas —fuera de /a/, que es [+bajo]— así como tampoco hay vocales anteriores redondeadas.[3]

2. Según el cuadro de la pág. 51. Podría argüirse, sin embargo, que la [ş] apical de gran parte del habla peninsular se caracteriza por los rasgos [+coronal, −anterior, −alto], con lo que el rasgo [−anterior] no sería predecible automáticamente a partir de [+coronal]; esta salvedad no altera la validez de la argumentación que estamos presentando aquí.

3. En lugar de especificar [+retraído] y predecir [+redondeado] a partir de esta especificación, podría hacerse al revés: predecir [+retraído] a partir de [+redondeado]. De optar por esta alternativa, no sería necesario tampoco especificar el rasgo [−bajo], ya que, en castellano, si una vocal es [+redondeado], también es automáticamente [−bajo, +retraído].

En cuanto a /l/ también contiene muchas especificaciones predecibles: sabiendo que se trata de un segmento líquido, es decir, [+consonante, −silábico, −obstruyente, −nasal], las posibilidades en castellano no son muchas: puede tratarse de /l/, /r/ o /λ/. Por tanto, con tal que lo especifiquemos como [+coronal, −continuo] sabemos que se trata de /l/, puesto que /λ/ es [−coronal] y /r/ es [+continuo]. Los otros rasgos son predecibles: [−alto] es predecible a partir de [+coronal], ya que la única líquida especificada como [+alto] en castellano es /λ/, la cual es concomitantemente [−coronal]; [−bajo], porque las líquidas faríngeas no existen en castellano, ni en lengua alguna; [+anterior], puesto que no hay líquidas retroflejas en castellano, las cuales serían caracterizadas como [+coronal, −anterior]; [−retraído], puesto que no hay ninguna líquida velar en castellano; [−redondeado, +sonoro], porque no hay líquidas redondeadas ni sordas en castellano; tampoco es necesario indicar que /l/ es [−estridente], ya que la única líquida que deberá especificarse como [+estridente] es la *r* asibilida / ɹ / de ciertas modalidades dialectales de Latinoamérica, la cual se distingue de /l/ por ser [+continuo].

Eliminando de (1) todas las caracterizaciones innecesarias, por ser predecibles, nos quedaría la matriz siguiente (los valores predecibles son a veces sustituidos por ceros; aquí los dejamos simplemente en blanco, ya que ambas prácticas son equivalentes):

(2)

	s	o	l
consonante	−		+
silábico	+		−
obstruyente			−
coronal	+		+
anterior			
alto			−
bajo			−
retraído			+
redondeado			
continuo	+		−
estridente			
sonoro			−
nasal			−

Teniendo en cuenta un mínimo criterio de simplicidad, la representación de (2) es preferible a la de (1). Sin que entremos a definir formalmente qué entendemos por una descripción más «simple» que otra, es evidente que (2) es mucho más breve que (1), puesto que no incluye las especificaciones que son predecibles a partir de restricciones universales ni las que lo son a partir de restricciones propias del castellano. Además, la simplificación que supone (2) en relación a (1) es extensible a todos los morfemas castellanos que contengan /s/, /o/ y/o /l/: siempre que aparezcan /s/, /o/, /l/, será suficiente que los caractericemos tal como están caracterizados en (2). Naturalmente,

(2) tendrá que completarse con algún tipo de mecanismo que nos permita derivar (1) de manera automática. Describiremos dicho mecanismo en el parágrafo siguiente. Por el momento, diremos que (2) es la *representación léxica* de *sol*, es decir, la representación que tal morfema adopta en el lexicón de la gramática del castellano.[4]

Hay otros aspectos del morfema *sol* que son predecibles también. Dado que en castellano existe *sal* y *sol*, pero no **sul*, podríamos proponer una simplificación en la representación léxica de dicho morfema en el sentido de que una vez que sabemos que la vocal es [+retraído], o [+redondeado], automáticamente sabemos que es [−alto]. Siendo esto así, podríamos omitir la caracterización [−alto], en la representación léxica de *sol*, con lo que nos ahorraríamos un rasgo más. El problema, sin embargo, será formular algún principio que excluya **sul*, pero que no lo haga en forma demasiado general, puesto que en castellano aparece /u/ en contextos semejantes: ante /l/, en *tul*, tras /s/ en *suma*, etc. Cualquiera que sea el principio que excluya **sul* tendrá que ser formulado muy restrictivamente, por lo que deberá ser muy complejo, ya que deberá mencionar todo el contexto: tras /s/ y ante /l/. Si bien todavía no hemos entrado en la presentación de un mecanismo tal, resulta evidente que formular algún tipo de regla para predecir [−alto] aquí no es deseable, como lo era en los otros casos que hemos mencionado anteriormente, ya que el costo sería grande y la ganancia mínima, puesto que sólo nos ahorraríamos *una* especificación para /o/, exclusivamente en el caso de que vaya precedida de /s/ y seguida de /l/. Pero lo que es peor aún: una regla tal excluiría *sul* como fonológicamente mal formado, cuando en realidad es una forma perfectamente imaginable en castellano; el hecho de que *sul* no exista es totalmente accidental, no una regularidad.

Por otra parte, si tratáramos ahora de dar la representación léxica del morfema *tango,* el punto de articulación de [ŋ] sí es predecible a partir del punto de articulación de /g/, como ya hemos mencionado en el capítulo 2, sección 3. Dejando de lado los rasgos predecibles de /t/, /a/, /g/, /o/, y centrándonos solamente en [ŋ], es evidente que una vez que sabemos que se trata de un segmento [+nasal], todos los demás rasgos son predecibles: unos porque los únicos segmentos [+nasal] en castellano son también [+consonante, −silábico, +sonoro], es decir, en castellano no hay vocales nasales y las consonantes nasales son sonoras; otros, como [−obstruyente, −continuo, −estridente], porque las consonantes nasales se definen universalmente así. Por último, [−coronal, −anterior, +alto, +retraído] son predecibles a partir del segmento /g/ siguiente, el cual debe ir especificado también como [−coronal, −anterior, +alto, +retraído], y nuestro mecanismo deberá ser capaz de predecir las especificaciones que definen el punto articulatorio de /ŋ/ a partir de las especificaciones que definen el punto articulatorio de /g/. Ello es así dado que en castellano no existen las secuencias [mg], [ng], [ñg],

4. Naturalmente, la representación léxica completa de un formativo incluye no sólo rasgos fonológicos, sino también sintácticos y semánticos, según el modelo de Chomsky (1965). Aquí nos estamos refiriendo solamente a la parte fonológica de la representación léxica.

es decir, dado que las nasales tienen siempre el mismo punto de articulación que las obstruyentes siguientes. Así pues, la representación léxica de *tango* por lo que se refiere a [ŋ] sólo deberá indicar que se trata de [+nasal].

Resumiendo, la representación léxica de un morfema o formativo sólo incluirá los valores distintivos para cada rasgo que caracterice a los segmentos; es decir, sólo aquellos valores que nos permitan identificar al segmento en cuestión, diferenciándolo de todo otro segmento de la lengua. Los rasgos predecibles a partir de principios universales o a partir de restricciones de la lengua en cuestión se considerarán redundantes y se excluirán de la representación léxica.

> *Problema*: Dar la representación léxica del castellano *mano*, teniendo en cuenta que: a) sólo hay tres segmentos nasales a nivel fonológico sistemático /m/, /n/, /ñ/, ya que los demás aparecen sólo a nivel fonético y su punto articulatorio es siempre predecible por asimilación; b) el castellano tiene cinco vocales /i/, /e/, /a/, /o/, /u/. (Dejar en blanco los espacios correspondientes a los valores predecibles.)

> *Solución*:

(3)	m	a	n	o
consonante		−		−
silábico		+		+
obstruyente				
coronal		−	+	
anterior	+			
alto		−		−
bajo		+		−
retraído				+
redondeado				
continuo				
estridente				
sonoro				
nasal	+		+	

Los valores indicados en (3) son suficientes, por las siguientes razones: a) como los únicos segmentos nasales en castellano son /m/, /n/, y /ñ/, con tal de introducir [+nasal], esto nos permite predecir [+consonante, −silábico, −redondeado, +sonoro], dado que en castellano no hay vocales nasales, nasales redondeadas ni sordas. b) Los valores [−obstruyente, −continuo, −estridente] forman parte de la definición universal de consonante nasal. c) Una vez que hemos caracterizado al segmento nasal como [−coronal], las alternativas son [+anterior] en el caso de /m/ y [−anterior] en el caso de /ñ/; por tanto, introduciendo los valores [−coronal, +anterior] que caracterizan a /m/, los valores restantes determinantes del punto articulatorio, es decir, [−alto, −retraído] son redundantes; en el caso de /n/, como se trata de la única nasal coronal en castellano, todos los demás valores del punto articulatorio son predecibles: [+anterior, −alto, −retraído]. d) Para las vocales, ya hemos dicho que los valores [−anterior, +continuo, −estridente] son universalmente válidos; además, [−coronal, +sonoro, −nasal] son válidos para todas las vocales castellanas, tal como hemos indicado. e) Para la vocal /a/ es innecesario especificar los rasgos [+retraído, −redondeado], por tratarse de la única vocal [+bajo]; estos rasgos tendrían que especificarse solamente si existiera la vocal baja [−retraído] /æ/ o la vocal baja [+redondeado], / ɔ /. En cuanto a la vocal /o/, acabamos de comentar sobre la redundancia del rasgo [+redondeado].

2. REDUNDANCIA Y RESTRICCIONES COMBINATORIAS A NIVEL FONOLÓGICO

Necesitamos ahora desarrollar algún mecanismo que nos permita derivar (1) a partir de (2). Por ejemplo, por lo que respecta a las vocales, éstas son universalmente [−anterior, +continuo, −estridente]. Como ya hemos dicho, estos rasgos no tienen por qué aparecer caracterizando a /o/ en la representación léxica. Deberíamos, por tanto, formular algún tipo de regla que incorpore automáticamente estos rasgos a la representación léxica de cualquier vocal; por ejemplo, la regla (4):

$$(4) \quad \begin{bmatrix} -\text{consonante} \\ +\text{silábico} \end{bmatrix} \rightarrow \begin{bmatrix} -\text{anterior} \\ +\text{continuo} \\ -\text{estridente} \end{bmatrix}$$

Ahora bien, (4) no tiene por qué formar parte de la gramática del castellano ni de ninguna otra lengua, ya que se trata de un principio universal, válido para todas las lenguas; debe formar parte de nuestra metateoría, de la definición de lengua natural. Por otra parte, ya hemos dicho que en castellano no hay vocales retroflejas, sordas ni nasales, por lo que hará falta una regla que cumpla la función de (5):

$$(5) \quad \begin{bmatrix} -\text{consonante} \\ +\text{silábico} \end{bmatrix} \rightarrow \begin{bmatrix} -\text{coronal} \\ +\text{sonoro} \\ -\text{nasal} \end{bmatrix}$$

Una regla que incorpore automáticamente los rasgos [−coronal, +sonoro, −nasal] a las vocales sí debe formar parte de la gramática del castellano, ya que hay lenguas en las que se dan vocales retroflejas, por ejemplo en ciertas lenguas de la India como el badaga, vocales sordas, por ejemplo en japonés, o vocales nasales, por ejemplo en francés.

Además, en castellano no existe ningún morfema en el que [ŋ] vaya seguido de una obstruyente que no sea velar; y, en general, no existe ningún morfema en el que un segmento nasal no sea homorgánico a la obstruyente que le sigue. En general, puede decirse que en una secuencia de nasal +

obstruyente el punto de articulación de la consonante nasal es predecible a partir del punto de articulación de la obstruyente siguiente. Esto —como ya hemos indicado en el capítulo 2, sección 5— puede expresarse así:[5]

(6)

$$[+\text{nasal}] \rightarrow \begin{bmatrix} \alpha \text{ anterior} \\ \beta \text{ coronal} \\ \gamma \text{ alto} \\ \delta \text{ retraído} \\ \varepsilon \text{ distribuido} \end{bmatrix} / \underline{\hspace{2em}} \begin{bmatrix} +\text{consonante} \\ \alpha \text{ anterior} \\ \beta \text{ coronal} \\ \gamma \text{ alto} \\ \delta \text{ retraído} \\ \varepsilon \text{ distribuido} \end{bmatrix}$$

La regla que cumpla esta función también debe figurar en la gramática de la lengua castellana, ya que si bien la asimilación de las consonantes nasales a las obstruyentes adyacentes es muy habitual en las lenguas del mundo, la asimilación presenta características propias en cada lengua; por ello, la regla que formaliza dicha asimilación es también específica de cada lengua.

Reglas como las de (4), (5) y (6) cumplen una doble función: a) por una parte, expresan los valores redundantes que ciertos rasgos adoptan, ya sea universalmente, como (4), o en una lengua particular, como (5) y (6). Formulando generalizaciones de este tipo podemos suprimir de la representación léxica de los morfemas de la lengua en cuestión innumerables especificaciones fonológicas. Este tipo de regla permite, por tanto, formalizar la simplificación de las representaciones léxicas a que nos referíamos arriba, en la sección 1, ya que proporciona una manera de expresar las especificaciones fonológicas redundantes. b) Por otra parte, estas reglas expresan restricciones en la combinatoriedad de ciertos rasgos y de ciertos segmentos. Así, la regla (4) nos dice que universalmente los rasgos anterior, continuo y estridente tienen que adoptar los valores − + − respectivamente, si el segmento es una vocal; toda otra combinación de estos rasgos daría lugar a una entidad no perteneciente a ninguna lengua natural. La regla (5) limita también las posibilidades de definición de *vocal* en una lengua particular, el castellano: en toda vocal castellana, los rasgos coronal, sonoro y nasal tienen que adoptar los valores − + − respectivamente; esto limita la clase de las vocales castellanas, en el sentido de que sólo segmentos no retroflejos, sonoros y orales pueden pertenecer a ella. La regla (5), por tanto, limita la clase de segmentos que constituyen el sistema fonológico del castellano. Finalmente, la regla (6) define cierta clase de secuencias de segmentos como posibles secuencias del castellano, y excluye otras como no pertenecientes a la lengua; concretamente, excluye toda secuencia de nasal seguida de obstruyente en que ambas no tengan el mismo punto de articulación y define como

5. En el capítulo 2, este proceso lo hemos formalizado en la regla (113), que es semejante a esta regla (6), con la diferencia de que allí se mencionaba el linde de palabra para dar cuenta también de la asimilación entre palabras, mientras que aquí nos ocupa solamente la asimilación (o redundancia) en el interior del morfema. En § 3 volveremos a tratar este proceso asimilatorio.

posibles secuencias de nasal y obstruyente en castellano aquéllas que sean homorgánicas.

2.1. *Reglas de estructura morfemática (Reglas EM)*

Las reglas (5) y (6) son reglas de estructura morfemática: expresan ciertos aspectos de la estructura de los morfemas en castellano; concretamente, expresan limitaciones en la estructura fonológica de los morfemas del castellano. La regla (5) expresa restricciones de los posibles segmentos constitutivos de los morfemas, independientemente del contexto en que se encuentre el tipo de segmento definido en ella: se trata de una regla de estructura morfemática segmental o referida a segmentos. La regla (6), por otra parte, expresa restricciones en determinados tipos de secuencias constitutivas de morfemas; no se limita a cada segmento, sino que se refiere a los segmentos según el contexto en que se hallan: (6) define el punto de articulación del segmento nasal si el contexto contiene una obstruyente a continuación de la nasal. Se trata de una regla de estructura morfemática secuencial o relativa a las secuencias.

Este tipo de reglas como las de (5) y (6) —inicialmente propuestas por Halle (1959)— constituían la forma en que originariamente se expresó en fonología generativa el tipo de generalización a que nos hemos referido en el parágrafo anterior: las especificaciones redundantes, eliminables del lexicón, y las restricciones en la estructura fonológica de la lengua. En los años sesenta se consideraba que el componente fonológico de una lengua debería estar dividido en dos tipos de reglas: reglas de estructura morfemática o reglas EM [*MS rules*], y las llamadas reglas fonológicas o reglas F [*P rules*]. Estos dos tipos de reglas se consideraban totalmente diferenciables unas de otras: 1) las reglas EM se definen como reglas estáticas, es decir, operan en un solo nivel; su función consiste en agregar a la representación léxica de cada morfema aquellas especificaciones fonéticas predecibles dentro del sistema fonológico de una lengua. Las redundancias se introducen, por tanto, a nivel fonológico, que es el nivel donde se define el sistema fonológico de una lengua; es decir, las representaciones léxicas y las representaciones fonológicas (sistemáticas) son representaciones del mismo nivel en el sentido de que las matrices léxicas son simplemente versiones menos especificadas, sin redundancias, de las matrices correspondientes fonológicas (sistemáticas). Las reglas F, en cambio, son reglas dinámicas, en el sentido de que convierten un nivel de representación, el fonológico, en un nivel distinto, el fonético; las reglas F nos llevan a la estructura fonética más superficial de la lengua. 2) Las reglas EM agregan especificaciones, pero no cambian una especificación en otra; la entrada de las reglas EM es un conjunto de rasgos que constituyen un subconjunto de los rasgos de la salida: no se repiten rasgos a izquierda y derecha de la flecha. En cambio, las reglas F transforman un segmento en otro; su función consiste en muchos casos en convertir el valor de un rasgo en su contrario (de + a −, o de − a +). 3) Las reglas EM operan exclusivamente entre lindes morfemáticos; su campo de aplicación es el morfema únicamente. Mientras que las reglas F rebasan el linde morfemático, aplicándose normalmente a los segmentos en tanto constituyen palabras, e incluso más allá del linde entre palabras.

Uno de los temas debatidos en la gramática generativa tiene que ver con la determinación del nivel exacto en que entran en funcionamiento las reglas EM. Normalmente, se distingue entre representación léxica y representación fonológica (o fonológica sistemática). En primer lugar, hay que tener en cuenta que en el lexicón no aparecen todos los morfemas de una lengua, ya que algunos han de introducirse mediante reglas morfológicas o de reajuste; en realidad, algunos formativos no tienen ni siquiera representación fonológica de ningún tipo, como los conocidos morfemas *cero*: los morfemas que constituyen el lexicón son, por tanto, las piezas léxicas correspondientes a categorías léxicas principales, como verbos o nombres, o mejor dicho, las tradicionales «raíces» verbales y nominales. En segundo lugar, la representación léxica contiene más elementos que una representación en términos de una matriz de rasgos fonéticos, si es que aceptamos la existencia de rasgos diacríticos (esto lo discutiremos en el capítulo 9). Por otra parte, se distingue entre representación léxica y representación fonológica subyacente: la primera es la lista de formativos del lexicón y la segunda es la cadena de formativos con su representación fonológica correspondiente, en tanto que estructura subyacente de una oración dada, a la que se aplican las reglas fonológicas, para completar su derivación.

En los años sesenta —en plena vigencia del modelo de *Aspects*[6]— se pensaba que una vez hecha la inserción léxica (que permite insertar las representaciones léxicas correspondientes a las categorías léxicas principales) había que aplicar todas las reglas EM secuenciales en un bloque, las cuales proporcionan los rasgos redundantes contextuales. Por tanto, las reglas EM secuenciales operaban solamente sobre cadenas de morfemas léxicos, no gramaticales. Después la cadena resultante recibía la aplicación de reglas de reajuste —según el modelo de Chomsky y Halle (1968)— o de reglas de inflexión y derivación —según el modelo anterior de Halle (1959); la función de estas reglas consistía en completar la representación fonológica, atribuyendo forma fonológica a los morfemas gramaticales que deban tenerla (por ejemplo, personas verbales, plural de nombres y adjetivos). La cadena resultante constituía la *representación fonológica subyacente*, la cual pasaba a recibir la aplicación de las reglas F. Mezcladas entre estas reglas F se encontraban las reglas EM segmentales, cuya aplicación se llevaba a cabo cuando fuera conveniente por razones de simplicidad.

Las reglas EM quedaban divididas, así, en dos grupos: las secuenciales, que se aplicaban en bloque antes que todas las otras reglas fonológicas, y las

6. Véase N. Chomsky, *Aspects of the theory of syntax*. Cambridge, Mass.: MIT Press, 1965. Hay versión castellana de C.P. Otero, Madrid: Aguilar, 1970.

segmentales, que se aplicaban entremezcladas con las reglas F. Dado que la función principal de las reglas EM es completar la representación léxica con las especificaciones redundantes, es razonable aplicarlas tan pronto como dichas representaciones son insertadas en la estructura oracional que se está derivando. Además, como las redundancias que establecen van referidas a las categorías léxicas principales es razonable también aplicarlas antes de convertir los formativos gramaticales en representaciones fonológicas. La razón es la siguiente: ya hemos dicho que las reglas EM, al mismo tiempo que proporcionan valores redundantes, establecen restricciones en cuanto a las posibilidades combinatorias de la lengua en cuestión y definen, por tanto, la estructura fonológica de los morfemas de esa lengua; ahora bien, esta definición es aplicable solamente a los morfemas léxicos de las lenguas, no a sus morfemas gramaticales. Por ejemplo, en castellano, la estructura normal de los morfemas (léxicos) consta fundamentalmente de Vocal, la cual puede ir precedida y seguida de una o varias consonantes, con fuertes restricciones sobre cuántas consonantes y de qué tipo pueden preceder o seguir a la Vocal; la Vocal parece ser el elemento esencial de los morfemas léxicos. Sin embargo, es común que los morfemas gramaticales carezcan de vocal, como sucede con la /s/ de plural de los nombres terminados en vocal: mesa-*s*, hombre-*s*, etc., o con terminaciones verbales como /n/ de 3 ppl.: cant-a-*n*, com-e-*n*, etc. Parecería, por lo tanto, que si se puede hablar de una estructura prototípica de los morfemas del castellano, hay que buscarla en los morfemas léxicos y no en los gramaticales.

Ahora bien, hemos dicho que las reglas EM relativas a segmentos no se aplican hasta más tarde, junto con las reglas F. La razón es la siguiente. Supongamos que entre las reglas F figura la regla (7):

(7) $\emptyset \rightarrow e / \text{'}\# \underline{\hspace{2cm}} sC$

La regla (7) introduce la vocal [e] en posición inicial de palabra, si la representación fonológica del morfema (o palabra) en cuestión empieza por *s* seguida de consonante. Esta regla introduce [e] al comienzo de palabras como *escribir, estar,* etc. y permite dar cuenta de la alternancia entre *escribir*, por una parte, y *suscribir, inscribir, transcribir,* etc., por la otra: en estas últimas la regla no se ha aplicado, porque no cumplen con la condición explícita en (7) de que la palabra debe empezar por el grupo *sC*. Pero (7) es sólo una formulación abreviada de la regla de epentización y, como hemos explicado anteriormente, habría que formularla por medio de rasgos fonológicos y no en términos de segmentos. Dejando de lado el contexto, y atendiendo solamente al segmento [e] que se inserta, la regla debería decir algo así como:

(8)

$$\emptyset \rightarrow \begin{bmatrix} -\text{consonante} \\ +\text{silábico} \\ -\text{alto} \\ -\text{retraído} \end{bmatrix}$$

Los rasgos que aparecen a la derecha de la flecha son suficientes para caracterizar a la vocal /e/: son los rasgos distintivos de /e/ en el sistema fonológico del castellano. Pero como hemos indicado, la salida del componente fonológico no son meras entidades clasificatorias, sino que las cadenas de segmentos que de él salgan deben estar dotadas de realidad fonética. No basta, por tanto, con clasificar a /e/ como vocal no alta y no posterior, sino que hace falta además especificar los rasgos redundantes.

Una solución podría consistir en que a la derecha de la flecha de la regla (8) se especifique que el segmento debe ser además [−coronal, +sonoro, −nasal] (dejando de lado que debe ser también [−anterior, +continuo, −estridente] como toda vocal de cualquier lengua natural); esta solución, sin embargo, complica la regla (8) para especificar algo que habíamos especificado ya mediante la regla (5), es decir, que en castellano no hay vocales retroflejas, sordas ni nasales. Una solución más económica consistiría en aplicar la regla (5) después de la (8), con lo cual la regla (5) expresaría una generalización al parecer adecuada: que en castellano *toda* vocal es no retrofleja, sonora y oral, independientemente del origen de esa vocal, es decir, tanto si procede de la representación léxica de un morfema, como si es insertada mediante una regla fonológica como (8).

Problema: Ya hemos dicho que, siendo /m/, /n/, /ñ/ los únicos fonemas del castellano, parte de las especificaciones de estos segmentos relativas al punto articulatorio son predecibles. Formular la(s) regla(s) que de(n) cuenta de estas redundancias.

Solución:

(9) a. $\begin{bmatrix} +\text{nasal} \\ +\text{coronal} \end{bmatrix} \rightarrow \begin{bmatrix} +\text{anterior} \\ -\text{alto} \\ -\text{retraído} \end{bmatrix}$

b. $\begin{bmatrix} +\text{nasal} \\ -\text{coronal} \\ +\text{anterior} \end{bmatrix} \rightarrow \begin{bmatrix} -\text{alto} \\ -\text{retraído} \end{bmatrix}$

c. $\begin{bmatrix} +\text{nasal} \\ -\text{coronal} \\ -\text{anterior} \end{bmatrix} \rightarrow \begin{bmatrix} +\text{alto} \\ -\text{retraído} \end{bmatrix}$

Habiendo un solo fonema nasal coronal /n/, todos los demás valores que adopta este segmento relativos al punto de articulación son predecibles y se introducen mediante (9a). (9b) predice los rasgos redundantes para /m/ y (9c) para /ñ/: en ambos casos, [+anterior] y [−anterior] deben formar parte de la regla respectivamente, ya que estos valores son distintivos, permitiendo distinguir a /m/ [+anterior] de /ñ/ [−anterior]. El rasgo [−coronal] también debe aparecer en las entradas respectivas, ya que si bien no sirve para oponer a estos dos segmentos entre sí, sirve para oponerlos a /n/ que es [+coronal].

> *Problema*: En ruso, en el interior de un morfema, las únicas secuencias permitidas de vocales son /iu/ y /au/. Formular la(s) regla(s) EM que permita(n) predecir todos los rasgos redundantes de ambas vocales, suponiendo que en el sistema vocálico del ruso /i/ sea distintivamente [+alto, −retraído] y /a/ [−alto, +retraído].

> *Solución*:

$$(10) \quad \text{a.} \quad \begin{bmatrix} -\text{consonante} \\ +\text{silábico} \end{bmatrix} \rightarrow [-\text{redondeado}] \; / \; \underline{\hspace{1.5cm}} \; V$$

$$\text{b.} \quad \begin{bmatrix} -\text{consonante} \\ +\text{silábico} \end{bmatrix} \rightarrow \begin{bmatrix} +\text{alto} \\ +\text{retraído} \\ +\text{redondeado} \end{bmatrix} \; / \; V \underline{\hspace{1.5cm}}$$

> En el caso de la primera vocal, como tanto /i/ como /a/ pueden aparecer en esta posición, podemos predecir, por lo menos, que se trata de un segmento [−redondeado]. En cuanto al segundo elemento, tiene que ser obligatoriamente /u/, por lo que todos los rasgos de este segmento son predecibles mediante regla, excepto el hecho de tratarse de una vocal: es decir, sabemos que debe ser [+alto, +retraído, +redondeado].

2.2. *Condiciones de estructura morfemática (Condiciones EM)*

En un principio se pensó que la formulación que acabamos de ver en § 2.1 constituía un avance en la determinación del concepto de simplicidad en la gramática de las lenguas naturales: la gramática más simple sería aquélla que junto a un lexicón con el mayor número de rasgos por especificar tuviera el mínimo número de reglas de estructura morfemática. Sin embargo, esta formulación plantea algunos problemas (que a continuación presentaremos), por lo que posteriormente fue sustituida por otra comparable, en cuanto a que se mantenía el supuesto básico de considerar al morfema como entidad fonológica esencial: las Condiciones de estructura morfemática (CEM).

Un tipo de problema que se presentaba al modelo anterior es el siguiente. En inglés, por ejemplo, /s/ debe especificarse como [+estridente] para distinguirla de /θ/, que es [−estridente]. Siendo /s/ [+estridente], el rasgo [−silábico] es predecible en forma automática, y por tanto no haría falta especificarlo en el lexicón. Por otro lado, sin embargo, hay una redundancia secuencial en inglés en el sentido de que si un morfema empieza por tres segmentos cada uno de ellos especificado como [−silábico], el primero de los tres ha de ser /s/, es decir, [+estridente, +anterior, +coronal, −sonoro]; todos estos rasgos son predecibles, consiguientemente, a partir de [−silábico], por lo que el rasgo [+estridente], entre otros, de este segmento podría quedar sin especificar en el lexicón. Esto origina una clara contradicción: el rasgo [−silábico] es predecible a partir del rasgo [+estridente], según la regla de redundancia segmental, y debería quedar sin especificar; por otra parte, el rasgo [+estridente] es predecible a partir del rasgo [−silábico] en una secuencia de tres segmentos no silábicos, según la regla de redundancia secuencial, y debería quedar sin especificar. Pero, evidentemente, uno de los dos rasgos debe ser especificado en la representación léxica de estos grupos consonánticos. El problema consiste en decidir cuál de los dos rasgos es el que debería especificarse; cualquiera de las decisiones que se adopte será arbitraria.

Otro problema similar, imposible de resolver en el modelo anterior es el que se presenta cuando un rasgo R es predecible a partir de un rasgo S y viceversa. Por ejemplo, en castellano, con un sistema de vocales como el siguiente:

(11)   i   u
           e   o
                  a

las vocales altas /i/ y /u/ son o bien [−retraído, −redondeado], en el caso de /i/, o bien [+retraído, +redondeado], en el caso de /u/. Por tanto, al especificar estas vocales en el lexicón tenemos dos alternativas: o bien las diferenciamos mediante retracción —[−retraído] para /i/ y [+retraído] para /u/— y predecimos el valor para el rasgo [redondeado] a partir del rasgo [retraído], mediante una regla de redundancia como:

(12) $\begin{bmatrix} -\text{consonante} \\ +\text{silábico} \\ +\text{alto} \\ \alpha\text{retraído} \end{bmatrix} \rightarrow [\alpha\text{redondeado}]$

o bien lo hacemos al revés: en el lexicón especificamos el rasgo de redondeamiento —[−redondeado] para /i/ y [+redondeado] para /u/— y predecimos el valor redundante del rasgo [retraído] mediante la regla:

(13)

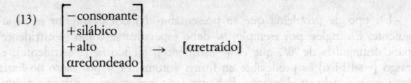

$$\begin{bmatrix} -\text{consonante} \\ +\text{silábico} \\ +\text{alto} \\ \alpha\text{redondeado} \end{bmatrix} \rightarrow [\alpha\text{retraído}]$$

La decisión en favor de una u otra alternativa es arbitraria.

La solución a éstos y otros problemas afines la dio Stanley (1967) mediante un modelo en el que las representaciones léxicas no presentan rasgos sin especificar, sino que son representaciones totalmente especificadas, sin casillas vacías (o ceros). En este modelo, las generalizaciones sobre las redundancias no se expresan mediante reglas que llenen los espacios vacíos, sino mediante condiciones en la estructura de los morfemas, que las representaciones léxicas no pueden violar. Se proponen tres tipos de condiciones de estructura morfemática, todas ellas aplicables tanto a segmentos como a secuencias de segmentos: condiciones de implicación, condiciones positivas y condiciones negativas.

2.2.1. Condiciones de implicación

Las condiciones *de implicación* establecen que *si* en cierto contexto se cumple determinada condición, *entonces* se debe también cumplir otra condición determinada, como por ejemplo:

(14) *Si*:

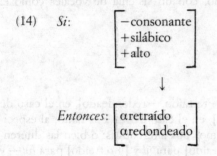

$$\begin{bmatrix} -\text{consonante} \\ +\text{silábico} \\ +\text{alto} \end{bmatrix}$$

$$\downarrow$$

Entonces: $\begin{bmatrix} \alpha\text{retraído} \\ \alpha\text{redondeado} \end{bmatrix}$

La condición (14) indica que *si* un segmento está especificado como vocal cerrada, *entonces* los rasgos de retracción y redondeamiento deben ser ambos del mismo signo, es decir, o bien [+retraído, +redondeado] o bien [−retraído, −redondeado]. Esta formulación refleja la generalización que hemos dado bajo la forma de (12) y (13), sin tener que tomar la decisión arbitraria de considerar que uno de los rasgos se determina a partir del otro; (14) dice solamente que los valores para cada uno de estos rasgos son interdependientes, sin tener que considerar que uno de los rasgos tiene primacía sobre el otro.

Veamos otro ejemplo de condiciones EM aplicadas a secuencias. En castellano, los grupos consonánticos son muy restringidos: dentro del morfema (que es el dominio de aplicación de estas condiciones) el máximo de consonantes que pueden aparecer adyacentes son tres, de las cuales la tercera tiene que ser forzosamente una líquida, por ejemplo, ra*stre*+a+r, e*scr*ib+i+r, in+*scr*ib+i+r, pá*ncr*eas, etc. Podríamos expresar la obligatoriedad de que la tercera consonante del grupo sea líquida mediante la siguiente condición:

(15) *Si*: [+consonante] [+consonante] [+consonante]

$$\downarrow$$

Entonces: $\begin{bmatrix} -\text{obstruyente} \\ -\text{nasal} \end{bmatrix}$

2.2.2. Condiciones positivas

Las condicions *positivas* sirven para establecer la forma fonológica «prototípica» [*canonical form*] de los morfemas. Sin embargo, como ya hemos mencionado, estas condiciones sirven sólo para los morfemas léxicos, ya que es prácticamente imposible establecer una forma prototípica para los morfemas gramaticales. Veamos un ejemplo. En igbo, todos los morfemas (léxicos) constan de una consonante inicial, el segmento /y/ optativamente, y una vocal: por ejemplo, /bà/ «entrar», /byá/ «venir»; salvo algunas excepciones, los morfemas del igbo son monosilábicos. La siguiente condición expresa esta generalización sobre la estructura morfemática del igbo:

(16) P: + $\begin{bmatrix} +\text{consonante} \\ -\text{silábico} \end{bmatrix}$ (y) $\begin{bmatrix} -\text{consonante} \\ +\text{silábico} \end{bmatrix}$ +

2.2.3. Condiciones negativas

En cuanto a las condiciones *negativas*, veamos la siguiente, que tiene que ver con un solo segmento:

(17) ~ $\begin{bmatrix} +\text{consonante} \\ -\text{silábico} \\ +\text{retraído} \\ +\text{nasal} \end{bmatrix}$

Esta condición expresa que en la lengua en cuestión no existe el fonema /ŋ/; podría ser, por tanto, una condición aplicable al castellano, ya que en esta lengua todos los casos de [ŋ] son fonéticos, producto de la asimilación con una consonante velar siguiente. Algunos lingüistas se oponen a la inclusión de Condiciones negativas en la teoría, arguyendo que dichas condiciones son convertibles en las del primer tipo, de implicación. Así, (17) podría reemplazarse por (18):

(18)   *Si*: $$\begin{bmatrix} +\text{consonante} \\ -\text{silábico} \\ +\text{nasal} \end{bmatrix}$$

↓

Entonces: [−retraído]

Veamos otra condición negativa, aplicable en este caso a secuencias. En castellano, se dan las siguientes combinaciones de oclusiva seguida de líquida: /pl/, /pr/, /bl/, /br/, /tr/, /dr/, /kl/, /kr/, /gl/, /gr/; no se dan, en cambio, */tl/, */dl/ (siempre que no haya linde silábico entre ambos segmentos). La restricción combinatoria entre los segmentos dentales y /l/ puede expresarse mediante la siguiente condición negativa:

(19)   ∼ $$\begin{bmatrix} +\text{obstruyente} \\ +\text{coronal} \end{bmatrix} \begin{bmatrix} +\text{consonante} \\ -\text{obstruyente} \\ -\text{continuo} \end{bmatrix}$$

Esta condición establece que la secuencia de una consonante coronal (es decir, dental en el caso de /t/, /d/) seguida de líquida no continua (es decir, /l/) es imposible. Esta condición no dice nada acerca del rasgo [continuo] de la dental; en realidad, para que fuera sólo aplicable a las interruptas, como /t/, /d/, habría que indicar que se trata de obstruyentes especificadas como [−continuo]. Sin embargo, hará falta otra condición en la gramática que impida la mayoría de secuencias formadas por consonante fricativa —[+continuo]— seguida de líquida, ya que los únicos grupos permitidos en castellano son /fl/ y /fr/, mientras que ninguno de los restantes lo está: */θl/, */θr/, */sl/, */sr/, */xl/, */xr/.

Podría argüirse, por otra parte, que (19) es también reformulable mediante una condición de implicación; podríamos pues tratar de convertir (19) en (20): ·

(20)   *Si*:   [+obstruyente] $$\begin{bmatrix} +\text{consonante} \\ -\text{obstruyente} \\ -\text{nasal} \\ -\text{continuo} \end{bmatrix}$$

↓

Entonces: [−coronal]

La condición (20) expresa la imposibilidad de que la obstruyente que se combina con /l/ sea apical, afirmando que ante /l/ la obstruyente debe ser [−coronal]. Sin embargo, esta condición, así formulada, contiene un elemento de arbitrariedad, ya que nos obliga a hacer depender la no apicalidad de la obstruyente a partir de la presencia de /l/; otra posibilidad hubiera sido hacerlo al revés, es decir, hacer depender la calidad de la líquida a partir de la obstruyente anterior:

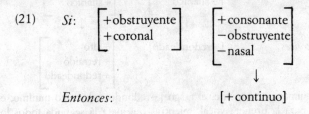

(21)   *Si*:
$$\begin{bmatrix} +\text{obstruyente} \\ +\text{coronal} \end{bmatrix} \quad \begin{bmatrix} +\text{consonante} \\ -\text{obstruyente} \\ -\text{nasal} \end{bmatrix}$$
$$\downarrow$$

Entonces: [+continuo]

La condición (21) expresa la misma restricción que (20), pero lo hace al revés: en (21), la imposibilidad de que aparezca /l/ se hace depender de la presencia de una dental anterior. La decisión a favor de (20) o (21) sería arbitraria, por lo que la formulación mediante una condición negativa como la de (19) resulta preferible, ya que no nos obliga a decidir arbitrariamente.

2.3. *Diferencias entre las Reglas EM y las Condiciones EM*

Antes de pasar al apartado siguiente, convendría resumir las diferencias esenciales entre el modelo basado en Condiciones EM y el anterior, basado en Reglas EM:

A) como ya hemos dicho, las condiciones de estructura morfemática no aportan especificaciones redundantes al lexicón, ya que en este modelo las piezas léxicas aparecen totalmente especificadas, sino que son condiciones de buena formación a las que toda representación léxica, para estar bien formada, debe sujetarse. Las condiciones EM se conciben, por tanto, como filtros: si una representación léxica no cumple con alguna de estas condiciones debe desecharse.

B) Por otra parte, este modelo agrupa todas las condiciones EM, tanto las relativas a secuencias como las relativas a segmentos, en un solo conjunto, aplicable tras la inserción léxica. Por ello, las reglas de redundancia (o condiciones de estructura morfemática) pasan a formar parte del lexicón más que del componente fonológico. Una ventaja de esta formulación consiste, así, en que las condiciones EM proporcionan una clara definición del conjunto de fonemas sistemáticos de la lengua. En la formulación previa, al estar las reglas de redundancia relativas a los segmentos entremezcladas con las reglas propiamente fonológicas (las llamadas reglas F o «P rules») y al no constituir de este modo un conjunto homogéneo, la definición del sistema de fonemas no resultaba tan clara.

> *Problema*: Reformular el problema de la pág. 92 sobre secuencias vocá-
> licas del ruso en términos de Condiciones EM, e indicar si esta formulación
> presenta alguna ventaja en relación a la anterior.

Solución:

(22)   *Si*:

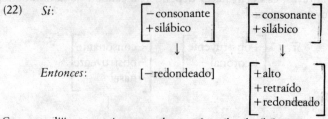

$$
\begin{bmatrix} -\text{consonante} \\ +\text{silábico} \end{bmatrix} \qquad \begin{bmatrix} -\text{consonante} \\ +\text{silábico} \end{bmatrix}
$$

$$
\downarrow \qquad\qquad\qquad \downarrow
$$

Entonces: $[-\text{redondeado}]$ $\begin{bmatrix} +\text{alto} \\ +\text{retraído} \\ +\text{redondeado} \end{bmatrix}$

Como ya dijimos previamente, el rasgo [−redondeado], como mínimo, es predecible para la primera vocal, mientras que para la segunda todos los rasgos son predecibles, por tratarse siempre de /u/; y esta generalización puede formularse también mediante una condición de implicación, como en (22). La ventaja de (22) frente a (10) es que la condición (22) permite predecir los valores de ambas vocales simultáneamente, sin que el valor de una tenga que depender del de la otra. La formulación en términos de reglas EM exigía dos reglas —(10a) y (10b)— ya que los rasgos de la 1ª vocal se predecían a partir de la presencia de la 2ª, y los rasgos de la 2ª, a partir de la presencia de la 1ª.

3.   REDUNDANCIA Y RESTRICCIONES DE COMBINATORIEDAD A NIVEL FONÉTICO

Si bien el modelo presentado en § 2.2 se considera, en general, superior al de § 2.1, su validez es también dudosa para la fonología generativa actual, que tiende a restar importancia al morfema como entidad fonológica representativa. Ni siquiera a nivel del lexicón, cuyas entradas léxicas consistían tradicionalmente en representaciones de morfemas, detenta ya el morfema el puesto primario, pues en las nuevas propuestas morfo-léxicas —véase Aronoff (1976)— ha cedido, en gran parte, el paso a la *palabra* como entidad léxica fundamental (no se trata de la palabra con todos los sufijos de inflexión, sino sólo con los derivativos). En especial, las tendencias agrupadas bajo el rótulo común de Fonología Natural no otorgan ninguna representatividad fonológica al nivel considerado esencial en los modelos vistos en § 2. Las características fundamentales de las nuevas propuestas, en relación al problema que nos ocupa, son: a) La existencia de una clase de reglas o condiciones de estructura morfemática distintas de las demás reglas fonológicas no tiene ninguna base empírica. b) Las restricciones fonotácticas de las lenguas deberían expresarse en términos de sílabas y no en términos de morfemas, ya que el morfema es una unidad sintáctica pero en ningún caso fonológica.

Las críticas que desde esta nueva perspectiva se hacen contra los modelos anteriores son diversas. 1) En primer lugar, una de las diferencias formales en que estaba basada la distinción entre reglas (o condiciones) de estructura morfemática y reglas fonológicas (las llamadas reglas F o «*P rules*») era que las primeras no cambiaban valores de rasgos, mientras que las segundas sí. Otra diferencia era que las primeras se aplicaban exclusivamente en el interior de los morfemas, mientras que las segundas sobrepasaban los lindes morfemáticos, aplicándose, por ejemplo, al nivel de la palabra y entre palabras. Pues bien, si queremos respetar la dualidad de las reglas tendremos que producir descripciones fonológicas más complejas de lo necesario, es decir, complicadas artificialmente por nuestros requisitos teóricos, no por los datos. Veamos un ejemplo.

Hemos dicho que la regla (6) daba cuenta de las restricciones en la combinación de nasal seguida de obstruyente, en el interior del morfema; es decir, (6) predice el punto articulatorio de la nasal en piezas léxicas como *tambor, ánfora, sincero, diente, ancho, tango, zanja,* etc. Sin embargo, la asimilación de la nasal al punto de articulación de la obstruyente siguiente tiene lugar no sólo en el interior de los morfemas, sino también intermorfemáticamente e inclusive entre palabras distintas.[7] Así, la combinación del artículo indeterminado *un* con sustantivos produce los resultados fonéticos siguientes:

(23)   *un beso*   [umbéso]   *un chorro*   [uňčóřo]
       un friso   [um̩fríso]   *un cajón*   [uŋkaxón]
       un cero   [unθéro]   *un jarrón*   [uŋxařón]
       un tarro   [untářo]

Es evidente que los resultados de la asimilación son exactamente los mismos, independientemente de que haya linde, ya sea morfemático o de palabra —en (23) se dan, de hecho, los dos— o no lo haya. Por otra parte, la representación léxica (o fonológica básica simplemente, tratándose de un morfema gramatical) de *un* debe contener el rasgo [+coronal], ya que el femenino de *un* es *una* [una] y el segmento /n/ ha de distinguirse en posición intervocálica de /m/ y /ñ/, como lo indican las oposiciones: *cama, cana, caña.* La regla capaz de dar cuenta de (23) sería, por tanto:

(24)

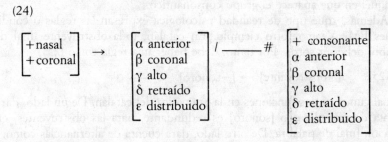

$$\begin{bmatrix} +\text{nasal} \\ +\text{coronal} \end{bmatrix} \rightarrow \begin{bmatrix} \alpha \text{ anterior} \\ \beta \text{ coronal} \\ \gamma \text{ alto} \\ \delta \text{ retraído} \\ \varepsilon \text{ distribuido} \end{bmatrix} / \underline{\quad} \# \begin{bmatrix} +\text{ consonante} \\ \alpha \text{ anterior} \\ \beta \text{ coronal} \\ \gamma \text{ alto} \\ \delta \text{ retraído} \\ \varepsilon \text{ distribuido} \end{bmatrix}$$

La regla (24) expresa que una nasal coronal se asimila al punto articulatorio de la consonante siguiente si media entre ambas consonantes el linde de

7.   En el capítulo 2 § 5.2, nos hemos referido brevemente a este proceso asimilatorio y a su formalización.

palabra (#).[8] Se trata, por tanto, de una regla F por los dos criterios indicados: altera el valor de un rasgo y se aplica más allá de morfemas individuales. Sin embargo, la operación que se efectúa en (24) es equivalente a la que se efectúa en (6), por lo que una gramática que contenga la regla (6) junto con la (24) es artificialmente compleja: la única razón para mantener (6) y (24) separadas reside en el requisito teórico que nos hemos impuesto de mantener las reglas EM claramente diferenciadas de las reglas F.

2) En segundo lugar, otra razón en que se fundamentaban las reglas (o condiciones) de estructura morfemática era que permitían definir la noción de morfema en una lengua dada, es decir, precisar la forma fonológica prototípica de los morfemas de una lengua; se pensaba que ello nos aproximaría a una determinación de la competencia lingüística de los hablantes. Ya vimos que esto presentaba problemas, sin embargo, en el sentido de que habría que limitar esta afirmación a los morfemas léxicos y excluir los morfemas gramaticales. Pero aun restringiéndola así, esta afirmación dará resultados poco satisfactorios. Por ejemplo, en castellano hay raíces verbales que pueden terminar en grupos consonánticos como [bl], [ŋgr], [st], [sp]: ha*bl*+a+r, sa*ngr*+a+r, ga*st*+a+r, ra*sp*+a+r, etc. Las reglas o condiciones EM deberán formularse de tal modo que permitan estas combinaciones. Sin embargo, ya hemos mencionado brevemente que en castellano hay fuertes restricciones sobre grupos consonánticos; de hecho, ninguno de estos grupos que pueden aparecer al final de los morfemas pueden aparecer en posición final de palabra: *bl#, *ŋgr#, *st#, *sp#. Si pueden aparecer al final de los morfemas verbales es porque éstos van siempre seguidos de vocal, como por ejemplo en el infinitivo: *hablar, sangrar, gastar, raspar*. Las reglas (o condiciones) EM se ven incapacitadas de expresar estas fuertes restricciones: a) que en posición final de palabra no pueden aparecer ninguno de los grupos consonánticos en cuestión, y b) que para que estos grupos estén permitidos deben ir seguidos de vocal; es evidente que dicha vocal no podría incluirse en ninguna regla EM, ya que pertenece a un morfema distinto· de aquél en que aparece el grupo consonántico.

Además, ¿qué tipo de realidad psicológica expresan las reglas o condiciones EM? Veamos otro ejemplo. En catalán, toda obstruyente final de palabra debe ser sorda. Por tanto, debe haber una regla como (25),

(25) $[+\text{obstruyente}] \rightarrow [-\text{sonoro}] /$ ——— #

la cual cumplirá dos funciones en la gramática del catalán. De un lado, dará cuenta de que el rasgo [sonoro] es redundante, para las obstruyentes, en posición final de palabra. De otro lado, dará cuenta de alternancias como:

8. Además de los casos de (23), la asimilación se da también cuando sólo media linde morfemático, no de palabra, como en i[m]*potente*, i[ŋ]tolerable, i[n]sociable, i[ɲ]capaz, etc.. Por tanto, la regla (24) debería incluir el linde morfemático, para·dar cuenta de estos casos. Sin embargo, en el capítulo 2 § 5, hemos explicado que existe una convención —numerada allí (72)— que permite prescindir del linde morfemático en la formulación de las reglas. Véase al respecto Chomsky y Halle (1968:67).

(26)   [mút] — [múdə]   «mudo» — «muda»
         [sék] — [ségə]   «ciego» — «ciega»
         [ʎóp] — [ʎóbə]   «lobo» — «loba»
         [prəsís] — [prəsízə]   «preciso» — «precisa»
         [pɔt] — [pudɛ]   «puede» — «poder»

Dado que en la lengua existen muchas consonantes sordas que nunca alternan con la sonora correspondiente, las representaciones léxicas de (26) deberán figurar con consonantes sonoras, es decir, /mud/, /seg/, /ʎob/, /prəsíz/, y /pɔd/,[9] y los hablantęs catalanes deberían aceptarlas como posibles formas léxicas; sin embargo, no parece que las acepten, precisamente porque terminan en obstruyentes sonoras, sobre lo cual las reglas (o condiciones) EM no pueden decir nada (nótese que (25) es en realidad una regla F, puesto que opera a nivel de palabra).

Lo mismo sucede con el grupo consonántico inicial /sC/ en castellano. En el lexicón aparecerán formas como /skrib/, para dar cuenta de *in+scribir, su+scribir,* etc. Sin embargo, *scribir* [skribír] no es una posible palabra castellana; para convertirla en palabra aceptable, hay que aplicarle la regla de epentización, que es una regla F, ya que su descripción estructural debe indicar que sólo es aplicable a comienzo de palabra:

(27)   Ø → e / # ___ sC

Tanto las reglas como las condiciones EM, por tanto, son incapaces de distinguir secuencias de segmentos aceptables de secuencias de segmentos inaceptables, lo cual constituía precisamente una de las razones fundamentales por las que se las había incorporado a la gramática.

Las soluciones que se han dado a estos problemas son diversas. La tendencia más generalmente aceptada consiste en considerar la superficie fonética como el nivel en que deberían expresarse tanto las redundancias como las restricciones. Algunos lingüistas (Hooper, 1972, Vennemann, 1972a) aceptan únicamente la *sílaba* como unidad fonológica fundamental: puesto que las restricciones de secuencias de segmentos son generalizaciones sobre lo que es *pronunciable* frente a lo que no lo es, deberían establecerse en términos de la mínima unidad pronunciable, es decir, la sílaba. Otras propuestas admiten el nivel morfemático además del silábico como niveles fonológicos esenciales.

3.1. *Constricciones de la estructura fonética (CEF)*

Para Shibatani (1973), paralelamente a las Condiciones de estructura morfemática existen constricciones de estructura fonética (CEF), las cuales

9. En el capítulo 5 trataremos el problema de la representación fonológica y explicaremos por qué esto es así.

establecen las combinaciones posibles e imposibles de rasgos fonéticos en el nivel fonético, es decir, expresan generalizaciones sobre la estructura fonética de una lengua. Las propiedades formales de las CEF son semejantes a las de las Condiciones EM. Hay también tres clases de CEF: de implicación, positivas y negativas. Veamos algunos ejemplos:

(28)   *Si:*   [+obstruyente] #
                              ↓
        Entonces: [−sonoro]

Esta regla dice que todas las obstruyentes en final de palabra deben ser sordas. Da cuenta, por tanto, de los datos mencionados en (26) para el catalán, y está formulada como Constricción de implicación.

Las constricciones positivas rigen la estructura silábica de las palabras de una lengua. Por ejemplo, en las lenguas que permiten solamente las secuencias CVCV... podría formularse la siguiente constricción:

(29)   # $(CV)_1$ #

Esta CEF positiva indica que una palabra bien formada en la lengua en cuestión debe tener una o más secuencias de consonante seguida de vocal.

La naturaleza de las CEF negativas está en tela de juicio (como lo estaba la de las CEM), por ser en general convertibles en constricciones de implicación; ambos conjuntos parecen ser complementarios, con alguna excepción mínima.

Dentro de este modelo hay Condiciones de estructura morfemática, Constricciones de estructura fonética y reglas fonológicas. Para evitar la imbricación y las repeticiones entre estos tres tipos de reglas, se adoptan las siguientes convenciones:

a) Las constricciones que son sólo aplicables a nivel de la estructura morfemática se formulan como CEM; las que sólo lo son a nivel de estructura fonética se formulan como CEF y las que sólo son reglas fonológicas (reglas F) se formulan como tales.

b) En el caso de que una CEM y una CEF expresen un fenómeno equivalente (la primera a nivel morfemático y la segunda a nivel fonético), se da una sola regla de tipo CEF y se caracteriza como M/CEF, lo cual indica que se trata de una CEF aplicable también a nivel de la estructura morfemática. Un ejemplo lo constituye la constricción (30),

(30)   M/CEF.   *Si:*   [+nasal]
                                       ↓
                     Entonces: [+sonoro]

la cual expresa que todo segmento nasal es, al mismo tiempo, sonoro, como sucede en castellano, donde no hay nasales sordas. Esta condición es aplica-

102

ble tanto a nivel léxico, como a nivel fonético, ya que no sólo son sonoras las nasales que forman parten de morfemas léxicos, sino también las que son introducidas mediante reglas morfológicas (por ejemplo, +*n* de la 3.ª p. pl. en los verbos).

c) En el caso de que una CEF coincida con una regla fonológica, se la formula como A/CEF, es decir, se trata de una CEF que expresa alternancias. Tal es el caso, por ejemplo, de la regla de ensordecimiento de obstruyentes en final de palabra que nos hacía falta en catalán. Esta regla es aplicable a nivel fonético —lo que la hace CEF— pero da cuenta al mismo tiempo de alternancias como las de (26). Dentro de este esquema, (25) podría reformularse como (31),

(31) A/CEF.   *Si:*   [+obstruyente] #
                              $\downarrow$
            Entonces: [−sonoro]

la cual expresa que una obstruyente al final de palabra debe ser obligatoriamente [−sonoro].

d) Puede darse también el caso de que un fenómeno equivalente aparezca en tres puntos distintos de la gramática, produciendo alternancias morfofonémicas, restringiendo (o aportando redundancias en) el nivel morfemático y restringiendo (o aportando redundancias en) el nivel de la palabra. En estos casos, con el fin de no repetir la regla, hay que formularla como una CEF y caracterizarla como: A/M/CEF. Un ejemplo lo constituyen las reglas (6) y (24) que, como hemos visto, cumplen una única función, la de asimilar las nasales al punto articulatorio de la consonante siguiente. Podríamos sustituir (6) y (24) por la siguiente constricción:[10]

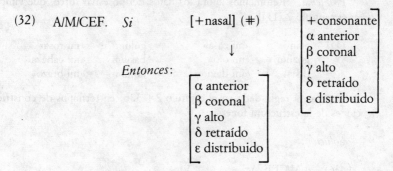

(32) A/M/CEF. *Si*   [+nasal] (#)

---

10. Si bien se trata de un fenómeno unitario, la condición (32) debería especificar que su aplicación es de obligatoriedad distinta según se trate del interior de la palabra o entre palabras: en el primer caso (32) es obligatoria, mientras que en el segundo es optativa, dependiendo del ritmo de pronunciación, desde una pronunciación muy rápida, en que siempre se aplica, hasta una pronunciación muy lenta en que puede dejarse de aplicar (Véase el cap. 2 de Harris, 1975b, donde se discute el problema de la asimilación de las nasales en relación a los distintos ritmos de pronunciación, allí denominados «estilos» de pronunciación).

Problema: Retomemos el caso de los plurales turcos. Tal como vimos en el capítulo 2 (11), tenemos los siguientes datos, que repetimos aquí para facilitar la lectura del ejercicio:

(33)   evler   «casas»   dostlar   «amigos»
       günler   «días»   adamlar   «hombres»
       gözler   «ojos»   kušlar   «pájaros»
       ziller   «campanas»   kɯzlar   «niñas»

Formular la regla que permita predecir la forma del sufijo de plural e indicar a qué nivel es aplicable.

Solución:

(34)   A/M/CEF. *Si*:

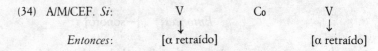

Esta regla predice que las vocales (la de la raíz y la del sufijo) deben coincidir en cuanto al valor para el rasgo [retraído]: las dos deben ser [+retraído] o las dos deben ser [−retraído], independientemente del número de consonantes que medien. Esta formulación corresponde a las CEF, por tratarse de un tipo de asimilación que tiene lugar intermorfemáticamente: la raíz y el sufijo constituyen morfemas distintos. Sin embargo, esta regla es aplicable también intramorfemáticamente, ya que la armonía vocálica se da tanto dentro del morfema como dentro de la palabra; por eso va caracterizada como M/CEF; al mismo tiempo, da cuenta de la alternancia morfemática *lar/ler*, por eso es también A/M/CEF.

Problema: Retomemos ahora los datos del posesivo turco, que vimos en el capítulo 2 (131b):

(35)   evim   «mi casa»   gulum   «mi rosa»
       gözüm   «mi ojo»   bašɯm   «mi cabeza»
       dišim   «mi diente»   kolum   «mi brazo»

Reformular la regla dada en el capítulo 2 (132b) en términos de constricciones de la estructura fonética.

Solución:

(36)   A/M/CEF. *Si*:

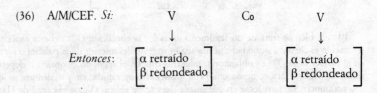

Es decir, se trata de un fenómeno paralelo al del plural, con la particularidad de que aquí son dos los rasgos predecibles: ambas vocales deben ser [+retraído] y [+redondeado] o [−retraído] y [−redondeado].

3.2. *Condiciones de estructura silábica (CES)*

Hooper, (1976) especialmente, propone eliminar totalmente las reglas (o condiciones) de estructura morfemática y permitir solamente reglas morfofonémicas, que den cuenta de las alternancias morfofonémicas, y reglas fonológicas, que aporten valores redundantes y que cambien los valores de ciertos rasgos, si es que la combinación de morfemas en palabras produce una cadena que cumple con las condiciones de aplicación de la regla.

En este modelo, el almacenamiento de las piezas léxicas se hace en términos de morfemas, a los que se elimina todos los rasgos redundantes (a la manera de § 2.1); pero ninguna regla fonotáctica se aplica a los mismos. Las reglas fonológicas que aportan especificaciones redundantes y que establecen constricciones sobre la combinatoriedad de segmentos y de rasgos se formulan en términos de Constricciones de la estructura silábica (CES). Su dominio de aplicación es la palabra; es decir, no se aplican a las piezas léxicas tal como éstas aparecen en el lexicón, sino solamente después de que dichas piezas se han insertado en la cadena sintáctica y se han combinado en palabras.

Las CES se formulan bajo la forma de condiciones positivas que se imponen a las secuencias de segmentos y lindes silábicos ($). Así, por ejemplo, la condición que da cuenta de la estructura silábica constituida estrictamente por CV —como en (29)— sería la siguiente:

(37)   P: $ CV $

Esta condición cumple dos funciones: a) capta la generalización de que todas las sílabas de esta lengua tienen la forma CV. b) Funciona como una regla generativa, lo que la hace diferente de las condiciones positivas de Stanley. En este sentido, (37) es una abreviatura de las tres condiciones de implicación siguientes:

(38)   a.   *Si*: $\downarrow$ C (V)

            Entonces: $

       b.   *Si*: $ C $\downarrow$

            Entonces: V

       c.   *Si*: $ $\downarrow$ V $

            Entonces: C

Capítulo cuatro

LOS RASGOS PROSODICOS

1. Introducción

Los rasgos fonéticos estudiados en el capítulo 1 caracterizan a segmentos (vocales y consonantes) individuales. La descripción fonética de un enunciado requiere, además, mención de otros rasgos que, o bien, se extienden sobre más de un segmento consecutivo, o bien, aunque se apliquen a segmentos individuales, adquieren su valor en virtud del contraste con otros segmentos presentes en el mismo enunciado. Estos son los llamados *rasgos prosódicos* o *suprasegmentales*. Los rasgos prosódicos más importantes son el acento y el tono. En este capítulo pasaremos revista al tratamiento de estos rasgos en la fonología generativa.

2. El acento

Los segmentos silábicos y, por ende, las sílabas, pueden ser más o menos prominentes. Así, por ejemplo, en las palabras siguientes, la primera sílaba es más prominente que las otras dos:

(1)   máscara, tómbola, síncope

mientras que en las siguientes es la última sílaba la más prominente:

(2)   descripción, pagaré, hospital

La impresión de prominencia se relaciona con tres factores físicos, a saber, la duración, la intensidad y las diferencias de frecuencia. Generalmente la sílaba percibida como acentuada es más larga y más fuerte que las demás y presenta un quiebre brusco de la curva tonal. Así, en las palabras del ejemplo (1), hay un descenso brusco del tono durante la primera sílaba, seguido de un descenso más gradual que se extiende hasta el final de la palabra, mientras que en las del ejemplo (2), la curva tonal asciende bruscamente al comienzo de la última sílaba para luego experimentar un descenso marcado. La importancia relativa de los tres factores físicos mencionados para la demarcación de la prominencia acentual no es clara. Se ha sugerido que, por lo menos para el inglés y quizás para otras lenguas, el quiebre de la curva tonal es el elemento más importante (véase Bolinger, 1958). Como estamos ocupándonos principalmente de la fonología y sólo marginalmente de la fonética, no importa precisar mayormente aquí la correlación entre el acento y los factores físicos mencionados. Daremos, pues, por supuesta la existencia de un rasgo fonológico [acento], sin preocuparnos de establecer con mayor precisión sus correlatos físicos.

2.1. Acento léxico y acento sintáctico

Los ejemplos del apartado anterior ilustran el acento de palabras aisladas: es lo que podemos llamar el *acento léxico*. La fonología de la lengua particular debe especificar si este acento está sujeto a reglas o si es idiosincrásico. Pero además la fonología debe especificar la distribución de los acentos en sintagmas y oraciones: es lo que llamaremos el *acento sintáctico*. Así, por ejemplo, la fonología del castellano debe especificar que en el sintagma siguiente:

(3)   casa verde

la sílaba más prominente es la primera sílaba de *verde*, seguida por la primera sílaba de *casa*, mientras que si se diera la misma prominencia a estas dos sílabas, resultaría una enumeración de dos palabras, no un sintagma.

2.1.1. El acento léxico

La cuestión más importante con respecto al acento léxico de un sistema fonológico particular consiste en determinar si el acento es predecible o no. En algunas lenguas, como el húngaro, el polaco y el turco, el acento léxico es totalmente predecible, ya que cae regularmente sobre la primera, la penúltima y la última sílaba de la palabra respectivamente. En tales lenguas, la representación léxica no incluye el rasgo [acento] (o, alternativamente, todos los segmentos están especificados como [−acento]), y hay reglas fonológicas que asignan la especificación [+acento] al segmento silábico apropiado. Así, por ejemplo, para el húngaro, la regla de acento léxico es la siguiente:

(4) $V \rightarrow [+\text{acento}] / \#C_0\underline{\qquad}$

> *Problema*: ¿Cómo se escribirían las reglas de acento léxico del polaco y del turco?

Solución:

(5)   Polaco: $V \rightarrow [+\text{acento}] / \underline{\hspace{1cm}} C_0 V C_0 \#$

(6)   Turco: $V \rightarrow [+\text{acento}] / \underline{\hspace{1cm}} C_0 \#$

Problema: En francés, se acentúa la última vocal de la palabra, excepto si ésta es /ə/; en este caso se acentúa la penúltima vocal. ¿Cómo se escribe la regla correspondiente?

Solución:

(7) $V \rightarrow [+\text{acento}] / \underline{\hspace{1cm}} C_0 (\text{ə } C_0) \#$

En una lengua como el castellano, el acento léxico es parcialmente predecible. Pares como *sábana/sabana* indican claramente que la predictibilidad no es total. Es claro, además, que las reglas de acentuación del verbo difieren de las de otras categorías, como se ve en pares como *continuo/continúo*, *ánimo/animo*, etc.

A manera de ilustración, examinaremos dos análisis diferentes del acento léxico del castellano dentro de la fonología generativa. En ambos casos, nos limitaremos a las formas no verbales.

El primer análisis, propuesto originalmente por Foley (1965) y adoptado posteriormente por Harris (1969), asigna el acento léxico en castellano por medio de una regla idéntica a la del latín clásico, que informalmente se puede expresar así:[1]

(8)   Acentúese la penúltima sílaba de la palabra si esta sílaba es fuerte (es decir, contiene una vocal tensa, o una vocal relajada seguida de dos o más consonantes); si la penúltima sílaba es débil (es decir, consta de una vocal relajada seguida de una consonante como máximo), acentúese la antepenúltima sílaba.

Esta regla supone, obviamente, una distinción entre vocales tensas y relajadas, es decir, [+tenso], y [−tenso], en la representación fonológica del castellano, aunque a nivel fonético tal diferencia o bien no existe o, según el dialecto, si existe, no se corresponde con la diferencia fonológica. En defensa de la diferencia fonológica hipotetizada, se ha aducido la oposición entre las vocales medias que alternan con diptongos (*contar, cuento; mentir, miento*) y las que no muestran tal alternancia (*montar, monto; temer, temo*). Si asignamos a las primeras el rasgo [−tenso] y a las últimas el rasgo [+tenso], podemos formular una regla de diptongación que se aplique sólo

---

1. Es justo notar que esta regla constituye una aproximación preliminar al problema del acento en Harris (1969), que el autor ha rectificado posteriormente, por ejemplo en Harris (1975a) y (1975b).

a las primeras, y así dar cuenta de las alternancias en cuestión. Si las vocales especificadas como [−tenso] se comportaran además como tales para los efectos de la regla de acentuación, este análisis parecería adecuado. Sin embargo, como ha señalado Harris (1969:119), éste no es el caso, ya que la antepenúltima vocal de *venezolano* debe ser [−tenso] por su alternancia con el diptongo en *Venezuela*, pero si es [−tenso], la regla latina de acentuación pondría el acento en la antepenúltima sílaba de la palabra *Venezuela*, ya que la penúltima sílaba sería débil, y la gramática generaría, entonces, incorrectamente, la forma *Venézola. A pesar de esta dificultad, Harris adopta la regla latina para la acentuación de sustantivos y adjetivos en castellano. Aunque la regla nos merece serios reparos, la examinaremos a manera de ejercicio.

Para empezar, formularemos la parte de la regla que produce palabras esdrújulas, como las siguientes:

(9)   síncope, gramática, análisis

El análisis que estamos examinando requiere que la penúltima vocal de estas palabras tenga la especificación [−tenso], y que esta vocal vaya seguida de una consonante como máximo. El número de consonantes precedentes y finales puede variar. Tomando todos estos factores en cuenta, obtenemos la siguiente formulación:

(10) $V \rightarrow [+\text{acento}] / \underline{\hspace{1cm}} C_0 \quad V \quad C_0^1 V C_0 \#$
$\phantom{(10)   V \rightarrow [+\text{acento}] / \underline{\hspace{1cm}} C_0 \quad} [-\text{tenso}]$

Ahora bien, la condición de que la penúltima vocal vaya seguida de una consonante como máximo no es totalmente adecuada, como lo demuestran los siguientes ejemplos:

(11)   íntegro, múltiple

En casos como éstos, la penúltima sílaba se comporta como débil, a pesar de estar seguida de dos consonantes. La diferencia con respecto a otros casos es que la segunda de estas consonantes es una líquida. Es necesario modificar la regla, entonces, para admitir una posible consonante líquida antes de la última vocal. Teniendo en cuenta que los rasgos [+consonántico, −obstruyente, −nasal] definen la clase de las líquidas en castellano, la versión modificada de la regla es la siguiente:

(12)

$$V \rightarrow [+\text{acento}] / \underline{\hspace{1cm}} C_0 \quad \underset{[-\text{tenso}]}{V} \quad C_0^1 \begin{pmatrix} \begin{bmatrix} +\text{cons} \\ -\text{obs} \\ -\text{nas} \end{bmatrix} \end{pmatrix} V C_0 \#$$

Preguntémonos ahora cómo se formularía la regla que genera las palabras graves, como las siguientes:

(13)   candado, respeto, domingo, segundo

Según el análisis de Foley y Harris, las vocales de la penúltima sílaba de *candado* y *respeto* deben ser [+tenso], mientras que las de *domingo* y *segundo* podrían ser [+tenso] o [−tenso], ya que por el hecho de estar seguidas de dos consonantes, la regla de acentuación les asigna el acento de todos modos. La regla resultante no es simple, ya que hay que distinguir casos como *domingo* de casos como *íntegro*. Es decir, la regla de acentuación grave tiene que especificar que la segunda consonante en el grupo que separa las últimas dos vocales no debe ser líquida, es decir, debe ser [+obstruyente] o [+nasal], en el caso de que la penúltima vocal sea [−tenso]. La regla de acentuación grave vendría entonces a estar formulada así:

(14)

$$V \rightarrow [+\text{acento}] \; / \; \left\{ \begin{matrix} \left[+\text{tenso} \right] \quad C_0 \\ \underline{\hspace{1cm}} \quad C \qquad C \\ \left\{ \begin{matrix} [+\text{obs}] \\ [+\text{nas}] \end{matrix} \right\} \end{matrix} \right\} \quad V \; C_0 \; \# \qquad \begin{matrix} \text{(a)} \\ \\ \text{(b)} \end{matrix}$$

La subregla (14a) asigna el acento grave a palabras como *candado* y *respeto*, y la subregla (14b) a palabras como *domingo* y *segundo*.

Dada la falta de semejanza formal entre las reglas (12) y (14), parecería que no se pueden combinar en una. La formalización de las reglas de acentuación no parece, entonces, haber agregado mucho a la descripción no formalizada de estas reglas, ya que para cada situación particular tenemos una regla especial: la regla (12) para las palabras esdrújulas, y los dos casos de la regla (14) para palabras como *candado* y *domingo* respectivamente. Esta deficiencia, sin embargo, se debe al uso inadecuado que hasta el momento hemos hecho de las convenciones de la fonología generativa. Si recordamos que las reglas que se abrevian por medio de paréntesis se aplican disyuntivamente (véase el capítulo 2, sección 6), podemos simplificar considerablemente el análisis. Basta con agregar un par de paréntesis a la regla (12) de la siguiente manera:

(15)

$$V \rightarrow [+\text{acento}] \; / \; \underline{\hspace{1cm}} \; C_0 \left(\begin{matrix} V \\ [-\text{tenso}] \end{matrix} \; C_0^1 \left(\begin{bmatrix} +\text{cons} \\ -\text{obs} \\ -\text{nas} \end{bmatrix} \right) \right) V \; C_0 \; \#$$

para asignar el acento adecuado a todas las formas que hemos considerado, sin necesidad de la regla (14).

Según las convenciones estudiadas en el capítulo 2 —véase el principio (155) de la pág. 76 — el esquema (15) comprende las siguientes reglas ordenadas disyuntivamente:

(16)

a. $V \rightarrow [+\text{acento}] / \underline{\qquad} C_0 \quad \underset{[-\text{tenso}]}{V} \quad C_0^1 \quad \begin{bmatrix} +\text{cons} \\ -\text{obs} \\ -\text{nas} \end{bmatrix} V \ C_0 \ \#$

b. $V \rightarrow [+\text{acento}] / \underline{\qquad} C_0 \quad \underset{[-\text{tenso}]}{V} \quad C_0^1 \ V \ C_0 \ \#$

c. $V \rightarrow [+\text{acento}] / \underline{\qquad} C_0 \ V \ C_0 \ \#$

Consideremos cómo se aplican estas reglas a las siguientes formas representativas: *íntegro, análisis, candado, domingo.*

(17)

/int e gro/	/anal i sis/	/kand a do/	/domingo/	
[−tenso]	[−tenso]	[+tenso]		
íntegro	(no se aplica)	(no se aplica)	(no se aplica)	(16a)
———	análisis	(no se aplica)	(no se aplica)	(16b)
———	———	kandádo	domíngo	(16c)

Como las reglas están ordenadas disyuntivamente, una vez que se ha aplicado una a una forma determinada, las demás quedan excluidas. Así, por ejemplo, se impide que la regla (16c) asigne un segundo acento a las formas *íntegro* y *análisis,* que han recibido el acento por las reglas (16a) y 16b) respectivamente.

Quedan todavía sin explicar las palabras agudas del castellano, como *mamá, papá, canción, papel*, etc. Algunas de éstas, como *mamá* y *papá*, son consideradas por Harris como excepciones a las reglas del acento. (En el capítulo 9 veremos cómo se tratan las excepciones en la fonología generativa.) La gran mayoría, sin embargo, según el análisis de Harris, se rigen por la regla de acentuación, ya que su representación fonológica incluye una vocal final /e/ que es elidida después de la asignación del acento. Así, la representación fonológica de *papel* es /pap $\underset{[+\text{tenso}]}{\text{e}}$ le/, y recibe el acento en la penúltima sílaba por efecto de la regla (16c).

La /e/ final se elide cuando está precedida de una consonante coronal anterior, por ejemplo, en

(18)   cancione → canción
        parede   → pared
        solare   → solar
        finale   → final

Si la consonante no es coronal anterior, no hay elisión:

(19)   eje, noche, plebe

Tampoco hay elisión si la /e/ final está precedida de dos o más consonantes:

(20)   hombre, triple, conde, parte

Las consonantes coronales anteriores sordas presentan un problema a este análisis. La elisión no ocurre después de /t/ (*trámite, siete*), y después de /s/ hay variación:

(21)   cortés   vs. pose
        bus   vs. base
        compás   vs. envase

Harris (1969: § 6.4) resuelve este problema restringiendo la elisión de /e/ final a palabras en que ésta vaya precedida de una consonante coronal anterior sonora, y proponiendo una regla que sonorice la /s/ de palabras como *cortés, bus, compás,* etc. Estas palabras están marcadas en el lexicón con un diacrítico especial que las distingue de palabras como *pose, base, envase,* etc.[2] Huelga decir que una vez que esta regla de sonorización ha cumplido su función —la de permitir la elisión de /e/ final— las consonantes en cuestión deben volver a ensordecerse.

Finalmente, quedan casos como *reloj* (con una representación léxica /reloxe/) que escapan a las reglas, y que deben ser reconocidos como excepciones.

Resumiendo, para que la regla (15) asigne el acento adecuadamente a las formas no verbales del castellano, hay que hacer las siguientes suposiciones:

a) Las representaciones léxicas del castellano distinguen entre vocales [+tenso] y vocales [−tenso].

b) La mayoría de las palabras agudas del castellano tienen una vocal final /e/ que es elidida cuando está precedida de una consonante coronal anterior sonora, después de la aplicación de la regla (15).

c) Para explicar la diferencia entre palabras como *cortés* y *pose,* hay que suponer que la primera tiene un diacrítico que activa la sonorización de la

2.   El diacrítico, [+E], permite la aplicación de la regla de sonorización de la consonante, y es necesario por tratarse de una regla menor. Sobre los rasgos diacríticos, véase más abajo, capítulo 9, sección 4.

última consonante, lo que permite que se le aplique la regla de elisión de /e/ final. Los efectos de esta regla los anula una regla de ensordecimiento que se aplica después que se ha asignado el acento y se ha elidido la /e/ final.

Es claro, pues, que el análisis propuesto supone representaciones léxicas de un alto grado de abstracción, que para muchos fonólogos es objetable (véase el capítulo 5). En cuanto a la suposición (a), el mismo Harris, como hemos indicado, señala que no hay correspondencia entre las vocales que habrá que considerar [−tenso] para los efectos de la diptongación y las que habrá que considerar como tales a causa de la acentuación. Por lo que se refiere a la suposición (c), parece conveniente restringir el poder de la fonología de tal modo que queden excluidos pares de reglas que tengan efectos contradictorios sobre un mismo segmento. ³

Finalmente, la suposición (b) es también seriamente objetable, ya que en algunos casos produce representaciones fonéticas incorrectas. Considérense, por ejemplo, las siguientes formas:

(22)   desdén, desdenes, desdeñar

La representación fonológica de *desdén*, según la teoría de Harris, debe ser /desdeñe/. (Si fuera /desdene/, no se podría predecir la alterancia de /n/ con /ñ/, como lo indica el par *orden/ordenar*.) El primer problema es que la regla de elisión de /e/ final no es aplicable, ya que /ñ/ no es ni coronal ni anterior, con lo que se predice que la representación fonética es [desdeñe].

El análisis del acento léxico castellano que acabamos de presentar es un ejemplo típico de los primeros análisis de la fonología generativa, en que se hipotetizaban representaciones léxicas bastante abstractas. Posteriormente, ha ido tomando cuerpo una tendencia hacia representaciones léxicas menos abstractas (véase el capítulo 5). Dentro de esta tendencia, examinaremos un análisis alternativo del acento léxico del castellano, el cual se basa en representaciones léxicas que son esencialmente idénticas a las representaciones fonéticas correspondientes en cuanto a la presencia de una /e/ final. Así, dentro de este análisis, las representaciones léxicas de *poste* y *papel* no se diferencian de sus representaciones fonéticas, en cuanto a que la primera posee una /e/ final, mientras que la segunda carece de ella. En vez de la regla de elisión de /e/ final, este análisis requiere una regla de epéntesis para generar plurales como *papeles*, es decir, para transformar representaciones léxicas como (23a) en representaciones fonéticas como (23b).

(23)   a. /papel#s/
         b. [papéles]

3. «Efectos contradictorios» en el sentido de que a partir de formas básicas similares (en cuanto a los dos segmentos finales) como /kortese/ y /pose/ se obtengan resultados tan diversos como [kortés] y [póse]; la existencia de ambos tipos de formas fonéticas no permite suponer el funcionamiento de reglas como la de elisión de /e/ final o la sonorización de ciertas consonantes como /s/. En términos técnicos se dice que tales reglas son «opacas» (véase más abajo, capítulo 5 § 4.2 y capítulo 6 § 3.4.3).

Diversas formas de este tipo de análisis han sido propuestas, entre otros, por Saltarelli (1970), Whitley (1976) y Contreras (1977). El análisis que presentamos a continuación se basa en este último. Para empezar, suponemos que la regla de epéntesis a la que acabamos de aludir, y que no presentaremos en detalle aquí, se aplica después de la regla de acentuación. Esta última, entonces, se aplica a representaciones léxicas como las siguientes:

(24)   a. /papel/
        b. /papel#s/

Las reglas de acentuación que presentaremos a continuación se basan en la siguiente hipótesis:

(25)   La acentuación normal de palabras terminadas en vocal es grave, y la acentuación normal de palabras terminadas en consonante es aguda.

La formalización de esta hipótesis asigna el acento adecuadamente a un alto porcentaje del léxico no verbal del castellano, representado por los dos grupos siguientes:

(26)   casa, mano, payaso, maravilla, bahía, hombre

(27)   papel, canción, ciudad, reloj, amor, capaz, vals

La regla que acentúa las formas del grupo (26) es la siguiente:

(28) $V \rightarrow [+acento] /$ _____ $C_0 \; V \; \#$

en que el símbolo C_0 representa: a) cero consonante (como en /baia/); b) una consonante (como en *casa, mano*); o c) más de una consonante (como en *hombre*).

Las formas (27) reciben su acento por medio de la regla siguiente:

(29) $V \rightarrow [+acento] /$ _____ $C_1 \; \#$

en que el símbolo C_1 representa una consonante (como en *papel, canción*) o más (como en *vals*).

Haciendo uso de las convenciones explicadas en el capítulo 2, las reglas (28) y (29) se pueden combinar así:

(30) $V \rightarrow [+acento] /$ _____ $C_0 \; (V) \; \#$

Informalmente, esta regla establece que si la palabra termina en vocal, se acentúa la penúltima sílaba; si no, la última. Claro es que esta regla asigna el acento incorrectamente en casos como los siguientes:

(31)   crimen, cárcel, mártir, lápiz

(32)   maní, tabú, mamá, café

(33)   análisis, sífilis

(34)   gramática, retórica, artículo, teléfono

Podríamos decir simplemente que estas palabras son excepciones a la regla de acentuación y que tienen el acento ya especificado en su representación léxica. Esta solución parece ser la única viable para las palabras del grupo (32), pero para las demás clases no resulta adecuada. La principal objeción es que si asignamos el acento libremente en el lexicón a las palabras que escapan a la regla (30), estamos reconociendo en principio que el acento puede caer en cualquier sílaba. Esto, sin embargo, es falso, ya que son sólo las últimas tres sílabas de la palabra las que pueden ir acentuadas.

Una alternativa más aceptable es la de modificar la regla de acentuación de modo que se aplique no sólo a las palabras que siguen la regla general sino también a las de los grupos (31), (33) y (34). Esta modificación sólo parece ser posible si las palabras de estos últimos grupos contienen rasgos diacríticos que tengan el efecto de exceptuar la sílaba «normal» de la regla de acentuación. [4]

Tomemos primero el grupo (31). La regla (30) asignaría el acento incorrectamente a la última sílaba. Pero supongamos que la representación léxica de estas palabras incluye un diacrítico X entre los rasgos de la última vocal. Así, por ejemplo, la última vocal de *crimen* tendría la siguiente especificación:

(35)   k r i m e n

consonántico	−
silábico	+
alto	−
bajo	−
retraído	−
....	.
....	.
	X

Se puede formular ahora una regla de acentuación que asigne el acento correctamente a la penúltima sílaba de estas palabras:

4. Una discusión más detallada de los diacríticos aparece en el capítulo 9, sección 4.

(36) $V \rightarrow [+\text{acento}] / \underline{\qquad} C_0 \underset{[X]}{V} C_1 \ \#$

Esta regla se puede combinar con la regla general (30) de la siguiente manera:

(37) $V \rightarrow [+\text{acento}] / \underline{\qquad} C_0 \left(\begin{array}{l} V \quad <C_1> \\ <X> \end{array} \right) \#$

El esquema (37) abrevia las siguientes reglas ordenadas disyuntivamente:

(38)   a. $V \rightarrow [+\text{acento}] / \underline{\qquad} C_0 \underset{[X]}{V} C_1 \ \#$

      b. $V \rightarrow [+\text{acento}] / \underline{\qquad} C_0 V \ \#$

      c. $V \rightarrow [+\text{acento}] / \underline{\qquad} C_0 \ \#$

El siguiente cuadro ilustra la aplicación de estas reglas a formas representativas de las diversas clases en cuestión:

(39)   /kasa/   /baia/   /papel/   /krim e n/

                                         [X]

                                     krímen   (38a)

    kása   baía   (38b)

                        papél   (38c)

Consideremos ahora el grupo (34). Estas palabras, contrariamente a la regla general que asigna el acento a la penúltima sílaba si la palabra termina en vocal, llevan el acento en la antepenúltima sílaba. Si suponemos que la penúltima sílaba tiene un diacrítico X en la representación léxica, podemos formular la siguiente regla de acentuación para las palabras de este grupo:

(40) $V \rightarrow [+\text{acento}] / \underline{\qquad} C_0 \underset{[X]}{V} C_0 V \ \#$

Se puede agregar esta regla al esquema (37) de la siguiente forma:

(41) $V \rightarrow [+\text{acento}] / \underline{\qquad} C_0 \left(\left(\begin{array}{l} V \quad C_0 \\ [X] \end{array} \right) \begin{array}{l} V \quad <C_1> \\ <X> \end{array} \right) \#$

Finalmente, suponemos que la representación léxica de las palabras del grupo (33) contienen el diacrítico X tanto en la última como en la penúltima vocal. No es necesario modificar las reglas de acentuación que hemos propuesto, ya que la primera regla —es decir, la más inclusiva— abreviada por el esquema (41) se aplica, como veremos, a las formas del grupo (33). Esta regla es la siguiente:

(42) $V \rightarrow [+\text{acento}] / \underline{\hspace{1.5cm}} C_0 \; V \; C_0 \; V \; C_1 \; \#$
                                          [X]   [X]

El esquema (41) contiene dos opciones dentro de los paréntesis externos: a) $V \; C_0$, y b) $<X> < C_1>$, las cuales son independientes, en el sentido
                                                            [X]
de que los principios de abreviación explicados en el capítulo 2 § 5.2 no les imponen ningún orden de aplicación. Así, si tomamos la opción (a) y descartamos (b), obtenemos la regla (43), mientras que tomando la opción (b), y descartando (a), obtenemos la regla (44):

(43) $V \rightarrow [+\text{acento}] / \underline{\hspace{1.5cm}} V \; C_0 \; V \; \#$
                                          [X]

(44) $V \rightarrow [+\text{acento}] / \underline{\hspace{1.5cm}} V \; C_1 \; \#$
                                          [X]

Como las opciones (a) y (b) son independientes, las reglas (43) y (44) no están ordenadas mutuamente. La regla (43) asigna el acento a las palabras del grupo (34), y la regla (44), a las del grupo (31).

La siguiente regla incluida en el esquema (41) se obtiene descartando tanto la opción a) como la b):

(45) $V \rightarrow [+\text{acento}] / \underline{\hspace{1.5cm}} C_0 \; V \; \#$

Esta es la regla que asigna el acento a las palabras del grupo (26). Finalmente, si se omiten todos los elementos facultativos del esquema (41), se obtiene la regla (46), que asigna el acento a las palabras del grupo (27).

(46) $V \rightarrow [+\text{acento}] / \underline{\hspace{1.5cm}} C_0 \; \#$

De este modo, el léxico no verbal del castellano, con excepción de las palabras agudas terminadas en vocal, recibe el acento por medio de reglas. [5]

En resumen la teoría de la acentuación léxica que acabamos de presentar parte de la hipótesis de que en castellano la acentuación normal es en la última sílaba si la palabra termina en consonante, y en la penúltima si termina en vocal. Toda palabra que se desvíe de este patrón requiere uno o dos

---

5. Toda teoría del acento deberá dar cuenta de la alternancia de formas como *carácter/caracteres, régimen/regímenes*. Dentro del análisis presentado aquí, hay varias alternativas. Sin embargo, como ninguna es claramente superior a las otras, nos abstenemos de discutirlas.

diacríticos en su representación léxica. Palabras como *hipótesis, asíndeton*, requieren diacríticos en las dos últimas vocales; palabras como *gramática,*[6] *teléfono*, requieren un diacrítico en la penúltima vocal, y palabras como *crimen, árbol,* requieren un diacrítico en la última vocal.

Esta teoría hace, pues, ciertas predicciones respecto a la «normalidad» de las palabras con respecto al acento. En un extremo están las palabras que requieren dos diacríticos, en el otro las que no requieren ninguno, y en el medio las que requieren uno.

Problema:
En árabe palestino, se aplican las siguientes reglas de acentuación:

(47)
a) $V \rightarrow [+\text{acento}] /$ _____ $C_0 V C V \cdot C_0^1$ # (e.g. kátabit «ella escribió»)
b) $V \rightarrow [+\text{acento}] /$ _____ $C_0 V \cdot C_0^1$ #   (e.g. kátab «él escribió» katábna «nosotros escribimos»)
c) $V \rightarrow [+\text{acento}] /$ _____ C_0 #   (e.g. katábt «yo escribí» (esta forma se transforma posteriormente en [katábit], por una regla de epéntesis).

Estas reglas deben estar ordenadas disyuntivamente, porque de lo contrario las palabras recibirían más de un acento. ¿Cómo se pueden abreviar estas tres reglas de modo que se apliquen disyuntivamente?

Solución:

(48) $V \rightarrow [+\text{acento}] /$ _____ $C_0 ((VC) V C_0^1)$ #[7]

2.1.2. El acento sintáctico
2.1.2.1. El principio de aplicación cíclica

La contribución más importante de la fonología generativa al estudio del acento sintáctico es la hipótesis de que éste depende de la estructura sintáctica y que las reglas pertinentes se aplican cíclicamente. Esta idea fue propuesta originalmente en Chomsky, Halle y Lukoff (1956), y refinada poste-

---

6. Es posible que en el caso de *gramática, artículo* y otras palabras, el mecanismo adecuado sea el de una regla de redundancia léxica que asigne el diacrítico X, ya que las palabras que terminan en —ulV o en /i/ +velar + V tienen el acento normalmente en la antepenúltima sílaba. La fuerza de esta regularidad hace que términos como *mendigo* aparezcan a veces en el lenguaje popular como *méndigo*.

7. El lector o lectora recordará que esta regla la hemos comentado en el capítulo 2, sección 6, bajo el número (156).

riormente en Chomsky y Halle (1968). Así explican ellos, por ejemplo, la diferencia de acentuación entre los sintagmas (49a) y (49b).

(49)
              3   1   2
    a.   small   boys   school [8]
       «escuela para   niños   pequeños»
             2   1   3
    b.   small   boys   school
       «pequeña escuela para   niños»

Estos patrones acentuales resultan de la aplicación de las reglas siguientes:

(50)   Acentuación de elementos compuestos:
        Si la secuencia considerada por la regla de acentuación es un compuesto (es decir, está dominada por una categoría léxica), [9] dése prominencia al primero de los acentos primarios.

(51)   Acentuación nuclear:
        En otros casos, dése prominencia al último de los acentos primarios.

Ilustraremos primero la aplicación de la regla (50). Por ejemplo, la secuencia *boys school* «escuela para niños» es un sustantivo compuesto, es decir, tiene la siguiente estructura:

(52)
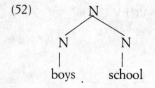

Las reglas de acentuación léxica asignan un acento primario a cada uno de los constituyentes de este sustantivo compuesto. Vale decir que la estructura considerada por la regla (50) es la siguiente:

---

8. El número 1 indica el mayor grado de acento. Aunque en teoría, Chomsky y Halle afirman que los rasgos de la representación fonética no son necesariamente binarios, el rasgo [acento] es el único en que las especificaciones fonéticas multivalentes son usadas sistemáticamente en sus análisis.

9. Son categorías *léxicas*, por ejemplo, el sustantivo o nombre (N), el verbo (V), el adjetivo (Adj), las cuales se distinguen de las categorías *sintagmáticas* tales como el sintagma nominal (SN), el sintagma verbal (SV), la oración (O), etc.

(53)

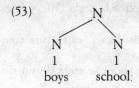

La aplicación de las reglas (50) y (51) está sujeta a la convención de reducir en un grado el acento de todas las sílabas que no reciben prominencia por la regla en cuestión. Así, al aplicarse la regla (50) a la estructura (53), resulta la estructura siguiente:

(54)

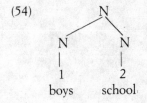

Por otra parte, un sintagma nominal como *small boys* «niños pequeños» está sujeto a la regla (51), que le asigna el patrón acentual $\overset{2}{small}\ \overset{1}{boys}$.

Ilustremos ahora la aplicación cíclica de estas reglas. Consideremos primero la estructura (55),

(55)

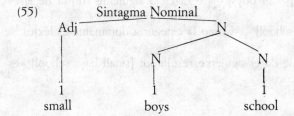

que también se puede representar así:

(56)
$$
\text{SN}\left[\left[\begin{array}{cc} \overset{1}{[small]} & \\ \text{Adj} & \text{Adj} \end{array}\right]_{N} \left[\begin{array}{cc} \overset{1}{[boys]} & \overset{1}{[school]} \\ N\ \ N & N \end{array}\right]_{N}\right]\text{SN}
$$

El principio de aplicación cíclica requiere examinar las estructuras gradualmente desde «dentro hacia afuera». Así, eliminando primero los paréntesis

interiores, consideramos la estructura $\underset{N}{[b\overset{1}{o}ys}\ \underset{N}{sch\overset{1}{o}ol]}$. Como la cate-

121

goría dominante es léxica (no sintagmática), se aplica la regla (50), y la estructura resultante es [boys school]. Luego se considera la estructura completa, que es $_{SN}$[small boys school]$_{SN}$. Como ahora se trata de un sintagma, no de un compuesto, se aplica la regla (51), que transforma esta estructura en $_{SN}$[small boys school]$_{SN}$ «pequeña escuela para niños».

Veamos ahora cómo se aplican estas reglas a la estructura (57).

(57)

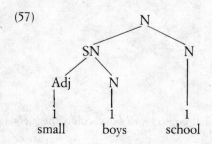

El primer ciclo está constituido ahora por $_{SN}$[small boys]$_{SN}$, que la regla (51) convierte en $_{SN}$[small boys]$_{SN}$. El ciclo siguiente consta de la estructura $_{N}$[small boys school]$_{N}$. Como la categoría dominante es léxica, se aplica la regla (50), que da el siguiente resultado: [small boys school] «escuela para niños pequeños».

Problema:
Asígnese el acento a las siguientes estructuras:

(58)   a.

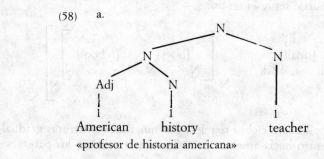

«profesor de historia americana»

b.

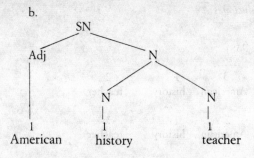

«profesor de historia americano»

(59) a.

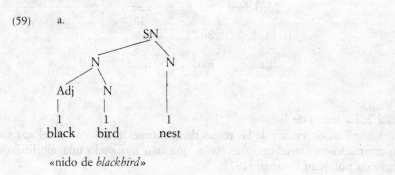

«nido de *blackbird*»

b.

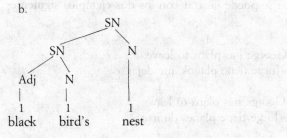

«nido de pájaro negro»

c.

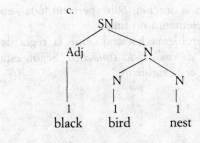

«nido negro de pájaro »

123

Soluciones:

(58)

3	1	2
a. American	history	teacher

2	1	3
b. American	history	teacher

(59)

1 3		2
a. black bird		nest

3	1	2
b. black	bird's	nest

2	1	3
c. black	bird	nest

2.1.2.2. La teoría de Bresnan

La aplicación cíclica de las reglas de acentuación descrita en el apartado anterior adolece de algunos defectos, que han motivado una modificación sugerida por Joan Bresnan (1971).

El problema se puede ilustrar con los dos ejemplos siguientes:

(60)

                            1
    a. George has plans to leave.
      «Jorge tiene planos que dejar.»
                         1
    b. George has plans to leave.
      «Jorge tiene planes de irse.»

Las reglas que hemos explicado generan la oración (60b), pero no (60a), en que el acento principal recae sobre un elemento no final.

Bresnan propone solucionar este problema haciendo que la regla de acentuación nuclear se aplique *al final de cada ciclo sintáctico*. Según esta teoría, la derivación de la oración (60a) es la siguiente:

(61)

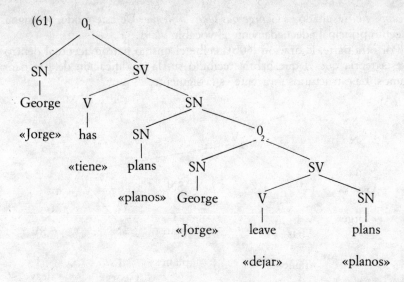

En el primer ciclo sintáctico (0_2), la regla de acentuación produce la secuencia *George leave plans* (con acentos 2 3 1 sobre *George leave plans*). En el ciclo siguiente (0_1), hay transformaciones sintácticas que resultan en la elisión del segundo *George* y el segundo *plans*. Al final de este ciclo sintáctico, tenemos entonces la siguiente estructura:

(62)

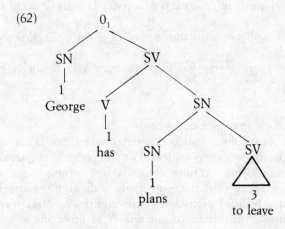

En su primera aplicación, la regla de acentuación nuclear considera la frase *plans to leave* (con acentos 1 3 sobre *plans to leave*), y la transforma en *plans to leave* (con acentos 1 4). En su segunda aplicación, la frase por considerar es *has plans to leave* (con acentos 1 1 4), que la regla convierte en *has plans to leave* (con acentos 2 1 5). Finalmente, la regla considera la oración *George has plans* (con acentos 1 2 1)

125

$\overset{5}{\text{to leave}}$, y el resultado es $\overset{2}{George}$ $\overset{3}{has}$ $\overset{1}{plans}$ $\overset{6}{to~leave}$. De este modo, se asigna el acento principal adecuadamente al vocablo *plans*.

Por otra parte, la oración (60b) recibe el mismo patrón acentual dentro de esta teoría que el que habría recibido sin la modificación de Bresnan. Veamos. La estructura subyacente es la siguiente:

(63)

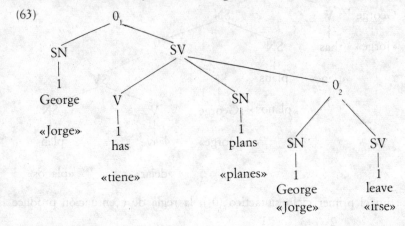

Al final del primer ciclo sintáctico (0_2), la estructura por procesar es $\overset{1}{George}$ $\overset{1}{leave}$. En el segundo ciclo sintáctico se elide el segundo *George*, con lo que el sintagma verbal queda así: $\overset{1}{has}$ $\overset{1}{plans}$ $\overset{1}{to~leave}$, y la regla de acentuación nuclear produce el siguiente resultado: $\overset{2}{has}$ $\overset{2}{plans}$ $\overset{1}{to~leave}$. Finalmente, la regla considera la oración $\overset{1}{George}$ $\overset{2}{has}$ $\overset{2}{plans}$ $\overset{1}{to~leave}$ y la convierte en $\overset{2}{George}$ $\overset{3}{has}$ $\overset{3}{plans}$ $\overset{1}{to~leave}$.

2.1.2.3. Críticas a la teoría sintáctica del acento

La teoría de que el acento sintagmático está determinado por la estructura sintáctica ha sido objeto de severas críticas. Por una parte, la asignación de acentos no primarios no siempre resulta adecuada. Por ejemplo, según el análisis de Bresnan, la oración (60a) tiene un grado 6 de acento sobre la última palabra. ¿Pero qué realidad psicológica tiene esta discriminación entre seis grados de acento? Probablemente ninguna. Y el problema es aún más grave en el caso de oraciones más complejas. Veamos, por ejemplo, qué patrón acentual se asignaría a la siguiente oración bajo la suposición de que el español tiene una regla esencialmente idéntica a la regla de acentuación nuclear del inglés. [10]

10. La crítica es válida también para el inglés, pero preferimos usar un ejemplo del castellano para facilitar la comprensión.

```
        1        1     1        1        1         1          1
(64) Dicen que Juan no quiere que Pedro le diga a María que Roberto se
     1      1
fué de la casa.
```

Hemos supuesto que algunos elementos (*que, de, la*) no reciben acento

```
                                                                1
léxico. La primera frase a la cual se aplica la regla es, entonces, se fué de la
   1             1         1                               1      2
casa, y el resultado es se fué de la casa. Luego se considera que Roberto se fué
   1                               2         3       1
de la casa, y el resultado es que Roberto se fué de la casa. En el ciclo si-
                                1       1     2        3
guiente, la primera frase por considerar es le diga a María que Roberto se fué
   1                                2       2        3       4
de la casa, que la regla convierte en le diga a María que Roberto se fué de la
   1                                    1      2     2
casa. En seguida, se considera la frase que Pedro le diga a María que
   3       4      1                 2        3      3
Roberto se fué de la casa, y el resultado es que Pedro le diga a María que
   4      5       1                            1     2
Roberto se fué de la casa. Luego se considera la frase no quiere que Pedro le
   3       3       4      5       1                            no
diga a María que Roberto se fué de la casa, y el resultado de la regla es no
   2       3       4     4       5       6           1
quiere que Pedro le diga a María que Roberto se fué de la casa. En el ciclo
                     1      2      3      4       4
siguiente se considera la oración Juan no quiere que Pedro le diga a María
   5      6     1                          2       3
que Roberto se fué de la casa, y la regla la transforma en Juan no quiere que
   4     5      5       6       7       1
Pedro le diga a María que Roberto se fué de la casa. Finalmente, la oración
   1    2    3     4       5      5        6        7
Dicen que Juan no quiere que Pedro le diga a María que Roberto se fué de la
   1            2       3      4       5      6      6
casa se transforma en Dicen que Juan no quiere que Pedro le diga a María que
   7       8       1
Roberto se fué de la casa.
```

Como se ve, la aplicación cíclica de la regla de acentuación nuclear produce una estructura en que se distinguen ocho grados de acento, más el
grado (¿aún menor?) de las palabras «no acentuadas» *que, no, le,* etc. Esta
representación es claramente de una minuciosidad excesiva. Chomsky y
Halle (1968) reconocen esta deficiencia de la regla de acentuación nuclear
para el inglés, pero no la consideran suficientemente seria como para abandonar la teoría. Sugieren que una posible solución es la introducción de

reglas de «reajuste» que eliminen la discriminación acentual más allá de un cierto grado. Otros fonólogos, sin embargo, consideran que esta deficiencia, sumada a otras, pone en duda la premisa central de la teoría de Chomsky y Halle, de que el acento se basa en la estructura sintáctica de la oración. Tal ha sido la posición de Bolinger (1972), por ejemplo, quien ha demostrado que en muchos casos dos estructuras sintácticas similares tienen acentuación diferente:

(65)

a. The end of the chapter is reserved for various problems to computerize.
«El final del capítulo está reservado para varios problemas por computar».
b. The end of the chapter is reserved for various problems to solve.
«El final del capítulo está reservado para varios problemas por resolver».

(66)   a. I have a point to emphasize.
«Tengo una cuestión que recalcar».

        b. I have a point to make.
«Tengo una cuestión que plantear».

La diferencia entre los casos a y b, según Bolinger, depende de la distinta carga semántica de los vocablos respectivos. *To solve* «resolver» es menos informativo —es decir, sumamente predecible— en el contexto de *problems* «problemas» que *to computerize* «computar». Lo mismo se puede decir de *make* «hacer, plantear» frente a *emphasize* «recalcar» en el contexto de *point* «cuestión».

El problema de este tipo de crítica como la de Bolinger es que se limita a indicar contraejemplos, sin proponer una teoría alternativa. Y es siempre preferible poseer una teoría, aunque no sea del todo satisfactoria, que carecer absolutamente de ella.[11]

3.   EL TONO

En esta sección, examinaremos el tratamiento del tono en la fonología generativa. Consideraremos primero los rasgos distintivos que especifican los contrastes tonales, y luego la forma de las reglas relativas a los fenómenos tonales.

11.   Una teoría alternativa que ha ido ganando terreno en estos últimos años es la llamada fonología *autosegmental* de Goldsmith (1976), que asigna los rasgos suprasegmentales a un estrato diferente, no isomórfico con el estrato segmental, y que relaciona los diversos estratos por medio de reglas de asociación. Dado el carácter relativamente elemental de este libro, nos abstendremos de entrar en mayores detalles sobre esta teoría.

3.1. *Rasgos distintivos tonales*

La teoría fonológica debe especificar los rasgos elementales que determinan los contrastes tonales posibles en las lenguas del mundo. Para que esto pueda hacerse, es necesario saber cuál es el máximo de niveles tonales posible y si es preciso o no especificar tonos dinámicos (ascendente, descendente, etc.) además de tonos estáticos o niveles.

En cuanto a la primera cuestión, parece que el máximo de niveles en la representación fonológica son cinco, en lenguas como el trique (lengua mixteca estudiada por Longacre, 1952). Suponiendo un sistema de rasgos binarios, esto significa que se requieren por lo menos tres rasgos elementales: alto, medio y bajo.[12] Un sistema de cinco niveles como el del trique se puede, entonces, especificar así:

(67)	5	4	3	2	1
alto	+	+	−	−	−
medio	−	+	+	+	−
bajo	−	−	−	+	+

En el caso de lenguas con un menor número de contrastes tonales, los rasgos pertinentes están determinados por las reglas tonales, Así, por ejemplo, una lengua con cuatro niveles puede presentar cualquiera de los dos sistemas siguientes,

(68)	4	3	2	1
alto	+	+	−	−
medio	−	+	+	−
bajo	−	−	−	+

(69)	4	3	2	1
alto	+	−	−	−
medio	−	+	+	−
bajo	−	−	+	+

según que los tonos medios tengan más en común por su funcionamiento con los altos o con los bajos.

Es posible que haya también consideraciones metateoréticas que determinen la interacción de los rasgos. La mayoría de los fonólogos concuerdan, por ejemplo, en considerar el contraste [+alto] / [−alto] como primario. Esta es un área, sin embargo, en que falta todavía mucha investigación.

La segunda cuestión que nos hemos planteado es si se requieren o no rasgos dinámicos en la representación fonológica. No hay duda que a nivel

12. Un vistazo crítico a las diversas propuestas de rasgos tonales se encuentra en Fromkin (1972).

fonético existen tonos dinámicos además de tonos estáticos o niveles. Se podría argumentar, sin embargo, que en la representación fonológica, los tonos dinámicos están especificados como tonos estáticos complejos. Por ejemplo, un tono ascendente estaría representado por un tono complejo, compuesto de un tono bajo y uno medio, o de un tono medio y uno alto. Las opiniones al respecto están divididas, pero nos inclinamos a pensar que sí se requieren en la especificación fonológica rasgos dinámicos además de los rasgos estáticos ya mencionados. En apoyo de esta opinión, citaremos por ejemplo el hecho de que en fante (Stewart 1962) un tono alto final puede ser estático como en ɔ́béká [‒ ‒ ‒] «el lo morderá», o ascendente como en ɔ́béká [‒ ‒ ʼ] «él se quedará».

Además de los rasgos *alto, medio* y *bajo*, la teoría fonológica debería incluir, entonces, rasgos binarios como los siguientes, propuestos por Wang (1967): *dinámico* [contour], *ascendente, descendente, y convexo.*

Como no todas las combinaciones son posibles, la teoría debe incluir ciertas reglas de redundancia. Por ejemplo, deberá haber una regla que especifique que todo tono que sea [−dinámico] deberá también ser [−ascendente], [−descendente] y [−convexo]. Por otra parte, un tono puede ser simultáneamente [+ascendente] y [+descendente]; si tal tono es [+convexo], su forma fonética es [⌄], y si es [−convexo], su forma fonética es [⌄].

La determinación del inventario universal de rasgos tonales ofrece todavía muchos interrogantes, y los comentarios de esta sección deben tomarse como someras indicaciones de las provisionales aportaciones que la teoría fonológica ha hecho al respecto.

3.2. *Reglas tonales*

La otra tarea importante de la teoría de los tonos se refiere a la forma y función de las reglas tonales.

Presentaremos a continuación una lista de las reglas tonales sincrónicas más comunes, de acuerdo a Hyman y Schuh (1974).

3.2.1. Descenso [downstep]

Este es un proceso de asimilación que normalmente afecta a una cadena fonológica compuesta de un tono alto seguido de uno bajo seguido a su vez de uno alto. Cuando el tono bajo se pierde o se asimila al precedente, el último tono muestra un descenso con respecto al nivel del primero. Por ejemplo, en twi se da la siguiente derivación:

(70)   /mé + ɔ̀bó/ → [mébó] «mi piedra»

Fonológicamente, tanto la primera como la última sílaba tienen tonos altos. Sin embargo, a causa de la pérdida de la vocal intermedia con su tono bajo, la última sílaba recibe fonéticamente un tono menos alto que la primera.

3.2.2. Desplazamiento [shifting]

Este proceso consiste en el traslado de un tono de una sílaba a otra, normalmente (pero no siempre) de izquierda a derecha. Nótese el siguiente ejemplo de la lengua africana mbui:

(71)   /lɔɔ́ + bəsə́ŋ / → [lɔbə́sə́ŋ] «busca los pájaros»

El tono alto de la sílaba final de /lɔɔ́/ se ha desplazado hacia la sílaba siguiente, y ha reemplazado su tono bajo original.

3.2.3. Copia

A diferencia del desplazamiento, hay copia cuando una sílaba sin ningún tono en la representación fonológica recibe uno de la sílaba adyacente, generalmente de la sílaba precedente.

Por ejemplo, en préstamos que el· nupe ha tomado del hausa, se hace necesario insertar vocales epentéticas para eliminar ciertos grupos consonánticos, y estas vocales reciben el tono de la sílaba precedente:

(72)	*Hausa*	*Nupe*	
	àlbárkà	àlùbáríkā	«bendición»
	fúskà	fúsíkā	«cara»

3.2.4. Disimilación

Como lo indica el nombre, este proceso consiste en el cambio de un tono al opuesto del de la sílaba adyacente. Por ejemplo, en hausa, la cópula *nee* adopta el tono opuesto al de la sílaba precedente:

(73)   yáaròo née   «es un niño»
       jàakíi nèe   «es un burro»

3.2.5. Conclusiones

Con respecto a las reglas tonales, la teoría fonológica trata de establecer características o tendencia universales. Por ejemplo, parece ser que las reglas tonales proceden normalmente de izquierda a derecha. Si éste es el caso, la forma de las reglas debería reflejar de algún modo la «normalidad» de una regla particular que se ajuste a esta tendencia y la «anomalía» de una regla que se aplique en la dirección opuesta. Nuestro conocimiento de estas cuestiones es todavía demasiado rudimentario, sin embargo, como para permitir propuestas específicas en este sentido.[13]

---

13. Véase el capítulo 7, donde se tratan algunas propuestas sobre cómo formalizar la noción de «naturalidad» en la gramática.

Capítulo cinco

EL PROBLEMA DE LOS GRADOS DE ABSTRACCION DE LA REPRESENTACION FONOLOGICA

1. Representaciones fonéticas (RF) y representaciones subyacentes (RS)

En los capítulos anteriores nos hemos referido, por una parte, a la representación fonética y, por otra parte, a la representación fonológica. La primera constituye la salida o «output» de la gramática. A este nivel, los morfemas o formativos adoptan un grado mínimo de abstracción con respecto a su manifestación fónica, de manera que un mismo formativo puede adoptar innumerables representaciones fonéticas (RF) diversas en enunciados distintos. Por otra parte, tras la aplicación de las reglas sintácticas, las cadenas de formativos aparecen representadas en términos de rasgos fonológicos. A este nivel, cada uno de los formativos o morfemas de la lengua adopta una representación, más abstracta que la RF, y que constituye su representación fonológica subyacente (RS). Para la mayoría de formativos, ésta coincide con la representación fonológica que tienen en el lexicón, por lo que ambas representaciones, la representación fonológica subyacente y la representación fonológica léxica, o básica, suelen considerarse equivalentes. [1] El problema que se plantea a continuación es el de determinar qué características debe tener esta RS y qué relación debe haber entre la RS y la RF de los morfemas.

2. La no identidad entre las RF y las RS

Una gramática es más sencilla cuantos menos niveles de representación contiene; es decir, todo nivel de representación es una construcción teoré-

---

1. Sin embargo, según el modelo de Chomsky y Halle (1968) no siempre es así, ya que hay formativos —algunos de los morfemas gramaticales— que carecen de entrada léxica. Nos hemos referido brevemente a esta distinción de conceptos en el capítulo 3 § 2.1. Ver Chomsky y Halle (1968: 9ss).

tica, cuya inclusión en la gramática debe justificarse. Por tanto, podría pensarse que, con el fin de simplificar la gramática, lo mejor sería exigir que la representación fonológica de cada formativo en el lexicón coincida con su representación fonética, es decir, que RS y RF sean idénticas. De lo contrario, entraríamos en la duplicidad de niveles que queríamos evitar. Esta condición de identidad entre las representaciones subyacentes y las representaciones fonéticas permitiría: a) establecer un componente fonológico muy simple y b) determinar unívocamente la RS a partir de la RF, sin tener que decidir entre posibles candidatos a la RS.

Sin embargo, hay dos razones principales que se oponen a la identidad de RS y RF: A) redundancia y B) alternancias morfofonológicas.

2.1. *La redundancia y la no identidad entre RF y RS* .

Tal como hemos explicado en el capítulo 3, hay propiedades fonéticas de los morfemas que no son idiosincrásicas de los segmentos que constituyen cada uno de los morfemas, sino que son predecibles mediante reglas generales, aplicables a todo el conjunto de morfemas que contienen el segmento o la secuencia de segmentos en cuestión. Se trata de las propiedades fonológicas redundantes segmental o secuencialmente. Y como ya hemos indicado en el capítulo 3, todas aquellas propiedades que son predecibles mediante regla no deberían aparecer en el lexicón, ya que resultaría totalmente ineficaz consignar las características redundantes propias de un segmento o de una secuencia de segmentos cada vez que éstos aparezcan en un morfema. Todo aquello que sea predecible mediante regla, debería expresarse una sola vez, en forma de regla, y no en forma de lista tantas veces como el fenómeno en cuestión aparezca realizado en los morfemas. De acuerdo con esta posición, el lexicón no es sino la lista de propiedades idiosincrásicas, no predecibles por medio de regla(s). Esto nos obliga a excluir de la representación léxica toda propiedad redundante o regida por regla, con lo que forzosamente la RS deberá diferir de la RF, por lo menos en aquellos formativos que contengan algún rasgo redundante.

No obstante, ya hemos indicado en el capítulo 3 que esta visión de la RS en términos de rasgos distintivos exclusivamente ha recibido diversas críticas que han conducido a la propuesta de incluir tanto los rasgos pertinentes como los redundantes en la representación léxica y dar cuenta de las redundancias mediante condiciones de estructura morfemática, o inclusive mediante condiciones a nivel fonético. Para estas teorías alternativas, el hecho de que los valores de ciertos rasgos sean predecibles o redundantes no constituye un. argumento válido en contra de la identidad entre RS y RF. Veamos, ahora, el segundo argumento.

2.2. Las alternancias morfofonológicas

Los morfemas de una lengua aparecen en diversos contextos fonéticos y adoptan a veces formas distintas en sus diversas apariciones. Tomemos, por ejemplo, el morfema catalán que significa «ciego». En su forma masculina, el adjetivo es [sék], mientras que en su forma femenina es [ségə]; el sustantivo derivado aparece como [səgérə]; por último, en una frase como *el cec dèia...* «el ciego decía...», el morfema correspondiente al adjetivo masculino «ciego» adopta la forma [ség]. Como es fácil probar que [+ə] es la terminación más normal de la forma femenina de los adjetivos, y que [+érə] es también una terminación propia de muchos sustantivos abstractos, nos queda como propio de la raíz equivalente a «*cieg-*» —que en castellano alterna con «*ceg-*» en el sustantivo *ceguera*— el conjunto de las cuatro formas [sék]~[ség]~[səg]~[ség], las cuales están claramente relacionadas tanto por el significado (que es el mismo en las cuatro) como por la forma fonética: las dos primeras y la cuarta comparten los sonidos [s] y [e], mientras que la segunda y tercera comparten los sonidos [s] y [g]. Por otra parte, si bien las consonantes finales difieren en tres de las cuatro formas, en los cuatro casos comparten el punto de articulación velar; es decir, si bien los rasgos [sonoro] y [continuo] presentan tres combinaciones distintas —[−sonoro, −continuo] para [k], [+sonoro, +continuo] para [g] y [+sonoro, −continuo] para [g]— en los cuatro casos se trata de una consonante [+alto, +retraído].

Respetar la condición de identidad que proponíamos más arriba comportaría, en este caso, introducir cuatro formas básicas en el lexicón, cada una de ellas correspondiente a cada una de las cuatro formas fonéticas distintas. Este análisis, si bien evitaría la duplicación de niveles a que nos referíamos antes, cuatruplicaría las entradas léxicas, al menos en el caso de las formas catalanas correspondientes al morfema castellano «*cieg-*~*ceg-*». Sin embargo, es fácil mostrar que esta diversidad de formas es muy normal en cualquiera de las lenguas de flexión, por lo que la mayoría de morfemas deberían disponer de dos, tres, cuatro o más entradas léxicas, es decir, una para cada manifestación fonética. El ahorro que haríamos en niveles tendría, así, su contrapartida en una gran multiplicidad de entradas léxicas para cada morfema.

Por otra parte, es muy fácil probar que las alternancias de estos morfemas, es decir, las distintas formas fonéticas que adoptan, no son arbitrarias, sino que responden precisamente a la diversidad de entornos fonéticos en que aparecen. Por ejemplo, en el caso del morfema catalán que estamos analizando aquí, el sonido [k] de la primera forma está condicionado por su aparición en posición final de palabra: en esta posición, en catalán, opera una regla general de desonorización, aplicable a toda consonante obstruyente, que podríamos formular como (1).

(1) $[+\text{sonoro}] \rightarrow [-\text{sonoro}] \,/\, \begin{bmatrix} +\text{obstruyente} \\ \underline{\hspace{2cm}} \end{bmatrix}$ #

En el caso de la cuarta forma [ség], la consonante final es sonora, porque se impone la aplicación de otra regla que opera tanto en el interior de palabras como a través de lindes de palabra, la cual asimila la sonoridad de cualquier obstruyente a la de la consonante siguiente. Esta regla podría formularse provisionalmente así (para un tratamiento completo de la asimilación consonántica en catalán, ver Mascaró (1978), cap. 2):

(2) $[+\text{obstruyente}] \rightarrow [\alpha \text{ sonoro}] \,/\, \underline{\hspace{2cm}} (\#) \begin{bmatrix} +\text{consonante} \\ \alpha\text{sonoro} \end{bmatrix}$

Si en las formas segunda y tercera, [ségə] y [səgérə], la consonante aparece no sólo sonora —ya que por no hallarse en posición final de palabra la regla (1) no es aplicable— sino también continua, es porque en catalán, al igual que en castellano, funciona una regla de espirantización de las consonantes oclusivas sonoras en posición intervocálica (entre otras):

(3) $\begin{bmatrix} +\text{obstruyente} \\ +\text{sonoro} \end{bmatrix} \rightarrow [+\text{continuo}] \,/\, V \underline{\hspace{1.5cm}} V$

Por último, la aparición de la vocal [ə] en la tercera forma [səgérə], en vez de la [e] de las otras tres formas, es fácilmente relacionable a la ausencia de acento tónico en esa vocal, frente a la posición tónica de [e] en las otras formas: en catalán existe una regla de reducción vocálica que produce efectos como los de (4).

(4) $\begin{Bmatrix} a \\ \varepsilon \\ e \end{Bmatrix} \rightarrow [ə] \,/\, \begin{bmatrix} \underline{\hspace{2cm}} \\ -\text{acento} \end{bmatrix}$

Naturalmente, si las formas alternantes fueran pocas, si se limitaran, por ejemplo, a las cuatro arriba consignadas, nada justificaría la introducción de reglas como las de (1)-(4). Pero si podemos probar: a) que en una gran cantidad de morfemas las diferencias de su realización fonética en contextos distintos responden a la operación de ciertas reglas fonéticas, es decir, que las alternancias arriba mencionadas son frecuentes en la lengua en cuestión y que no deben, por tanto, memorizarse como parte de las entradas léxicas, sino que deben describirse mediante reglas; y b) que estas reglas pueden ser formuladas de manera óptima haciendo derivar las diversas formas fonéticas a partir de una representación fonológica única, no coincidente con la multiplicidad de representaciones fonéticas, entonces la condición de identidad deberá ser abandonada.

En cuanto a (a), se puede mostrar fácilmente que las alternancias del tipo de [sék] ~ [ség] ~ [səg] ~ [ség] son numerosísimas en catalán. Valgan algunos ejemplos, en los que se manifiestan alternancias consonánticas equivalentes: [mút] ~ [múd] ~ [múd] «mudo», [λóp] ~ [λóƀ] ~ [λób] «lobo», [əntík] ~ [əntíg] ~ [əntíg] «antiguo». En cuanto a la alternancia vocálica [é] ~ [ə], obsérvense los casos siguientes: [pédrə] «piedra» ~ [pədrétə] «piedrecita», [méntə] «menta» ~ [məntulát] «mentolado». Además, como ya hemos mencionado, esta alternancia no se limita a [é] ~ [ə], sino que se da también entre otras vocales: [ɛ́] ~ [ə], [á] ~ [ə], así como entre [ɔ́] ~ [u] y [ó] ~ [u].

Es evidente ya, a pesar de la escasez de ejemplos presentados —los ejemplos que podríamos mostrar son innumerables— que las alternancias en cuestión no son idiosincrásicas de cada morfema, sino que son el reflejo de la operación de una serie de procesos fonéticos generales. Por un mínimo principio de simplicidad (véase más abajo, la sección 4), podemos defender la posición de que todo aquello que pueda formularse mediante regla no debería dejarse a la arbitrariedad de una lista. Es mucho más económico formular una regla de desonorización de consonantes finales de palabra, por ejemplo, como hemos hecho en (1), que tener que consignar mediante una lista que el masc. [sék] se corresponde con el fem. [ségə], el masc. [mút] con el fem. [múdə], el masc. [λóp] con el fem. [λóƀə], el masc. [əntík] con el fem. [əntígə], y así sucesivamente, cuando se da el hecho claro de que la diferencia de entorno fonético entre estos masculinos y sus femeninos correspondientes consiste en que en los primeros la consonante aparece en posición final de palabra, mientras que en los femeninos aparece ante vocal.

b) La manera como hemos descrito las alternancias en cuestión, mediante las reglas (1)-(4), comporta la aplicación de esas reglas a una forma única, forma básica o léxica, /ség/, que no coincide ni con la representación fonética que este morfema adopta en el masculino [sék], ni con la del femenino [ség], ni con la del sustantivo [səg], sino sólo con la que aparece en un sintagma del tipo *el cec dèia*... Podíamos, quizás, haber tratado de describir estas alternancias partiendo de una o más formas básicas, coincidentes con la representación fonética del masc., del fem. y/o del sustantivo. Es fácil probar, sin embargo, que la mejor descripción de las alternancias en cuestión es la que utiliza las reglas (1) - (4), aplicándolas a una forma básica única, en este caso /ség/. Las razones son las siguientes:

En vez de una regla de desonorización de consonantes finales, podríamos pensar en proponer una regla de sonorización de consonantes sordas en posición prevocálica, la cual se aplicaría a formas básicas como /sék/, /mút/, /λóp/, con consonante final sorda. Si bien esta regla nos daría los resultados deseados en [ségə], [múdə], [λóƀə] o [əntígə] —tras la consiguiente espirantización de la consonante sonora— sería imposible predecir la no aplicación de la misma a morfemas del tipo: [pətít] «pequeño» ~ [pətítə] «pequeña», [sék] «seco» ~ [sékə] «seca», [šóp] «mojado» ~ [šópə] «mojada», y otros muchos, en los que la consonante sorda no alterna con la sonora correspondiente. Para que la supuesta regla de sonorización de consonantes intervocálicas no se aplicara a los femeninos de estas parejas de adjetivos, los morfemas del tipo [pətít], [sék], [šóp] deberían ir marcados en el lexicón como excepciones negativas a la misma (véase el capítulo 9, sección 2): a pesar de que estas RS cumplen con la descripción estructural de la regla de sonorización, ésta no debe aplicárseles. En cambio, el análisis arriba propuesto da cuenta de las alternancias mediante un proceso fonológico general, como es el de la desonorización de las consonantes finales, sin necesidad de recurrir a excepciones que complican artificialmente el lexicón.

Por otra parte, partir de las formas básicas /ség/, /múd/, /ʎób/, con la consonante final [−continuo] e introducir en la gramática una regla de espirantización, en la línea de la regla (3), se justifica también por razones de simplicidad, frente a un intento de describir los datos mediante un proceso inverso de conversión de las consonantes continuas en oclusivas. Así, partir de formas básicas /ség/, /múd/, /ʎób/, terminadas en consonante [+continuo] complicaría, como mínimo, la regla (1) de ensordecimiento de consonantes finales, ya que además de ensordecerse, las consonantes en cuestión deberían pasar de [+continuo] a [−continuo]. Y de cualquier modo, un proceso inverso al de espirantización sería necesario para dar cuenta de las formas [ség], [múd], [ʎób], en los casos de asimilación a la sonoridad de la consonante siguiente: la regla (2) debería complicarse incorporando el cambio de [+continuo] a [−continuo]. Naturalmente, en el caso de [ség], [múd] o [ʎób], la regla (2) se aplica vacuamente, dado que las formas básicas propuestas aquí —/ség/, /múd/, /ʎób/ —poseen ya la consonante final caracterizada como [+sonoro]; pero la existencia de esta regla es fácilmente comprobable a partir de formas como masc. [pətít], fem. [pətítə], en las que la consonante sorda final de palabra no alterna con sonora en la posición del femenino, por ejemplo— y cuya forma básica, por tanto, ha de ser *petit*/, terminada en consonante sorda —y que, sin embargo, están sometidas a la aplicación de la regla (2): p. ej., *el peti*[d] *dèia* «el pequeño decía».

Podría pensarse también en derivar alternancias del tipo adjetivo masc. · [sék] /fem. [ségə] ~ sustantivo [səgérə] a partir de una forma básica /səg/, con vocal neutra /ə/. Para dar cuenta de las formas del adjetivo, deberíamos introducir una regla que convirtiera /ə/ en [e] en posición tónica. Sin embargo, esta regla no sería en absoluto general, ya que hay muchas [ə] que no alternan con [é], sino con otra vocal— como en alternancias del tipo: *p*[á]*ns* «panes» ~ *p*[ə]*nera* «cesta para pan», *p*[é]*na* «pena» ~ *p*[ə]*nós* «penoso» —y que no deberían, por tanto, someterse a ella. Una regla de reducción de vocales en posición átona, en la dirección de (4), es preferible, ya que carece de excepciones. Mientras que si optáramos por la solución inversa, deberíamos recurrir al lexicón para marcar en forma idiosincrásica cuáles son las /ə/ que corresponden a [é], cuáles a [á] y cuáles a [é], en posición tónica.

Por todo lo dicho, la mejor descripción de las alternancias que presentamos al comienzo de este apartado § 2.2 consiste en partir de la forma básica única /ség/ a la que se aplican las reglas (1)-(4). Y dado que, como ya hemos dicho, los casos de alternancias son innumerables, resulta claro que un análisis con una forma básica única y reglas fonológicas a ella aplicables es superior, por su mayor simplicidad, a un análisis que para evitar duplicidad de niveles impone una condición de identidad entre la RS y la RF. También el argumento de § 2.1, sobre redundancia, nos conducía —con ciertas reservas— a esta misma conclusión. Sin embargo, dejando la redundancia de lado, si bien la discusión de alternancias del tipo [sék] ~ [ség] ~ [səg] ~ [ség] nos indica que no puede haber identidad entre las formas fonéticas y las formas léxicas, tapoco nos permite concluir que la forma básica difiere totalmente de la fonética; más bien parecería indicar que la forma básica coincide con *una* de las formas fonéticas, tras un proceso de selección entre las mismas. En la sección siguiente, § 3, veremos que ésta no es la única conclusión posible en la determinación de la RS.

3. HACIA UNA DETERMINACIÓN DE LA DISTANCIA POSIBLE ENTRE RS Y RF

Una vez que se acepta que la forma básica no es idéntica a las diversas formas fonéticas, la pregunta que se plantea es: qué características debe, entonces, tener la forma básica o, dicho de otro modo, cuán lejos puede estar la RS de la RF. Este es el problema del «grado de abstracción» de las formas básicas, respecto al cual existen dos actitudes fundamentalmente distintas: 1) la de la fonología generativa transformacional (FGT), representada, entre otros, por Chomsky y Halle (1968) o por J. Harris (1969); 2) la de la fonología generativa natural (FGN), representada especialmente por Hooper (1976).

A continuación, presentaremos los distintos criterios que se han seguido al responder la pregunta sobre el posible «abstraccionismo» de la RS e indicaremos dónde suele establecerse la línea divisoria entre las posiciones de la FGT y de la FGN.

3.1. *Identidad entre la RS y una de las RF*

Se podría exigir que la representación subyacente de un morfema obedeciera a la siguiente condición:

(5) La forma básica de un morfema debe ser idéntica a una de las formas fonéticas del mismo, es decir, a una de las formas alternantes o alomorfos.

Como después veremos, (5) equivale a la Condición de Alternancia, propia de la FGN, según la cual sólo los morfemas con alternancias pueden tener forma básica —en el sentido de poseer una representación léxica que no coincide con la diversidad de representaciones fonéticas— y ésta debe coincidir con una de las formas fonéticas. Y, en realidad, parecería ser la conclusión a que nos conducían las alternancias presentadas en la sección anterior. El problema que (5) plantea es el de establecer con cuál de los alomorfos debe coincidir la forma básica, o cuál es el criterio a seguir para determinar unívocamente la RS a partir de las diversas RF. Las respuestas que se han dado a esta pregunta han sido diversas:

A) La RS debe identificarse con la forma que aparece aislada o lo más aislada posible, según lo permita la estructura de la lengua en cuestión.

Este criterio aparece implícito en las gramáticas pedagógicas, las cuales tratan de explicar formas complejas como el plural de los sustantivos a partir del singular (p. ej., en catalán, el plural se forma agregando −s al singular, como en sing. *arc* «arco», pl. *arcs*, sing. *pot* «bote», pl. *pots*, o bien agregando −ns al singular, como en sing. *mà* «mano», pl. *mans*, sing. *pa* «pan», pl. *pans*, etc.). Dentro de la FGN, Vennemann (1974) ha adoptado una condición equivalente a ésta. Sin embargo, como es muy común que ciertos procesos fonológicos operen en principio o en final de palabra, las formas aisladas no tienen por qué permitir establecer la forma básica, ya que fácilmente se ven afectadas por dichos procesos. Este es el caso, por ejemplo, de la desonorización de consonantes sonoras finales, en catalán: como hemos visto arriba, si para dar cuenta de alternancias del tipo *cec* «ciego» ~ *cega* «ciega», *mut* «mudo» ~ *muda* «muda», *llop* «lobo» ~ *lloba* «loba», partiéramos del masculino, por ser la forma aislada, e introdujéramos una regla de sonorización ante vocal, el femenino sería impredecible en muchos casos —p. ej., masc. *petit* «pequeño» fem. *petita*, masc. *sec* «seco» fem. *seca*, masc. *xop* «mojado» fem. *xopa* —y debería marcarse en el lexicón. Otro ejemplo en contra de (A) lo constituyen los siguientes datos del catalán.

Problema: Establecer la RS correspondiente a las RF que aparecen en (6) y formular la(s) regla(s) de formación del plural. De entre las alternativas compatibles con los datos, escoger la más sencilla.

(6)	singular		plural
a.	[ázə]	«asno»	[ázəs]
b.	[sufá]	«sofá»	[sufás]
c.	[kəmí]	«camino»	[kəmíns]
d.	[institusió]	«institución»	[institusións]

	masc.			fem.		masc.		fem.	
e.	[pla]	«plano»		[plánə]		[pláns]		[plánəs]
f.	[bɔ́]	«bueno»		[bɔ́nə]		[bɔ́ns]		[bɔ́nəs]
g.	[kətəlá]	«catalán»		[kətəlánə]		[kətəláns]		[kətəlánəs]
h.	[prím]	«delgado»		[prímə]		[príms]		[príməs]
i.	[krú]	«crudo»		[krúə]		[krús]		[krúəs]
j.	[klá]	«claro»		[klárə]		[klás]		[klárəs]

Solución: Los sustantivos de las dos primeras hileras (a) y (b) no presentan ninguna dificultad: sus formas básicas terminarán en vocal —p. ej., /sufá/— y la regla de formación del plural consistirá simplemente en añadir /s/ a la forma básica correspondiente. Los sustantivos de las dos hileras siguientes, (c) y (d), ofrecen dos posibilidades de solución: o bien las formas básicas terminan en vocal, como en los dos casos anteriores, con lo que necesitaremos una segunda regla de formación de plural que añada /ns/ a la forma básica, o bien hipotetizamos formas básicas terminadas en /n/ —p. ej., /institusión/— con lo que la misma regla de plural que daba cuenta de los casos (a) y (b) es ahora aplicable a los casos (c) y (d): es decir, a partir de una forma básica /institusión/, formamos el plural añadiendo /s/. Esta segunda solución permite simplificar la descripción del plural, reduciéndola a la formulación de una sola regla, Pl. → /s/, pero complica la descripción del singular, ya que para dar cuenta de formas como [kəmí] o [institusió], tendremos que hipotetizar la siguiente regla:

(7) $n \rightarrow \emptyset$ / $\acute{V}$ ——— #

Las razones a favor de esta segunda solución son las siguientes: en primer lugar, la primera solución comporta tener que marcar en el lexicón cuáles de los morfemas cuya forma básica termina en vocal (acentuada) forman el plural mediante /s/ y cuáles lo forman mediante /ns/, dado que tenemos las dos posibilidades: [sufás] y [kəmíns], mientras que en la segunda solución la ausencia de /n/ en el sing. puede formularse como un proceso puramente fonológico, mediante la regla (7). En segundo lugar, las hileras siguientes, (e)-(j), confirman la regla (7): si las formas básicas de (e), (f), (g) no terminaran en /n/, sería imposible predecir el femenino correspondiente, ya que si introdujéramos una regla que formara el femenino agregando /n/ a la forma básica, la misma no debería aplicarse a las formas (i)-(j). Es decir, en este caso nos veríamos obligados a tener tres reglas de formación del femenino: Fem. → /ə/, como en [krúə], Fem. → /nə/, como en [kətəlánə] y Fem. → /rə/, como en [klárə]. Como todas las formas básicas que se someterían a la aplicación de estas reglas poseerían características fonológicas semejantes, en el sentido de que todas terminarían en vocal tónica, el lexicón tendría que ser el encargado de introducir las diferencias que permitieran la aplicación de la regla deseada.

Por tanto, la relación entre singular y plural, en catalán, nos indica que (A) no es un criterio adecuado en la determinación RS, ya que en la mayoría de los casos, es precisamente la forma del plural la que parece más apta para establecer la RS, y en el plural la forma en cuestión no aparece aislada, sino seguida de [s]. Ahora bien, como en las hileras (c)-(g) son más los casos en que aparece la /n/ realizada fonéticamente que aquellos en los que no aparece, podría pensarse en introducir un criterio estadístico:

B)   La RS debe identificarse con el alomorfo que aparece en un mayor número de contextos.

En catalán, por ejemplo, esta condición nos permitiría identificar el alomorfo terminado en [n] con la forma básica, según los datos de (6) y, tal como hemos visto en la discusión del problema anterior, ésta es la solución correcta. Sin embargo, (B) no nos permitirá obtener una solución adecuada a partir de los datos siguientes, en los que la frecuencia de aparición de los sonidos —en este caso, las vocales tónicas frente a las átonas— es proporcionalmente representativa de la realidad de la conjugación verbal.

Problema: Establecer qué vocal debe figurar en la RS de las raíces verbables que aparecen en (8) y determinar la(s) regla(s) que permita(n) pasar de la RS a las RF correspondientes.

(8)

Infinitivo		Pres. Ind.	Impf.	Futuro	Pres. Subj.	Gerundio
c[ə]ntar	«cantar»	c[á]nto	c[ə]ntava	c[ə]ntaré	c[á]nti	c[ə]ntant
p[ə]nsar	«pensar»	p[έ]nso	p[ə]nsava	p[ə]nsaré	p[έ]nsi	p[ə]nsant
m[ə]njar	«comer»	m[é]njo	m[ə]njava	m[ə]njaré	m[é]nji	m[ə]njant
m[i]rar	«mirar»	m[i]ro	m[i]rava	m[i]raré	m[i]ri	m[i]rant
p[u]sar	«poner»	p[ɔ]so	p[u]sava	p[u]saré	p[ɔ]si	p[u]sant
telef[u]nar	«telefonear»	telef[ó]no	telef[u]nava	telef[u]naré	telef[ó]ni	telef[u]nant
p[u]jar	«subir»	p[ú]jo	p[u]java	p[u]jaré	p[ú]ji	p[u]jant

Solución: Dejando (B) de lado por el momento, como las vocales [a], [ε] y [e] tónicas se corresponden con [ə] átona, y las vocales [ɔ] y [o] tónicas se corresponden con [u] en posición átona, la solución más simple consistirá en: hipotetizar las formas básicas /kánt/, /pέns/, /ménʃ́/, /mír/, /pɔ́z/, /telefón/, /púž/ para las raíces verbales y formular una regla o reglas que dé (n) cuenta de estas alternancias; es decir, tendremos que ampliar la regla (4), de tal manera que afecte también a /ɔ/ y /o/ (las vocales [i] y [u] tónicas no alternan).

$$(4) \quad \begin{Bmatrix} a \\ \varepsilon \\ e \end{Bmatrix} \rightarrow [\text{ə}] \ / \ \left[\frac{\quad\quad\quad}{-\text{acento}} \right]$$

$$(9) \quad \begin{Bmatrix} \text{ɔ} \\ \text{o} \end{Bmatrix} \rightarrow [\text{u}] \ / \ \left[\frac{\quad\quad\quad}{-\text{acento}} \right]$$

(4) y (9) no son sino la enunciación de las operaciones que la regla de reducción vocálica debe realizar, y deberíamos tratar de formularla por medio de rasgos fonológicos. Para ello, la matriz de rasgos que utilizaremos en la caracterización de las vocales catalanas aparece en (10):[2]

2.   Son numerosas las matrices de rasgos distintas que aparecen en la literatura, atribuidas al catalán. Adoptamos la presentada en Lleó (1970), adaptada a los rasgos de Chomsky y Halle (1968), en la que modificamos los valores para el rasgo [tenso]: la razón fundamental para considerar /e/ y /o/ [−tenso], a diferencia de Lleó (1970), es que [e] y [o] aparecen como vocales átonas, en ciertos casos marginales, mientras que [ε] y [ɔ] nunca lo hacen. Así, en las excepciones contextuales (ver Mascaró, 1978: 26ss) /ε/ y /e/ aparecen reducidas a [e] delante de [á] o de

(10)

	i	e	ɛ	a	u	o	ɔ	ə
alto	+	−	−	−	+	−	−	−
bajo	−	−	−	+	−	−	−	−
retraído	−	−	−	+	+	+	+	+
redondeado	−	−	−	−	+	+	+	−
tenso	−	+	+	−	+	−	+	·−

De acuerdo con (10), la regla de reducción vocálica puede ahora formularse de la manera siguiente:

$$(11) \quad \begin{bmatrix} -\text{consonante} \\ -\text{alto} \\ <+\text{redondeado}> \end{bmatrix} \rightarrow \begin{bmatrix} -\text{bajo} \\ +\text{retraído} \\ <-\text{alto}> \end{bmatrix} \Big/ \begin{bmatrix} \\ -\text{acento} \\ \end{bmatrix}$$

Por lo que ya hemos dicho en el capítulo 2 sobre convenciones, este esquema debe entenderse así: a) las vocales redondeadas, no altas se convierten en retraída alta (manteniendo los demás rasgos) en posición átona; esta regla corresponde a (9): es decir, da cuenta del cambio de /ɔ/ y /ó/ en [u]. b) Las restantes vocales no altas pasan a ser retraída, no baja, en posición átona; esta regla da cuenta de (4), es decir, del cambio de /á/, /ɛ́/ y /é/ en [ə]. (Ver el capítulo 2, pp. 64s y 76s para la interpretación de los paréntesis angulares, así como su relación con el «orden disyuntivo» de aplicación de las reglas.)

Esta solución, mediante la regla (11), es muy sencilla y da cuenta de todas las alternancias de (8); sin embargo, no cumple con la condición (B) sobre determinación de RS, ya que si atendemos al criterio estadístico, en la conjugación verbal son muchos más los casos en que el acento recae en la terminación que en la raíz verbal, por lo que es mayor el número de veces en que las raíces verbales aparecen con vocal reducida. Si decidiéramos considerar, según (B), las formas con vocal reducida como básicas, deberíamos marcar en el lexicón cuáles son las /ɛ/ básicas que aparecen como [á] en posición tónica, cuáles aparecen como [ɛ́] y cuáles como [é]; en el caso de las vocales redondeadas, tendríamos que marcar cuáles de las /u/ básicas aparecen como [ɔ], cuáles como [ó] y cuáles permanecen como [ú]. Así, una oposición claramente fonética —determinable en términos fonéticos, como es la presencia o ausencia de acento— debería sustituirse por una oposición no fonética, especificada en el lexicón como algo idiosincrásico de cada morfema.

En vista de que ninguna de las dos condiciones, (A) y (B), con que tratábamos de limitar el Principio (5) conduce a las soluciones más deseables, teniendo en cuenta criterios de simplicidad y el análisis interno de una lengua, podríamos relajar las condiciones para establecer el alomorfo básico,

[ə] procedente de /á/, p. ej. [kreá], [kunr̃eá], [teátrə], [r̃eəlitát]; y en las excepciones léxicas, [e] y [o] aparecen en posición átona, mientras que [ɛ] y [ɔ] no, p. ej., [klásẹ], [bátẹr], [sopráno], [bóstọn].

exigiendo simplemente que se escoja como forma básica aquélla de la que puede(n) derivarse la(s) otra(s) forma(s) mediante regla(s) justificable(s) independientemente. De este modo, podríamos conservar el Principio (5), reformulándolo con un poco más de precisión:

(12) Todas las propiedades fonológicas de la forma básica deben aparecer, por lo menos, en una manifestación fonética del morfema en cuestión, la cual constituye el *alternante básico* de dicho morfema.

Esta es la Condición de Alternancia tal como se exige, por ejemplo, en Vennemann (1974), y constituye la condición fundamental de la Fonología Generativa Natural. Sin embargo, incluso así de irrestricta, esta condición comportará problemas: p. ej., en catalán, las formas *foto* [fótu]~*fotògraf* [futɔ́grəf]~*fotogràfic* [futugráfik] han de tener como forma básica /fótɔ/, ya que sólo a partir de ella podemos predecir el tipo de vocal que aparece en las tres formas. Pero el principio (12) no nos permite establecer dicha forma básica, porque en ninguno de los alternantes aparecen las dos vocales realizadas como [o] y [ɔ]; esto se debe a que cada palabra tiene un solo acento fónico, y toda vocal átona se reduce en catalán mediante la regla (11). Una tal situación será típica de las lenguas con acento móvil y reducción vocálica (p. ej., el ruso).

Ante este tipo de dificultad, podemos tratar de relajar aún más la condición (12), no exigiendo que todos los segmentos de la forma básica deban aparecer *simultáneamente* en una de las manifestaciones fonéticas:

3.2. *Identidad entre los segmentos de la RS y de las RF sin simultaneidad*

Podemos tratar de someter la RS a la siguiente condición:

(13) Todos los segmentos de la RS deben aparecer realizados en las RF, pero no es necesario que aparezcan todos simultáneamente en una sola RF.

Según este principio, un segmento de la forma básica puede aparecer realizado en una de las formas alternantes y otro segmento en otra de las formas alternantes. (13) permite, por tanto, dar cuenta adecuadamente de la forma básica /fótɔ/: el segmento [o] aparece en *foto* [fótu] y el segmento [ɔ] en *fotògraf* [futɔ́grəf]. Así, las alternancias que, según acabamos de ver, planteaban un serio problema al principio (12) pueden resolverse satisfactoriamente por medio del principio (13).

Ahora bien, hemos de tener en cuenta que con (13) estamos ya saliendo de los análisis aceptados por la FGN y entramos en la FGT. La ampliación del criterio (12) al (13) ha sido propuesta, por ejemplo, por Schane (1974), pero nó es aceptada, en cambio, por Vennemann (1974), quien exige (12),· es decir, no sólo que todos los segmentos de la forma básica tengan su correlato fonético idéntico, sino que aparezcan juntos y en esa misma secuencia en alguna de las realizaciones fonéticas del morfema en cuestión. Sin embargo, tampoco (13) se ve exento de dificultades, como la que presentamos a continuación (los datos proceden del catalán):

Problema: Determinar cuál es el segmento consonántico bilabial que debe aparecer en la RS de las siguientes RF de (14a), teniendo también en cuenta los datos de (14b), y formular la(s) regla(s) fonológica(s) que permita(n) dar cuenta de la alternancia [p]~[b]. Indicar en qué sentido (14) tiende a validar (13) y en qué sentido tiende a invalidarlo. (De entre las diversas soluciones posibles, seleccionar aquélla que permita una mayor simplificación de la gramática.)

(14)

a.
[mɔ́plə]	«mueble»	[mubiliári]	«mobiliario»
[diáplə]	«diablo»	[diəbɔlik]	«diabólico»
[nóplə]	«noble»	[nubiliári]	«nobiliario»
[pusíplə]	«posible»	[pusibilitát]	«posibilidad»
[prubáplə]	«probable»	[prubəbilitát]	«probabilidad»
[əstáplə]	«estable»	[əstəbilitát]	«estabilidad»

b.
[múltiplə]	«múltiplo»	[multipliká]	«multiplicar»
[kwádruplə]	«cuádruplo»	[kwədrupliká]	«cuadriplicar»

Solución: Comparando (14a) y (14b), la mejor solución consistirá en introducir la consonante labial sonora en las formas básicas de (14a) y formular una regla que produzca el siguiente efecto de desonorización (ver Mascaró, 1978: 23s):

(15) $b \rightarrow p \: / \: \acute{V} \text{——— } 1$

La solución alternativa, mediante un proceso de sonorización, partiendo de formas básicas con la consonante labial sorda, tendría numerosas excepciones, como las de (14b), en que la /p/ de la segunda columna no se sonoriza a pesar de estar en un contexto equivalente al de la segunda columna de (14a); y tampoco serviría suponer que el factor decisivo para la sonorización en la segunda columna de (14a) es la posición intervocálica, dado que existen innumerables palabras con consonante sorda intervocálica en catalán: capilar «capilar», escrupolós «escrupuloso», taperera «alcaparra», etc.

Los datos de (14) muestran que el principio (13) es superior a (12) en el siguiente sentido: por lo que acabamos de decir, la pauta para establecer la forma básica nos la da la segunda columna, por lo que hace al rasgo de sonoridad de la consonante labial; pero las vocales de la RS deberán coincidir con las de la primera columna, ya que sólo ahí están en posición tónica (p. ej., la vocal que subyace a [mɔ̀plə]~[mubiliári] deberá ser [ɔ], mientras que la que subyace a [nóplə]~[nubiliári] deberá ser /o/, las cuales en posición átona se convertirán en [u], de acuerdo con la regla 11). Es decir, uno de los segmentos, la vocal, se determina a partir de la RF de la primera columna, debido a que ahí aparece acentuada, mientras que el otro segmento, la consonante, se determina a partir de la segunda columna, precisamente porque el acento no aparece en la vocal que precede a la consonante, ya que si la vocal anterior va acentuada, la consonante se somete a la regla (15), y no presenta su forma originaria. La condición (12) no nos hubiera permitido establecer las formas básicas deseadas.

Ahora bien, el principio (13) no nos permite la mejor solución, en el siguiente sentido: la regla (15), tal como la hemos formulado, supone partir de una consonante labial sonora *oclusiva*; pero todas las consonantes labiales de la segunda columna están realizadas como sonora *continua*. Por tanto, para realmente respetar el principio (13), deberíamos tomar las siguientes medidas: a) introducir /ƀ/, [+sonoro, +continuo], como uno de los segmentos subyacentes del catalán, lo cual sería ad-hoc, ya que no parece justificarse a partir de otros datos de la lengua. b) La regla que desonoriza la consonante sonora en el contexto indicado en (15) debería modificar dos rasgos en vez de uno: [sonoro] y [continuo]. Ambas consecuencias complican la gramática innecesariamente: es mucho más sencillo partir de formas básicas con /b/, [+sonoro, −continuo], de manera que la regla (15) sólo tenga que cambiar un rasgo, la sonoridad, puesto que para dar cuenta de la aparición de [ƀ], [+continuo], en la segunda columna, disponemos ya de la regla (3), la cual se aplicará automáticamente a estos casos. Esta solución, naturalmente, está en conflicto con el principio (13), pues el segmento /b/, [+sonoro, −continuo], subyacente, no aparece realizado como tal en ninguna RF, ya que los *rasgos* de /b/ aparecen *separadamente* en los datos: la primera columna nos proporciona el rasgo [−continuo], mientras que la segunda columna nos proporciona [+sonoro].

3.3. *Identidad de especificaciones entre la RS y las RF*

Con el fin de poder proporcionar la solución deseada a los datos de (14), deberíamos relajar aún más el principio que limita la determinación de RS:

(16) Todos los rasgos fonológicos incluidos en la RS de un morfema deben aparecer al menos en una de las manifestaciones fonéticas del segmento en cuestión, con el mismo valor que tiene en la RS, pero sin que sea necesario que todos los rasgos de un segmento aparezcan simultáneamente en una sola RF.

La condición (16) permite dar cuenta de problemas que se plantean al principio (13). Por ejemplo, como acabamos de decir, en el caso de la forma básica /mɔ́bl/, los rasgos de /b/ no aparecen realizados simultáneamente en ninguna de las manifestaciones fonéticas de ese segmento, pero sí aparecen por separado: la oclusividad de /b/ aparece en [mɔ́plə] y la sonoridad en [muƀiliári]. Ahora bien, hemos de tener en cuenta que aceptando (16) estamos de lleno en los análisis tildados de «abstraccionistas» por la FGN, estamos dentro de la FGT. Ya vimos que ni siquiera (13) era permitido por los análisis más estrictos de la FGN: Schane lo incorpora, pero otros fonólogos no (y posiblemente Schane no fuera considerado por algunos fonólogos de la FGN como perteneciente a esta escuela). Es natural, por tanto, que ninguna de las formulaciones de la FGN acepten (16) como criterio válido para la determinación de las formas básicas, dado que permite un grado mayor de abstracción (de la realidad fonética) que (13). Y sin embargo, (16) ha sido puesto en duda, también desde el otro extremo, por análisis «abstraccionistas», como p. ej. los de Kenstowicz y Kisseberth (1977), aunque ellos mismos reconocen que la evidencia presentada en contra de (16) no es del todo convincente. Nosotros creemos que (16) es una exigencia lo suficientemente laxa como para que pueda —y deba— imponerse en la determinación de las formas básicas.

Una advertencia final, antes de terminar esta sección 3. Hemos empezado presentando la condición más estricta posible sobre la relación entre RS y RF y ante diversos datos hemos visto que cada una de las condiciones propuestas debía relajarse en otra menos estricta. En principio, podríamos sugerir que la condición que debe imponerse en la determinación de las formas básicas debe ser lo más estricta posible, ya que esto conduce más fácilmente a soluciones unívocas. No obstante, estas condiciones no deberían considerarse principios generales inviolables. Si bien son deseables, ya que cuanto más estricta es una condición más se reduce la gama de soluciones compatibles con los datos, no pueden aplicarse rígidamente, sino que deben relajarse en el caso de que argumentos internos de la lengua en cuestión —ver la sección 4 abajo— entren en conflicto con ellas. Como conclusión, podemos decir que hay que aplicar la condición más estricta posible, mientras no haya argumentos en contra; en ese caso se aplica la siguiente, y así sucesivamente.

4. LA ARGUMENTACIÓN EN FAVOR DE LOS ANÁLISIS FONOLÓGICOS

Las conclusiones generales a que hemos llegado en este capítulo pueden fundamentarse en numerosos datos procedentes del comportamiento de los hablantes de cualquier lengua. Concretamente, hemos llegado a dos conclusiones esenciales: a) que la descripción fonológica de cualquier lengua está regida por reglas (fonológicas) y b) que estas reglas deben aplicarse a una «forma básica» más o menos abstracta, de la que se obtienen las diversas formas derivadas, hasta llegar, tras la aplicación de todas las reglas del componente fonológico, a la representación fonética. En apoyo de estas conclusiones tenemos lo que suelen considerarse «pruebas externas». Por otra parte, en la argumentación de la sección 3 a favor de un menor o mayor grado de abstracción de las RS, hemos recurrido a las llamadas «pruebas internas».

4.1. Pruebas externas

Las «pruebas externas» son manifestaciones del comportamiento lingüístico de los hablantes, que nos indican que estas conclusiones no son meras contrucciones inventadas por el lingüista, sino que están dotadas de cierta realidad psicológica. Las «pruebas externas» son de diversos tipos. Veamos algunos casos:

1) *Extensión de los procesos* hipotetizados por el lingüista a formas nuevas, no encontradas previamente por el/la hablante. Por ejemplo, supongamos que a un(a) hablante catalán(a) del dialecto barcelonés (no lingüista, para mayor seguridad) le damos palabras desconocidas para él/ella, como pueden ser: *fonema* [funémə], *morfema* [murfémə], *al·lomorf* [əlumɔrf], *hormona* [urmónə]. Aun en el caso de que el hablante medio haya oído previamente (alguna de) estas palabras, podemos estar bastante seguros de que no las habrá oído —y menos utilizado— en la forma diminutiva correspondiente: *fonemet, morfemet, al·lomorfet, hormoneta;* y, sin embargo, si a un(a) hablante cualquiera le pedimos que produzca estas formas diminutivas, no las pronunciará *[funɛmét], *[murfɛmét], *[əlumɔrfét], *[urmonétə], sino [funəmét], [murfəmét], [əlumurfét], [urmunétə], con la penúltima vocal de las tres primeras palabras y la antepenúltima vocal de la última palabra convertidas en [ə], [ə], [u] y [u], respectivamente. Esta pronunciación nos indica que, de alguna manera, el/la hablante aplica una regla de reducción vocálica —formulada más arriba como (11)— que convierte /ɛ/ átona en [ə] y /ɔ/, /o/ átonas en [u], ya que —bajo el supuesto de que estas palabras, especialmente el diminutivo, le son desconocidas— es imposible explicar las alternancias [é]~[ə], [ɔ́]~[u] y [ó]~[u] en términos de la memorización previa de los elementos del lexicón.

2) El conocido fenómeno del *«acento» extranjero*. Por ejemplo, es común que los catalanes que hablan castellano pronuncien *la*[z]*once, pue*[z]*eso, lo*[z]*hombres*, en vez de *la*[s]*once, pue*[s]*eso, lo*[s]*hombres*, que es la pronunciación castellana normal; es decir, en posición final de palabra aparece [z] sonora en vez de [s] sorda, si la palabra siguiente empieza por vocal. Esta pronunciación apunta hacia la existencia de una regla como (17),

$$(17) \quad [-\text{sonoro}] \rightarrow [+\text{sonoro}] / \begin{bmatrix} +\text{estridente} \\ \underline{\hspace{2cm}} \end{bmatrix} \# [-\text{conson}]$$

la cual aparece justificada a partir de la evidencia interna del catalán, ya que permite dar cuenta de los siguientes datos:

(18)

a.	*bra*[s]	«brazo»	pl.	*bra*[s]*os*	*bra*[z]*esculpit*	«b. esculpido»
	ca[s]	«caso»		*ca*[s]*os*	*ca*[z]*acabat*	«c. acabado»
	o[s]	«hueso»		*o*[s]*os*	*o*[z]*emblanquinat*	«h. blanqueado»
b.	*pei*[š]	«pescado»		*pei*[š]*os*	*pei*[ž]*i carn*	«p. y carne»
	matei[š]	«mismo»		*matei*[š]*os*	*matei*[ž]*home*	«m. hombre»
	despa[č]	«oficina»		*despa*[č]*os*	*despa*[ǰ]*espaiós*	«d. espacioso»
	fotògra[f]	«fotógrafo»	fem.	*fotògra*[f]*a*	*fotògra*[v]*artista*	«f. artista»

La forma básica de cada una de las piezas léxicas en cuestión debe terminar en consonante estridente sorda, según lo ponen en evidencia los plurales o el femenino de la 2.ª columna: en los singulares de la primera columna, la aparición de consonante sorda podría estar condicionada por la regla (1) de desonorización de consonantes finales. Por tanto, la consonante sonora en la tercera columna se justifica a partir de un proceso de sonorización, como el de la regla (17). Obsérvese que esta regla está formulada de manera más general de lo que los datos del «acento» catalán parecían justificar, pues la hemos hecho aplicable a todas las estridentes, no sólo a /s/. La razón para ello está en los datos de (18b): la sonorización en catalán no sólo se aplica a /s/, sino también a las otras estridentes, por ejemplo, /š/, /č/, /f/. Si la manifestación de la regla (17) es menos general en castellano, ello se debe a características propias del sistema fonológico de esta lengua, que no posee el fonema /š/ y nunca presenta los fonemas /č/ o /f/ en posición final de palabra. La regla, por tanto, no puede formularse a partir de la segunda lengua, sino de la primera, ya que el hablante catalán al hablar castellano utiliza solamente aquella parte de su regla que es aplicable a la estructura fonológica del castellano.

Para citar otro ejemplo, podríamos referirnos a la pronunciación de palabras inglesas, como *star* «estrella», *score* «punto, tanto», *Spain* «España» o alemanas como *Stück* «trozo», *schwach* «débil», *Spanien* «España», propia de muchos hispanoparlantes: éstos tienden a decir [e]*star*, [e]*score*, [e]*Spain*, [e]*Stück*, [e]*schwach*, [e]*Spanien*, pronunciación que corrobora la existencia de una regla como:

(19) $\emptyset \rightarrow e \; / \; \# \text{──── } sC$

La incorporación de esta regla a la gramática del castellano ha sido propuesta a partir de datos como: *escribir* vs. *transcribir, suscribir, inscribir*, etc. Según este análisis, la forma básica del morfema que significa «escribir» sería /skrib/, a la que se aplicaría una regla como (19) para dar cuenta de la pronunciación [eskribír] en posición inicial de palabra.[3]

3. Para dar cuenta de la pronunciación de palabras alemanas como *Stück, schwach, Spanien*, la regla tendría que referirse no sólo a la [s] inicial, sino también al sonido [š], ya que estas palabras empiezan por [š] en alemán; una solución posible consistiría en aplicar la regla (19) a

149

3) *Errores de pronunciación*. Por ejemplo, en la pronunciación [kásael-trabáŋxo], por *cansa el trabajo*, la aparición de [ŋ] delante de [x] —en lugar de la [n] ante [s], tal·como era de esperar— sólo puede explicarse mediante la aplicación de una regla de asimilación de la nasal al punto de articulación de la consonante siguiente (véase la regla 113 del capítulo 2), ya que la nasal desplazada era originariamente alveolar, no velar. La investigación de ciertos errores de pronunciación puede arrojar luz en el análisis fonológico de las lenguas; pero, desgraciadamente, en este campo está casi todo por hacer (los pocos errores consignados en la literatura psicolingüística proceden, en general, del inglés).

4) *Juegos lingüísticos*. Entre los niños de habla castellana, por ejemplo, es frecuente el siguiente juego: toda sílaba debe ir seguida de la consonante [p] más la repetición de la vocal de la sílaba en cuestión. Así, p. ej., la palabra *cosa* se pronuncia [koposapa]. Al aplicar este juego a palabras como *manzana* [manθána] o *tango* [táŋgo], la pronunciación resultante es [mampaθapanapa] y [tampagopo], respectivamente. Lo que nos interesa aquí es el punto de articulación de las consonantes nasales que cierran la primera sílaba: en ambos casos aparecen pronunciadas como bilabial [m], si bien la consonante originaria era [n̪] interdental en el primer caso y [ŋ] velar en el segundo. Esto apunta, nuevamente, en favor de la existencia de una regla de asimilación nasal, que funciona tanto en las formas originarias como en las derivadas mediante el juego, y que se aplica, seguramente, a la consonante nasal básica /n/ (véase el capítulo 7).

5) *Cambios lingüísticos*. Sin entrar a discutir ningún caso particular, esta prueba funciona, en general, en la siguiente dirección: si se puede mostrar que el cambio del segmento fonético X en Y es explicable sólo a partir del supuesto de que X no es sino el reflejo fonético del segmento subyacente Z, esto corroborará la dualidad de representación: RS ≠ RF.

Si bien estos datos externos sobre el comportamiento lingüístico fundamentan las conclusiones más generales sobre el tipo de análisis presentado en este capítulo —como la existencia de reglas fonológicas o la diferencia entre representación léxica y representación fonética— no aportan contenidos concretos: no permiten formular inequívocamente las reglas fonológicas, ni determinan unívocamente la distancia exacta entre RS y RF. De ahí que hayan surgido análisis tan dispares como los de la fonología generativa natural y la fonología generativa transformacional, a partir de datos equivalentes. Por ejemplo, si bien el «acento» extranjero de los hispanoparlantes al aprender inglés o alemán confirman la existencia de una regla como (19), estos datos no nos permiten determinar la ubicación exacta de dicha regla en el componente fonológico de la gramática castellana, ni tampoco la representación correcta de la forma básica correspondiente a alternancias del

---

todos los sonidos [+estridente]. Sin embargo, según acabamos de decir, es la lengua castellana la que determina la existencia de la regla en cuestión —y en castellano no existe el sonido [š]. En realidad, lo más normal es que los hispanoparlantes consideren esta consonante como [s], con lo que la pronunciación resultante más frecuente es [es]*tück,* [es]*wach,* [es]*panien.*

tipo *escribir* vs. *transcribir, suscribir, inscribir*, etc. Por eso es que estas alternancias han sugerido descripciones tan distintas como la de Harris (1969), que corresponde a grandes rasgos a la presentada arriba, y la de Hooper (1976), quien trata la regla (19) como condición de estructura silábica —no como proceso fonológico (ver el capítulo 3 arriba, § 3.2)— por lo que en su análisis la forma básica correspondiente es /eskrib/, con la /e/ incluida.

4.2. Pruebas internas

Ante los casos de multiplicidad de análisis compatibles con los datos, se suele recurrir a argumentos basados en «pruebas internas» de las lenguas —y así lo hemos hecho a lo largo de este capítulo, especialmente en la sección 3— que en última instancia son justificables a partir de criterios «metalingüísticos». Uno de los más utilizados es el *principio de simplicidad*, el cual adopta diversas formas, aunque no siempre explícitas, ya que a menudo funciona como mero supuesto teórico. Veamos, sucintamente y sin alardes de formalización, algunas de las formas que suele adoptar: a) De entre dos análisis que den cuenta de datos equivalentes, es preferible aquél que utilice menor número de reglas fonológicas y cuyas reglas estén formuladas de manera más sencilla (mediante menor número de rasgos fonológicos). b) Por otra parte, una formulación mediante reglas es preferible a otra mediante listas, ya que las reglas poseen un poder de generalización y predicción, del que carecen las listas. c) Otro principio al que hemos recurrido a menudo es el de las *alternancias morfofonológicas*, que obliga a relacionar mediante reglas aquellas formas que aparecen íntimamente relacionadas tanto por su proximidad fonética como por su significado común. De hecho, este principio responde también al criterio de simplicidad, ya que pretende simplificar el lexicón, introduciendo en él sólo una representación fonológica (la representación léxica o básica) para cada morfema. Este principio, combinado con (a) y (b), nos permite formular el principio de *derivacionabilidad*: d) de entre varios análisis posibles de las alternancias morfofonológicas, elegimos aquél que nos permite derivar las diversas representaciones fonéticas de la manera más simple.

A partir de (a), (c) y (d) se ha formulado el llamado principio del «viaje gratis» [*«free-ride» principle*], que es más controvertido que los anteriores (ver Schane, 1974): e) Si a partir de determinadas alternancias morfofonológicas se justifica la existencia de ciertos segmentos subyacentes y reglas fonológicas, estos mismos segmentos y reglas pueden utilizarse en la descripción de formas no alternantes, en el caso de que un análisis distinto comportara la introducción de segmentos ad-hoc. Un caso en que (e) se ha utilizado es en la derivación de la vocal nasal del francés en formas como *repondre* [rəpɔ̃drə] a partir de la secuencia de Vocal + C nasal, a pesar de que esa forma no alterna con otra en que aparezca dicha secuencia; la razón que fundamenta este análisis es la existencia en francés de numerosas formas alternantes, del tipo masc. *bon* [bɔ̃] ~ fem. *bonne* [bɔnə], las cuales justifi-can plenamente la derivación de las V nasales a partir de V oral + C nasal como un proceso general de la lengua. Tratar [rəpɔ̃drə] de manera distinta comportaría la introducción de vocales nasales subyacentes, lo cual redun-daría en una complicación innecesaria de la gramática. Nosotros mismos hemos argumentado a la manera de (e) en la solución al problema (14), al postular /b/ en lugar de /ƀ/ como segmento básico y justificarlo a partir de la existencia de la regla (3) de espirantización y el carácter ad-hoc de /ƀ/. Con respecto a (e) hay que tener en cuenta, sin embargo, que la versión más estricta de la Condición de Alternancia —tal como se formula en la FGN— impide su utilización, al exigir que se respete el principio (12), según el cual sólo los morfemas con alternancias pueden estar dotados de una RS distinta de RF.

Por último, una advertencia sobre el principio (c) de alternancia morfo-fonológica: este principio se basa en una diferencia fundamental entre for-mas alternantes como las que hemos visto arriba —del tipo [sék]~ [ségə]~ [səgérə]~[ség]— claramente relacionadas fonéticamente, y otras como en castellano *ser*~era~*fui, bueno*~*mejor* o *voy*~*iba*~*fui*, de tipo supletivo, cuya relación fonética es nula. En el caso de las sustituciones supletivas, sería absurdo tratar de relacionar las formas fonéticas derivándolas de una única forma básica o léxica mediante reglas fonológicas, ya que esto supon-dría una enorme complicación del componente fonológico, además de que las reglas resultantes no serían en absoluto «naturales» (ver el capítulo 7); las reglas serían totalmente ad-hoc, ya que sólo nos servirían para relacionar estas formas y ningún otro conjunto de formas de la lengua en cuestión, y no harían sino duplicar otras reglas morfológicas que enuncian que el Imper-fecto de *ser* no es *seía* o *sía*, sino *era* y que su Indefinido no es *sí*, sino *fui*, etc. Sin embargo, entre estos dos extremos, el de las verdaderas alternancias y el de las pseudo-alternancias (o sustituciones supletivas), existen multitud de casos cuya relación fonética es demostrable desde un punto de vista dia-crónico, pero más difícil de probar sincrónicamente, y sobre las que los dos tipos de análisis a que nos hemos referido anteriormente —FGT y FGN— adoptan posiciones distintas. Por ejemplo, ¿deberían relacionarse en caste-llano parejas como *nadar*~*natación, padre*~*paterno* o *leche*~*lácteo*, en el sentido de que cada una de ellas se derive de una forma básica única? La respuesta a esta pregunta constituye una de las bases para la diferenciación entre la FGT y la FGN: la primera tiende a aceptar su relación como verda-deras alternancias y a derivarlas, por tanto, de una forma básica única, mientras que la segunda las trata en calidad de sustituciones puramente supletivas.

Esto quiere decir que, aparte de los casos claros que indicábamos antes, gran parte de los «alomorfos» de una lengua no conducen a una solución única en el problema de la determinación de su RS. La solución preferida dependerá de la posición teórica del lingüista, de los supuestos de los que parte. En este sentido, uno de los criterios esenciales de diferenciación entre las dos posiciones es su aceptación o rechazo de la llamada *opacidad*. Informalmente, podemos decir que un proceso es opaco (o una regla es opaca) si no es directamente inducible a partir de las formas fonéticas de la lengua en cuestión. En el caso de que sí sea inducible a partir de éstas, la regla es transparente. Con un poco más de rigor, la noción de «opacidad» puede formularse así:

(20)   Una regla X → Y / Z —— W es *opaca* si en la lengua existen representaciones fonéticas en las que aparece X en el contexto Z —— W.[4]

Por ejemplo, si tratamos de relacionar *nadar* con *natación* derivando a ambas formas de una única representación léxica con /t/ subyacente —como han hecho, p. ej., Foley (1965) y Harris (1969)— necesitaremos una regla que sonorice /t/ en ciertos contextos. Este análisis refleja el proceso histórico, pero desde un punto de vista sincrónico es opaco, ya que palabras como *matar, dotar, relatar* indican que hay muchas [t] que aparecen en el contexto en que la regla que produce *nadar* prediciría su conversión en [d]. En el otro extremo, la FGN trata estas alternancias como supletivas, al rechazar la formulación de reglas opacas. Más adelante veremos (en el capítulo 9) otras propuestas, por parte de la FGT, para dar cuenta de estos fenómenos, tratándolos como verdaderas alternancias, si bien con cierto carácter de excepcionalidad.

4.   En el capítulo 6 § 3.4.3, aparece una definición más completa de *opacidad*. Tal como la damos aquí nos basta a los efectos de ilustrar someramente a qué se refiere este concepto.

Capítulo seis

PROBLEMAS DE LA APLICACION DE LAS REGLAS

1. Introducción

En el capítulo anterior hemos establecido la conveniencia de incluir en la gramática más de un nivel de representación fonológica y de relacionar estos niveles mediante reglas fonológicas, y hemos introducido algunos criterios que nos permitan determinar uno de esos niveles, el de la RS. En este capítulo examinaremos el problema de la derivación de RF a partir de RS, mediante la aplicación de las reglas fonológicas. Es decir, la pregunta fundamental que se nos plantea ahora es ¿cómo hay que aplicar las reglas fonológicas a RS para obtener RF? Esta pregunta general puede desglosarse en diversas preguntas particulares, como las siguientes:

A) Suponiendo que una regla sea aplicable a distintos puntos de una cadena de entrada, ¿hay que hacer todas las aplicaciones simultáneamente o no?

B) ¿Puede una regla aplicarse más de una vez a una cadena dada? Es decir, ¿puede una regla aplicarse a su propia cadena de salida?

C) ¿Hay que aplicar todas las reglas simultáneamente o secuencialmente, es decir, todas a la vez o una tras otra?

D) En caso de que las reglas se apliquen secuencialmente, ¿hay que aplicarlas en un orden determinado o es la secuencia de aplicación arbitraria?

E) En el caso de que las reglas se apliquen ordenadamente, ¿cómo se establece este orden? ¿por parejas de reglas? ¿en una secuencia lineal? etc.

F) ¿Puede una regla tener acceso a más de un nivel fonológico de representación o tiene que limitarse a la información presente en el nivel al cual se aplica?

G) ¿Puede una regla crear o destruir las condiciones para la aplicación de otra regla, o bien hay independencia en la aplicación de las diversas reglas?

Dada esta multiplicidad de preguntas interrelacionadas, es evidente que nuestra pregunta original no tiene una única respuesta. De hecho, en estos últimos diez años, las respuestas que se han dado al problema de la aplicación de las reglas han sido muy variadas y polémicas. Los puntos en discordia son muchos, pero hay un criterio rector alrededor del cual se ha establecido la polémica, y que utilizaremos al presentar las diferentes posiciones teóricas: el grado de restricción impuesto a la teoría fonológica.

Naturalmente, cuanto más fuertes o restrictivas formulemos las hipótesis de la teoría lingüística general, más cerca nos hallaremos de descubrir las características generales del lenguaje. Por otra parte, cuanto más fuerte es una hipótesis también es más fácilmente falsable. Sin embargo, las hipótesis no son equiparables en cuanto al alcance de datos de que dan cuenta; en general, puede decirse que cuanto más fuerte o restrictiva es una hipótesis menos poderosa es, entendiendo por «poder» la capacidad de generar y describir lenguajes.

A continuación, examinaremos las hipótesis más importantes que se han formulado en el intento de dar respuesta a las preguntas (A)-(G) desde las más restrictivas o fuertes a las menos restrictivas o débiles. Veremos que el grado de restricción impuesto a la teoría al elaborar dichas respuestas no es en absoluto independiente del grado de restricción impuesto al resolver el problema de determinar la RS, que hemos examinado en el capítulo anterior: aquellas hipótesis que imponían mayores restricciones a los grados de abstracción al determinar la RS —como las de la FGN— se corresponden con las hipótesis que imponen mayores restricciones a la hora de determinar la manera de aplicar las reglas para derivar la RF.

2. APLICACIÓN DE UNA REGLA

2.1. *Aplicación simultánea*

La hipótesis más fuerte referida a la manera de aplicar cada regla en particular es la de la simultaneidad absoluta, formulada por Chomsky y Halle (1968: 344): «Para aplicar una regla, se examina toda la cadena en busca de segmentos que satisfagan las constricciones contextuales de la regla; después de que todos los segmentos en cuestión se han identificado en la cadena, los cambios exigidos por la regla se aplican simultáneamente». Esta hipótesis supone que la aplicabilidad de una regla se define en un solo nivel, por lo que la aplicación de una regla no puede influir en la aplicación de esa misma regla en otros puntos de la cadena de entrada; es decir, la aplicación de una regla en un punto de la cadena no puede crear ni destruir las condiciones de aplicación de esa misma regla en otros puntos de la cadena de entrada. Una manera de mostrar la insuficiencia de esta hipótesis consistirá, por tanto, en probar que existen datos en ciertas lenguas que exigen una interrelación entre las diversas aplicaciones de una misma regla a una cadena de entrada. Uno de los múltiples ejemplos en esta dirección proviene del francés (véase Dell, 1973, 2.ª parte y Anderson, 1974, cap. 13).

En francés se puede elidir optativamente un schwa [ə] que aparezca en la primera sílaba de una palabra, precedido por una sola Consonante, si la palabra anterior termina en vocal; por ejemplo, el sintagma *tu devenais* /tü#dəvənɛ/, puede pronunciarse [tüdvnɛ], si se elige aplicar la regla de elisión de [ə]; también puede pronunciarse [tüdəvnɛ], lo cual indica que [ə] puede también elidirse en otra sílaba no inicial, pero con ciertas restricciones, ya que la pronunciación *[tüdvnɛ] sería incorrecta. Podríamos tratar de formular esa regla de elisión de [ə] así:

(1) ə ⟶ ∅ / [+silábico] (#) C ——————

que, como ya sabemos por lo dicho en el capítulo 2 § 5.2, es una abreviación de las dos reglas:

(1) a. ə ⟶ ∅ / [+silábico] # C ——————
     b. ə ⟶ ∅ / [+silábico] C ——————

Dada la no gramaticalidad de * [tüdvnɛ], estas reglas no pueden aplicarse ambas al mismo tiempo; es evidente que la aplicabilidad de (1b) depende de si se elige aplicar (1a) o no. En el caso de que elijamos aplicar (1a) —recuérdese que hemos dicho que es optativa—, (1b) no debe aplicarse, mientras que si elegimos no aplicar (1a), (1b) ha de aplicarse obligatoriamente. Tenemos, por tanto, un primer caso de una regla, (1), la aplicación de la cual en un punto de la cadena condiciona la aplicación de esa misma regla en otro punto, por lo que una aplicación simultánea podría dar resultados incorrectos. Sin embargo, dadas las características de (1), por consistir en un esquema de reglas que resume dos procesos, (1a) y (1b), podría argüirse que se trata de dos reglas, e intentar resolver el problema introduciendo algún tipo de condición que las interrelacione: (1a) es optativa y (1b) es obligatoria en caso de que (1a) no se haya aplicado, pero inaplicable en caso de que sí se haya aplicado (1a).

El problema insalvable dentro de la hipótesis de simultaneidad surge cuando una sola de las reglas, en este caso (1a), es aplicable en diferentes puntos de la cadena de entrada, como por ejemplo si se encuentran varias partículas juntas. Consideremos la cadena *...voudrais que ce que le bedeau...* [querría que lo que el sacristán], la cual, a partir de la forma básica:

(2) /...vudrɛ#kə#sə#kə# lə#bədo.../
         1   2   3   4   5

(en la que hemos numerado los segmentos susceptibles de someterse a la aplicación de (1a), para facilitar la referencia a esas vocales) tiene diversas alternativas de pronunciación:

[vudrɛksəkələbədo], [vudrɛkəskələbədo], [vudrɛkəsəkləbədo], [vudrɛkəsəkəlbədo], [vudrɛkəsəkələbdo], [vudrɛksəkəlbədo], etc., de entre las cuales unas son más probables que otras. Lo importante, sin embargo, es que hay pronunciaciones que son incorrectas, pero que la aplicación simultánea de (1a) puede producir: [vudrɛkskələbədo], [vudrɛkəsklələbədo], [vudrɛksklələbədo], etc. Es decir, la regla puede aplicarse a una, a dos o a tres vocales, tal como se indica en la siguiente tabla, en la que la elisión de la vocal correspondiente se representa mediante Ø:

(3)   vocal:

	1	2	3	4	5
	ə	ə	ə	ə	ə
	Ø	ə	ə	ə	ə
	ə	Ø	ə	ə	ə
	ə	ə	Ø	ə	ə
	ə	ə	ə	Ø	ə
	ə	ə	ə	ə	Ø
	Ø	ə	Ø	ə	ə
	Ø	ə	ə	Ø	ə
	Ø	ə	ə	ə	Ø
	ə	Ø	ə	Ø	ə
	ə	Ø	ə	ə	Ø
	ə	ə	Ø	ə	Ø
	Ø	ə	Ø	ə	Ø

La tabla (3) pone de manifiesto que la regla (1a) no puede aplicarse a vocales consecutivas. Ahora bien, la aplicación simultánea de (1a) puede generar todas las formas correctas, pero el problema es que es incapaz de excluir las incorrectas, ya que no permite la interdependencia entre diversas aplicaciones de una misma regla, y lo que sucede en este ejemplo es que si la regla se aplica a una vocal, no debe aplicarse a la siguiente, pero sí puede aplicarse a la subsiguiente y así sucesivamente. Por tanto, necesitamos algún mecanismo que permita establecer la interdependencia entre las diversas aplicaciones de una misma regla, y la aplicación indiscriminada simultánea de las reglas no constituye tal mecanismo.

2.2. *Aplicación iterativa*

Por otra parte, la observación de que hay reglas que tienen que ser capaces de aplicarse a la cadena de salida producida por la propia regla ha sugerido la modificación de la hipótesis anterior, en el sentido de permitir la reaplicación de una misma regla en el caso de que su DE (descripción estructural) vuelva a satisfacerse, aun después de aplicada. Se trata del «Principio Iterativo» que aplica una regla simultáneamente a todos los puntos de la cadena de entrada que satisfagan la DE de la regla —como en la hipótesis que acabamos de ver— y que a continuación permite su reaplicación, en caso de que vuelva a haber puntos en los que la DE de la regla se satisfaga, y así sucesivamente, hasta que ya no haya más reaplicaciones posibles.

Esta segunda hipótesis, al igual que la anterior, es demasiado restrictiva. Por ejemplo, en la lengua tonkawa (véase Kenstowicz y Kisseberth, 1977, cap. 3 y cap. 5) hay una regla que, en la segunda sílaba de una palabra, elide una vocal corta y convierte una vocal larga en corta, con la condición de que no dé lugar a grupos de tres consonantes (CCC) o de dos consonantes la primera de las cuales sea glotalizada (C C). Si se consideran las vocales largas como geminadas, la regla podrá formularse como regla de elisión de vocal corta, en determinados contextos:

(4) $V \rightarrow \emptyset$ / # CVC ——— condiciones adicionales

Esta regla producirá [we-nat-oʔ] a partir de /we-naat-oʔ/, así como [we-ntale-n-oʔ] a partir de /we-netale-n-oʔ/. Sin embargo, si se permite que esta regla sea reaplicable a su propia salida, no podrá impedirse que se vuelva a aplicar a la primera forma, [we-nat-oʔ], dado que satisface a su vez la DE de la regla (4), con lo que se produciría la secuencia incorrecta * [we-nt-oʔ]. En realidad, para dar cuenta de este fenómeno de la lengua tonkawa, sería suficiente la primera hipótesis, el «Principio de simultaneidad», sin la modificación que acabamos de introducir. Pero como ya hemos visto que dicha hipótesis presentaba dificultades por razones distintas, ni uno ni otro principio serán suficientes para dar cuenta de todos los datos presentados.

En realidad, la primera hipótesis es demasiado restrictiva porque *nunca* permite que una regla se aplique a su propia salida, y la segunda hipótesis es demasiado restrictiva porque obliga a que una regla sea *siempre* capaz de volverse a aplicar a su propia salida, pero en las lenguas naturales se dan ambos casos: reglas que deben aplicarse de nuevo a su propia salida y reglas que no pueden volverse a aplicar. Todo ejemplo que muestre la necesidad de reaplicación de una regla a su propia salida será una prueba en contra de la primera hipótesis de simultaneidad y todo ejemplo que muestre la necesidad de *no* volver a aplicar una regla a su propia salida constituirá una prueba en contra de la segunda hipótesis de aplicación iterativa.

Para dar cuenta de estos casos, así como de la interrelación entre diversas aplicaciones de una regla (como en el ejemplo del francés visto arriba), se ha propuesto una hipótesis menos restrictiva que las anteriores, y con más capacidad de generación, ya que trata de superar las insuficiencias de ambas hipótesis. Se trata de un Principio de iteración dirigida (ver Johnson, 1971 y Morin y Friedman, 1971), que es en realidad una versión más débil del Principio de iteración, y que permite controlar la reaplicación de una regla. Este Principio enuncia que la aplicación de una regla a la cadena de entrada se efectúa iterativamente de izquierda a derecha o iterativamente de derecha a izquierda. Esto significa que toda regla deberá ir marcada para su posible reaplicación hacia la derecha o hacia la izquierda. Es en este sentido que se trata de una hipótesis menos restringida, ya que la teoría lingüística general no predetermina el modo de aplicación de las reglas en una dirección u otra, sino que ello se define idiosincrásicamente para cada regla en cada lengua determinada.

Veamos cómo esta hipótesis puede dar cuenta de los casos que presentaban dificultades para cada una de las hipótesis consideradas previamente. En el caso de la lengua tonkawa, para evitar la reaplicación de la regla (4) de elisión vocálica a la forma derivada [we-nat-o?] bastará con hacer que dicha regla sea aplicable de derecha a izquierda. Así, a partir de la forma /we-naat-o?/ se derivará la forma [we-nat-o?] por elisión de la primera parte de la vocal larga, ya que es la segunda vocal de la palabra (la segunda parte de esa vocal no puede elidirse, por no ser la segunda vocal de la palabra, sino la tercera); a continuación la regla no puede volver a aplicarse , ya que tiene que ir avanzando de derecha a izquierda y la segunda parte de la vocal larga no recibirá su reaplicación, puesto que se ha quedado atrás en el avance de la regla y ya ha sido sometida a inspección.

Por otra parte, en un caso como el del francés, se estipulará que la regla de Elisión optativa de [ə] ha de aplicarse de izquierda a derecha. Recuérdese que esa regla es la (1a), la cual enuncia la elisión de [ə] en la primera sílaba de la palabra, con la condición de que el segmento final de la palabra anterior sea [+silábico]; pues bien, si aplicamos dicha regla a la forma (2) /vudrɛ# kə# sə# kə# lə# bədo.../ y elidimos, por ejemplo el [ə] 2, con el resultado [vudrɛkəskələbədo], la regla no podrá ahora elidir el [ə] 3, ya que este [ə] no cumple con la condición indicada en la DE de la regla, por ir precedido de un grupo consonántico [sk] y no del segmento [+silábico] que exige la regla. A continuación, la regla sí podrá aplicarse al [ə] 4, con lo que resultaría la forma [vudrɛkəskəlbədo], la cual es perfectamente normal. Por tanto, este principio de aplicación dirigida, que en este caso funcionará de izquierda a derecha, impedirá la aplicación de la regla de Elisión de [ə] a dos schwas consecutivos, que era precisamente lo que se trataba de evitar.

Este principio ha sido aceptado por muchos fonólogos generativistas. Anderson (1974), sin embargo, ha propuesto otro principio que es, en gran medida, equivalente, puesto que permite dar cuenta de prácticamente los mismos datos. El Principio de Anderson, en lugar de marcar cada regla con la dirección de aplicación, especifica para cada regla idiosincrásicamente si puede o no aplicarse a su propia salida. Con ello, puede darse cuenta tanto de los casos de posible reaplicación, como de los casos de no reaplicación. Para casos como el del francés, el principio de Anderson tiene que estar dotado de un algoritmo adicional que permita la reaplicación en unos casos y la no reaplicación en otros, es decir, que permita la reaplicación sólo en vocales alternas. No entraremos en los detalles de dicho algoritmo por ser algo complicado (el lector o lectora lo encontrará en Anderson, 1974, cap. 13), y por tratarse, como hemos dicho, de una propuesta equivalente, en cuanto a fuerza de la hipótesis, a la que acabamos de ver: en ambos casos se relega el modo de aplicación de las reglas a las gramáticas particulares.

Problema: En hidatsa, hay una regla que en posición final de palabra elide una vocal breve y convierte una vocal larga en breve, como las siguientes formas del pasado y del imperativo ilustran:

(5)   [cixi-c]   [cix]   «saltar»
       [ika:-c]   [ika]   «mirar»
       [kikua-c]   [kiku]   «poner una trampa»

a) Considerando que las raíces verbales son /cixi/, /ika:/ y /kikua/, y representando las vocales largas (V:) como geminadas —igual que hicimos en el ejemplo del tonkawa— formular la regla que dé cuenta de las formas de la segunda columna. b) Indicar con cuál de las dos hipótesis iniciales que hemos discutido —la de Aplicación Simultánea o la Iterativa— estaría de acuerdo esta regla y por qué. c) Si adoptamos el Principio de Iteración dirigida, ¿debe aplicarse esta regla de izquierda a derecha o de derecha a izquierda?

Solución: a) La regla puede formularse así:

(6)   V → Ø / ———— #

b) Teniendo en cuenta que, según la sugerencia hecha arriba, representaríamos las formas básicas de las raíces verbales como /cixi # /, /ikaa # / y /kikua # /, esta regla puede funcionar por el principio de aplicación simultánea, dado que ha de aplicarse una sola vez por palabra. El principio iterativo, en cambio, daría resultados incorrectos, porque la primera aplicación de la regla a las formas básicas produciría [cix #], [ika #], [kiku #] y a continuación las formas [ika #], [kiku #], por acabar en vocal, satisfarían nuevamente la DE de la regla, con lo que tras la segunda aplicación de la misma se obtendrían las formas incorrectas: *[ik] y *[kik]. c) La regla de Apócope tiene que aplicarse de izquierda a derecha. Veamos, por ejemplo, cómo funcionaría la derivación a partir de la forma /kikua #/: se inspeccionan los segmentos primero, segundo, tercero y cuarto, a los que la regla (6) no puede aplicarse, ya que no son vocales finales. Al llegar al quinto segmento, la regla lo elidirá, por satisfacer su DE, con lo que surge la forma [kiku #]. A continuación, la regla ya no podrá aplicarse a la [u] final, porque este segmento ya ha sido inspeccionado anteriormente, y no puede volverse atrás, puesto que avanzamos de izquierda a derecha.

Problema: En yakut (lengua turquesca de Siberia), todas las vocales de una palabra coinciden en el rasgo [retraído]. Consiguientemente, los sufijos tienen distintos alomorfos, según la vocal de la raíz, como puede verse a continuación ([aga] significa «padre» y [bie] «madre»):

(7)

	singular	plural	singular	plural
nominativo	[aga]	[agalar]	[bie]	[bieler]
dativo	[agaga]	[agalarga]	[biege]	[bielerge]
comparativo	[agataagar]	[agalardaagar]	[bieteeger]	[bielerdeeger]

(Hay otros procesos morfofonémicos ejemplificados en estos datos, que no nos atañen aquí: en posición intervocálica /g/ se convierte en la fricativa [g] y /t/ en la sonora [d]).

a) Suponiendo que las formas básicas de los sufijos de plural, dativo y comparativo son /lar/, /ga/ y /taagar/ respectivamente, formular la regla de armonía vocálica. b) Indicar con cuál de las dos hipótesis —de Aplicación Simultánea o Iterativa— estaría de acuerdo esta regla. c) Si adoptamos el Principio de Iteración dirigida, ¿debe aplicarse de izquierda a derecha o de derecha a izquierda?

Solución: a) La regla puede formularse así:

$$(8) \quad V \rightarrow [-\text{retraído}] \ / \ \begin{bmatrix} V \\ -\text{retraído} \end{bmatrix} C_0 \ \underline{\qquad}$$

b) Esta regla debería aplicarse por el Principio Iterativo, porque a partir de una forma subyacente como /bie-lar-ga/, una aplicación de la regla de armonía vocálica producirá [bie-ler-ga], y la regla tiene que volver a aplicarse a la última vocal, para producir la forma correcta [bielerge]. Es decir, una aplicación de la regla condiciona una nueva aplicación. c) La reaplicación tiene que avanzar de izquierda a derecha. Una forma como [bielerdeeger] a partir de /bie-lar-taa-gar/ muestra que la armonía vocálica en yakut se extiende hacia la derecha hasta el final de la palabra, independientemente del número de vocales que ésta contenga.

3. Aplicación de varias reglas

3.1. *Hipótesis sobre la modalidad de aplicación*

3.1.1. Aplicación simultánea

La respuesta más restrictiva a la pregunta (C) del comienzo de este capítulo es la *hipótesis de la simultaneidad absoluta*, según la cual, todas las reglas fonológicas se aplican directamente a las formas subyacentes o RS. Esto supone que todas las reglas se aplican al mismo tiempo y que, por tanto, la respuesta a la pregunta (G) es negativa: una regla no puede crear ni destruir las condiciones de aplicación de otra regla. Una vez admitida la necesidad de introducir algún otro nivel además del de la RF —cosa que hemos discutido en el capítulo anterior— esta hipótesis es la que más restringe la admisión de niveles en la gramática, puesto que los limita a dos: el de la RS, al que se aplican directamente todas las reglas, y el de la RF, que es el resultado de esa aplicación.

Es fácil probar que esta hipótesis de «proyección directa», como se la ha llamado también en la literatura (ver, por ejemplo, Kenstowicz y Kisseberth, 1977), es insuficiente para dar cuenta de la estructura fonológica de cualquier lengua. Daremos un ejemplo del castellano —basado en el análisis de Harris (1971)— y otro del inglés.

a) Tanto en la Península, como en Latinoamérica, son normales las siguientes alternancias: *h*[e]*lar, h*[e]*lada* / *h*[yé]*lo, h*[e]*rbicida, h*[e]*rbívoro* / *h*[yé]*rba* o [yé]*rba,* [e]*rrar* / [yé]*rro, h*[e]*ndir* o *h*[e]*nder* / *h*[yé]*ndo*, las cuales sugieren una regla que convierta la /é/ (*e* acentuada) en [yé] en posición inicial de palabra. Sin embargo, la [e] átona alterna con el diptongo [i̯é] —semiconsonante [i̯] seguida de [é] acentuada— en contextos diversos: *def*[e]*nder* / *def*[i̯é]*nde, qu*[e]*rer* / *qu*[i̯é]*re, t*[e]*ner* / *t*[i̯é]*ne*, etc., por lo que la pronunciación [yé] de las alternancias anteriores puede considerarse condicionada por la posición de ese diptongo en posición inicial de palabra, dado que existen también formas del tipo [yé]*ma,* [yé]*so,* [yá]*te,* [yú]*go,* etc.: estas formas parecen indicar que hay un proceso automático de consonantización de la [i̯] semiconsonante en posición inicial de palabra. Podríamos, por tanto, dar cuenta de estos datos mediante las dos reglas siguientes:[1]

(9) Diptongación: é → i̯é   bajo ciertas condiciones

(10) Consonantización: i̯ → y / # ——

Para derivar *def*[i̯é]*nde* a partir de la forma básica *def*/é/*nde* aplicaremos simplemente la regla (9) y para obtener [yé]*ma* aplicaremos la regla (10) a una forma como /i̯é/*ma*. Ahora bien, para obtener *h*[yé]*lo* a partir de la forma básica *h*/é/*lo* tendremos que aplicar las dos reglas en la secuencia arriba indicada: primero Diptongación, la cual producirá *h*[i̯é]*lo*, y luego aplicaremos Consonantización a esta forma derivada, con lo que obtendremos la forma fonética *h*[yé]*lo*. Nótese que *h*[yé]*lo* no se puede obtener a partir de *h*/é/*lo,* mediante la aplicación simultánea de las dos reglas, ya que la regla (10) es sólo aplicable tras la aplicación de la regla (9): es la regla (9) la que crea las condiciones para que la regla (10) sea aplicable. Por tanto, dentro de la hipótesis de simultaneidad absoluta, no se puede dar cuenta de estos datos mediante un análisis basado en las reglas (9) y (10), como el que acabamos de ver.

Naturalmente, podríamos tratar de salvar la hipótesis y sustituir nuestro análisis por otro: en este caso, deberíamos formular dos reglas de Diptongación, una que cambie /é/ en [yé] en posición inicial de palabra y otra que tenga los efectos de (9), pero limitada a otras posiciones, por ejemplo, detrás

1.   La regla (9) no es desde luego tan general como aquí se formula, ya que hay muchas [e] que no alternan con [i̯é] en castellano. En el capítulo nueve trataremos de este tipo de problema y sus posibles soluciones.

de Consonante. Si bien este análisis es posible, nos obliga a desdoblar el proceso de diptongación en dos, con lo que, en primer lugar, se complica la descripción y, en segundo lugar, se pretende que no hay relación entre la alternancia *defender* / *defiende,* por una parte, y *helar* / *hielo,* por otra; además, este análisis supone que la pronunciación consonántica de [y] inicial en *hielo* no está en absoluto relacionada con la pronunciación consonántica de [y] inicial en *yema*, ya que la primera se derivaría mediante Diptongación y la segunda mediante Consonantización. Aunque sería conveniente buscar datos empíricos que tendieran a probar la superioridad de una de estas descripciones sobre la otra, de entrada el primer análisis parece superior al segundo.

b) Veamos otro ejemplo. La forma subyacente del plural en inglés es /z/, que se agrega a la raíz del sustantivo: por ejemplo, *bean* «judía», plural *beans* [bi^{y}nz], *answer* «respuesta», plural *answers* [ænsərẓ], *bug* «insecto», plural *bugs* [bəgz], *card* «carta», plural *cards* [k^{h}ardz], *key* «llave», plural *keys* [k^{h}i^{y}z]. Se dan, además, las dos variantes de plural siguientes: 1) si el sustantivo termina en consonante sorda, el plural aparece en [s] en vez de [z]: por ejemplo, *cop* «policía», plural *cops* [k^{h}ɔps], *chief* «jefe», plural *chiefs* [či^{y}fs], *sock* «calcetín», plural *socks* [sɔks]. 2) Si el sustantivo termina en consonante sibilante, /s,z,š,ž,č,ǰ/, se inserta una vocal [ɨ] delante de la consonante [z] del plural: por ejemplo, *boss* «jefe», plural *bosses* [bɔsɨz], *bush* «arbusto», plural *bushes* [bušɨz], *coach* «entrenador», plural *coaches* [k^{h}o^{w}čɨz], *fudge* «tontería», etc., plural *fudges* [fəǰɨz].

Por tanto, para dar cuenta de la formación del plural, necesitaremos dos reglas, que a grandes rasgos podrían formularse así:[2]

(11)   [+obstr] → [−sonora] / [−sonora] ———

(12)   ∅ → ɨ / [+estridente] ——— [+estridente]

La regla (11) desonoriza el sufijo de plural /z/ cuando va precedido de una consonante sorda, o sea que da cuenta de los casos de (1), mientras que la regla (12) introduce la vocal [ɨ] entre la consonante final del nombre y el sufijo de plural, para dar cuenta de los casos de (2). Ahora bien, hay que observar que los plurales de (2) aparecen siempre con [z], aun cuando la consonante final del sustantivo es sorda, como en *bosses* [bɔsɨz] o *bushes* [bušɨz]; esto significa que una forma como /bɔs + z/ o /buš + z/ satisface la DE tanto de la regla (11) como de la regla (12). La hipótesis de la simultaneidad absoluta predice la aplicación de ambas reglas a estas formas básicas, con lo que surgirían las formas incorrectas *[bɔsɨs] y *[bušɨs] con consonante final sorda. Para obtener las formas deseadas, [bɔsɨz] y [bušɨz], hemos

---

2.   Ambas reglas son sólo aplicables si las consonantes implicadas aparecen en la misma sílaba. No hacemos ninguna referencia a este hecho en la formulación de las reglas, ya que, según las convenciones vistas en el capítulo dos, la mención de linde silábico es necesaria sólo cuando la presencia del mismo es pertinente. En el capítulo 2 § 5.1, al hablar del linde silábico $, nos hemos referido también al proceso de inserción vocálica en el plural inglés.

de aplicar primero la regla (12) de Inserción vocálica, con lo cual resultan las formas derivadas [bɔsɨz] y [bušɨz], a las cuales ya no puede aplicarse la regla (11), ya que no satisfacen la DE para la desonorización.

En cuanto profundizamos un poco en la fonología de una lengua, nos damos cuenta de que se dan determinadas interrelaciones entre las reglas fonológicas. Son innumerables los ejemplos de lenguas discutidos en la bibliografía que muestran que hay interdependencia entre las diversas reglas (ver, por ejemplo, Kenstowicz y Kisseberth, 1977 o Anderson, 1974), ya sea porque una regla crea las condiciones para la aplicación de otra regla (ejemplo (a)), o porque una regla destruye las condiciones de aplicación de otra regla (ejemplo (b)). Estas dos posibilidades no agotan todos los casos de interrelación entre reglas (más adelante veremos otros), pero sí son los decisivos en mostrar la falta de poder de la hipótesis de simultaneidad.

3.1.2. Aplicación secuencial

Dado que, como hemos visto, hay que responder afirmativamente a nuestra pregunta originaria (G), la hipótesis de la simultaneidad absoluta es insostenible y, de hecho, ninguna de las diferentes teorías que se incluyen dentro de la Fonología Generativa la ha defendido a ultranza. Pero, dada esta interrelación entre las reglas, existe la posibilidad de formular otra hipótesis distinta, pero comparable en cuanto a su fuerza: se trata del *Principio de reaplicación libre*, según el cual, toda regla puede aplicarse libremente a la salida de cualquier otra regla. Es decir, las reglas se aplican secuencialmente, pero sin ningún tipo de restricción, en el sentido de que se aplican siempre que la cadena de entrada satisfaga las condiciones de aplicabilidad definidas en la Descripción Estructural de la regla en cuestión. Esto supone una serie de estadios intermedios o representaciones derivadas, hasta que se obtiene la RF, debido a que ninguna regla es ya aplicable.

Es posible que a primera vista parezca un contrasentido el decir, por una parte, que esta hipótesis es muy restrictiva y, por otra parte, permitir que las reglas se apliquen libremente, sin ningún tipo de restricción. Sin embargo esta «libertad» de aplicación es sólo aparente: las condiciones de aplicabilidad están totalmente restringidas internamente, a partir de la Descripción Estructural de cada regla; las reglas no pueden aplicarse arbitrariamente, sino sólo en el caso de que así lo defina la DE.

Para poder apreciar el poder de esta hipótesis, lo mejor será que tratemos de aplicarla a los análisis que acabamos de ver. En el caso de las reglas (9) y (10), no origina ningún problema, ya que permite aplicarlas tal como allí proponíamos: una forma básica como *h*|*éllo* recibirá primero la aplicación de la regla (9) y la forma derivada resultante, *h*[i̯é]*lo,* recibirá a continuación la aplicación de la regla (10), con lo que dará lugar a *h*[yé]*lo.* Por otra parte, en el caso de las reglas (11) y (12) que nos permitían dar cuenta de los plurales en inglés, sí habrá dificultades, según la secuencia de aplicación que elijamos: dado que una forma como /buš + z/ satisface la DE de ambas reglas, si aplicáramos primero la regla (11) de Desonorización, obtendríamos la forma [buš + s], la cual a su vez satisfaría la DE de la regla (12), mediante la aplicación de la cual surgiría la forma incorrecta *[bušis]. Para obtener los resultados deseados, la regla (12) debe aplicarse antes que la (11), tal como hemos dicho más arriba, pero la hipótesis de reaplicación libre no nos permite garantizar que las reglas se aplicarán en esta secuencia.

Como vemos, esta hipótesis es algo más poderosa que la anterior en tanto que permite dar cuenta de una de las posibles interrelaciones entre las reglas, como es la relación existente entre las reglas (9) y (10), es decir, entre reglas, una de las cuales crea las condiciones de aplicabilidad de la otra; pero es también restringida en tanto no puede tampoco dar cuenta de otras relaciones, como las de (b).

En realidad, la hipótesis de la simultaneidad no ha sido defendida seriamente en su versión más fuerte —la de la simultaneidad absoluta— por ninguna de las teorías de la Fonología Generativa; sí lo ha sido en una versión más debil, que combina la simultaneidad de la primera hipótesis con la secuencialidad de la segunda: por ejemplo, según Koutsoudas, Sanders y Noll (1974), las reglas se aplican secuencialmente, en aquellos casos en que una regla se hace aplicable gracias a la aplicación previa de otra regla; pero simultáneamente, en aquellos casos en que la aplicación de una regla destruiría las condiciones de aplicabilidad de otra (véase, más abajo, el Principio del aprovechamiento máximo de las reglas).

La hipótesis de la reaplicación libre ha sido defendida dentro de la FGN: véase Vennemann (1974) y Hooper (1976), quienes proponen una Constricción de No Ordenación [No-Ordering Constraint], consistente en aplicar las reglas secuencialmente, según sea definida su aplicabilidad en la DE, sin imponer ningún orden externo o extrínseco a las reglas. Naturalmente, respetando esta hipótesis es imposible dar cuenta de los datos del plural inglés, presentados en (b), mediante un análisis como el que hemos sugerido; ésta es precisamente la razón por la que la FGN defiende dicha hipótesis: porque limita la capacidad de las gramáticas o teoría lingüística general. El argumento básico es parecido al que hemos sugerido al final del capítulo anterior: la restricción impuesta por esta hipótesis impide formular descripciones «opacas».[3] Sin embargo, numerosos análisis de diversas lenguas del mundo parecen sugerir la necesidad de mayor laxitud. A continuación hablaremos de hipótesis menos restrictivas, que permiten que las reglas se apliquen en secuencias distintas, según lo requieran los datos de cada lengua.

3.2. *Relaciones entre las reglas*

Como acabamos de ver en § 3.1, pueden darse una serie de relaciones entre la aplicación de dos reglas distintas; estas relaciones suelen estable-

3. Véase también en este capítulo § 3.4.3.

cerse entre parejas de reglas. Tras el trabajo de Kiparsky (1968), que fue el primero en considerar las interacciones entre las reglas, se reconocen los siguientes tipos de relación.

3.2.1. Nutrición y antinutrición [*feeding* / *counter-feeding*]

Supongamos dos reglas A y B y una estructura de entrada E. Si E no satisface la Descripción Estructural de B, pero la estructura que resulta de aplicar A a E sí satisface las condiciones para la aplicación de B, se dice que A y B están en relación de *nutrición*; A nutre a B, es decir, es una regla nutridora con respecto a B y B es la regla nutrida. Si las reglas A y B se aplican en el orden que acabamos de indicar —la regla nutridora antes que la nutrida— se dice que el orden de aplicación es *nutridor*; pero si se impide esta relación de nutrición, de tal manera que se ordena la regla B antes de la regla A, el orden de aplicación es *antinutridor*.

Las reglas (9) y (10) arriba consideradas están en relación de nutrición, ya que la Diptongación de /é/ en [ié] crea las condiciones para la aplicación de Consonantización que convierte [ié] en [yé]. El orden de aplicación arriba utilizado, que convierte h/é*llo* en h[ié]*lo* mediante la regla (9) y a esta forma en h[yé]lo mediante la regla (10), es un orden de aplicación nutridor.

Un caso de orden antinutridor es el utilizado por Harris (1969) en el análisis siguiente. Para dar cuenta de alternancias como *opa*[k]*o* / *opa*[s]*idad*, *sue*[k]*o* / *Sue*[s]*ia*, *místi*[k]*o* / *misti*[s]*ismo*, *Costa Ri*[k]*a* / *costarri*[s]*ense*, *bel*[g]*a* / *Bél*[x]*ica*, *análo*[g]*o* / *analo*[x]*ía*, *conyu*[g]*al* / *cónyu*[x]*e*, *larin*[g]*os-copio* / *larin*[x]*e*, Harris propone la siguiente regla:[4]

$$(13) \quad \begin{Bmatrix} k \\ {}_1g \end{Bmatrix}_1 \rightarrow \begin{Bmatrix} s \\ {}_1{}^x \end{Bmatrix}_1 \quad / \underline{\hspace{2cm}} \begin{bmatrix} -\text{cons} \\ -\text{retr} \end{bmatrix} \quad \text{bajo ciertas condiciones}$$

Por otra parte, como existen muchas palabras en las que aparecen[k] y [g] ante vocal anterior, Harris (1969: cap. 5) hipotetiza las labiovelares /k^W/ o /g^W/ en la forma subyacente de dichas palabras; así, *que* se derivaría de la forma subyacente /k^{W}e/, *quejar* de /k^{W}ejar*, *quien* de /k^{W}lien*, *guerra* de /g^W*erra*, *águila* de *ál*g^W*ila*, etc., mediante una regla que deslabialice estas labiovelares cuando se encuentran ante vocal anterior; formas como *cuando*, *cual, tregua*, etc. muestran que la deslabialización no opera ante vocales no anteriores. Esta regla tendría, por tanto, el efecto siguiente:

4. Véase Harris (1969) o (1975b) cap. 3 § 3.3. Esta es una versión muy poco rigurosa de la regla, que Harris desarrolla luego en el cap. 6. Los subíndices sirven, simplemente, para relacionar cada segmento de entrada con el correspondiente de salida. Obsérvese que esta regla da cuenta de la pronunciación seseada, no ceceada, porque Harris describe la lengua de México. Una última observación: hemos sustituido la denominación del rasgo [post] por [retr], para hacerla consistente con nuestra nomenclatura.

(14) $$w \rightarrow \emptyset \ / \ \begin{bmatrix} +\text{obstr} \\ +\text{retr} \end{bmatrix} \underline{\hspace{2cm}} \begin{bmatrix} V \\ -\text{retr} \end{bmatrix}$$

Sin embargo, para que estas dos reglas produzcan los resultados deseados deben aplicarse en el orden (13)-(14), como enseguida se verá: estas dos reglas están potencialmente en relación de nutrición, en el sentido de que la regla (14) es potencialmente una regla nutridora de la regla (13); por tanto, si se aplicaran en orden nutridor, producirían formas incorrectas: a partir de una forma subyacente /k^w/e se obtendría [k]e mediante la aplicación de la regla (14), y esta forma satisfaría ahora la DE de la regla (13), con la aplicación de la cual obtendríamos *[s]e. Por tanto, para evitar esta derivación, Harris las introduce en la gramática en orden antinutridor:

(15) $\dfrac{/\text{k}^w/e}{[\text{k}]e}$ Regla (13): no es aplicable
                Regla (14)

3.2.2. Privación y antiprivación [*bleeding / counter-bleeding*]

Supongamos dos reglas A y B y una estructura fonológica de entrada E. Si E satisface la Descripción Estructural de *ambas* reglas, y si la aplicación de A a E da lugar a una estructura que ya no satisface las condiciones para la aplicación de B, se dice que A y B están en relación de *privación*. A es una regla privadora con respecto a B, y B es una regla privada. Si las reglas A y B se aplican en el orden que acabamos de indicar —primero la regla privadora antes que la regla privada— se dice que el orden de aplicación es *privador*; pero si se aplica primero la regla privada y luego la regla privadora, es decir, B antes que A, el orden de aplicación es antiprivador.

Las reglas (11) y (12) arriba consideradas están en relación de privación, · ya que ambas son aplicables a una forma subyacente /buš+z/, pero la aplicación de Inserción de [i] impide la ulterior aplicación de Desonorización. Este es precisamente el orden de aplicación sugerido arriba, la regla (12) antes que la (11), es decir, un orden privador.

Como ejemplo de orden antiprivador, veamos el análisis que hace Harris (1972) de ciertas formas verbales, como *protejo* o *proteja*; la raíz verbal que él les atribuye es /proteg-/ con /g/ final, la cual aparece ensordecida en palabras como *prote*[k]*ción, prote*[k]*tor*, etc. La vocal temática de un verbo de la segunda conjugación como *proteger* es /e/; por tanto, la forma de 1.ª pers. singular, *prote*[x]*o* se deriva de una forma básica /proteg+e+o/, que la regla (13) convierte en [protex+e+o], por Desvelarización de /g/ ante Vocal anterior. Por otra parte, hay una regla de Truncamiento, que elimina la Vocal temática, bajo las siguientes condiciones:

(16) $V \rightarrow \emptyset \ / \ + \underline{\hspace{1.5cm}} + V$

Esta regla convierte [protex+e+o] en la representación fonética [protexo]. Ahora bien, la representación subyacente /proteg+e+o/ satisface la DE tanto de la regla (13) de Desvelarización, como de la regla (16) de Truncamiento; si aplicáramos la regla (16) primero, la regla (13) ya no sería aplicable, puesto que la consonante /g/ iría seguida de la V posterior /o/ que no permitiría la Desvelarización. Esto quiere decir que estas dos reglas están en relación de privación. Por tanto, para obtener los resultados deseados, tenemos que aplicar las reglas en el orden de aplicación antiprivador:

(17)   /proteg+e+o/
        [protex+e+o]   Regla (13)
        [protex+o]   Regla (16)

3.3. *Relaciones e hipótesis*

Estamos en condiciones ahora de reconsiderar las preguntas (C) y (G) que planteábamos al comienzo de este capítulo, es decir, de ver las conexiones que existen entre las distintas hipótesis que hemos discutido en § 3.1 y las posibles relaciones que existen entre las distintas reglas de la gramática, tal como las acabamos de presentar.

La relación de *nutrición* es incompatible con la hipótesis de simultaneidad absoluta: así lo hemos visto en el ejemplo de las reglas (9) y (10). La regla (9) es nutridora y la regla (10) es la regla nutrida; por tanto, si tomamos una forma subyacente *h/éllo* sólo la regla (9) es aplicable. Por otra parte, la relación de nutrición, como ya hemos indicado en § 3.1, no plantea ningún problema a la hipótesis de reaplicación libre, ya que en ella las reglas se aplican secuencialmente, según van siendo aplicables.

La relación de *antinutrición* no plantea ningún problema, en cambio, a la hipótesis de simultaneidad, haciendo la salvedad de que en dicha hipótesis las reglas no se aplican en un «orden», por lo que no tendría sentido hablar de «orden de aplicación antinutridor»; pero sí podemos hablar de una relación antinutridora, si es que impedimos de alguna manera que la relación nutridora potencial se realice. La hipótesis de simultaneidad es precisamente un medio de impedirla. Tomemos el ejemplo de las reglas (13) y (14) que veíamos arriba. Como las reglas se aplican todas en un bloque, una forma o bien satisfará la DE de la regla de Desvelarización (13) o de la regla de Deslabialización (14), pero no de ambas a la vez, por lo que sólo una de las reglas podrá aplicarse, consiguiéndose por definición un tipo de aplicación antinutridor: p. ej. /k^W/e se convertiría en [k]e por la regla (14), mientras que *misti*[k]*ismo* se convertiría en *misti*[s]*ismo* por la regla (13). Es por estas mismas razones que la relación de antinutrición es incompatible, por otra parte, con la hipótesis de reaplicación libre, ya que no podría impedirse que [k]e, resultante de la aplicación de la regla (14), se sometiera a continuación a la aplicación de (13), dado que satisface la DE de esta regla, con lo que surgiría la forma incorrecta *[s]e.

También la relación de *privación* es incompatible con la hipótesis de simultaneidad. Como para que dos reglas estén en relación de privación, ambas deben ser aplicables, no habría manera de impedir que se aplicaran las dos simultáneamente. Tomemos, por ejemplo, las reglas (11) y (12) del inglés, vistas arriba, y una forma básica como /buš+z/: dado que tanto la regla (11) de Desonorización como la regla (12) de Inserción de [ɨ] son aplicables a esta forma, el resultado dentro de la hipótesis de simultaneidad sería la forma incorrecta *[bušɨs]. Por otra parte, la hipótesis de reaplicación libre también entraría en conflicto con la relación de privación: para que estas dos reglas se aplicaran a la forma /buš+z/ en relación de privación, tendrían que aplicarse en la secuencia: primero la regla (12), lo que hace a la regla (11) inaplicable; pero para asegurarnos de que éste es el orden en que se aplican, hay que estipularlo, con lo cual ya no estamos dentro de la hipótesis de reaplicación libre, sino que se trata de una reaplicación controlada, con un orden estipulado, que es lo que se llama «orden extrínseco».

La relación de *antiprivación* es compatible con la hipótesis de simultaneidad, dado que en dicha relación se aplican ambas reglas a la forma básica. Tomemos, por ejemplo, el caso de las reglas (13) de Desvelarización y (16) de Truncamiento, ambas aplicables a una forma como /proteg+e+o/: como queremos obtener el resultado [protexo], se aplican ambas reglas a la vez. En cambio, la hipótesis de reaplicación libre entraría también en conflicto con esta relación, como entraba en conflicto con la de privación: tendríamos que estipular que las reglas (13) y (16) tienen que aplicarse precisamente en este orden antiprivador, es decir, la regla (13) de Desvelarización antes que la (16) de Truncamiento de la vocal, para que ambas sean aplicables. Si no se estipula este orden, corremos el riesgo de que las reglas se apliquen en el orden inverso, es decir, primero la regla privadora (16), con lo que se produciría la forma [proteg+o], a la cual ya no podría aplicarse la regla privada (13), puesto que esta forma no satisface ya la DE de la regla. Pero, nuevamente, como decíamos respecto a la relación de privación, si hemos de estipular el orden de aplicación, ya no se trata de un Principio de reaplicación libre, sino de un Principio de aplicación controlada mediante «ordenación extrínseca».

Resumiendo, podemos decir que la hipótesis de simultaneidad absoluta solamente tiene la capacidad de dar cuenta de la relación de antiprivación, que reformulada dentro de esta hipótesis querría decir simplemente que una forma básica que satisface la DE de dos reglas, se somete a la aplicación de ambas a la vez.[5] Si bien, como acabamos de ver, dicha hipótesis no entra en conflicto con la relación de antinutrición, tampoco la plantea como tal rela-

5. En realidad, las relaciones entre las reglas, tal como las hemos presentado en esta sección, están formuladas desde una hipótesis de secuencialidad, y, concretamente, de ordenación extrínseca. Ello no es casual, ya que como estamos viendo, la hipótesis de simultaneidad no es capaz de establecer casi ninguna relación entre las reglas.

ción, ya que una forma básica o bien satisface la DE de una regla o bien satisface la de la otra regla, y no se establece ningún tipo de relación entre ambas (véase el ejemplo de las reglas (13) y (14)). Esta incapacidad para establecer relaciones entre reglas y para dar cuenta, por consiguiente, de la mayoría de datos que hemos planteado es lo que nos ha hecho abandonar la hipótesis de simultaneidad absoluta.

Ahora bien, si las reglas no pueden aplicarse simultáneamente, han de hacerlo secuencialmente, o bien en una combinación de ambas modalidades. Dentro de la aplicación secuencial libre, hemos visto que podíamos definir relaciones de nutrición solamente. Las relaciones restantes, de antinutrición, de privación y de antiprivación exigirían que se estipulara determinado orden de aplicación, con lo cual ya no tendríamos «aplicación libre», sino «controlada».

En conclusión, para dar cuenta de todas estas relaciones —las cuatro— tenemos que postular una hipótesis menos fuerte, de aplicación secuencial ordenada. Sin embargo, la ordenación no será igual para todas las relaciones, sino que tendremos dos tipos de ordenación: una que dará cuenta de la relación de nutrición y otra que dará cuenta de las tres relaciones restantes, antinutrición, privación y antiprivación. La primera se llama ordenación intrínseca y la segunda ordenación extrínseca.

3.4. *Ordenación intrínseca y ordenación extrínseca*

Ordenación intrínseca es aquella que se define a partir de la descripción estructural (DE) de las reglas. Se dice que las reglas están ordenadas intrínsecamente, si el único factor que determina su aplicación es la información contenida en la DE de las mismas. *Ordenación extrínseca* es la que se especifica independientemente de la DE de las reglas. Normalmente, se dice que las reglas están ordenadas extrínsecamente si alguna estipulación especial impide que una regla se aplique a una forma que satisface su DE (casos de antinutrición y privación) o especifica la secuencia de aplicación entre dos reglas que son ambas aplicables (caso de antiprivación).

Tal como apuntábamos al final del § 3.1, existen distintas tendencias dentro de la Fonología Generativa, que se caracterizan por el tipo de ordenación que permiten en la teoría lingüística. Por una parte, la Fonología Generativa Natural (FGN) sólo admite la ordenación intrínseca: una regla se aplica siempre que su DE se satisfaga; con ello, el único tipo de relación del que se quiere dar cuenta es la relación de nutrición. Todas las demás relaciones entre reglas quedan excluidas, por permitir análisis demasiado abstraccionistas. Tomemos, por ejemplo, la relación de antinutrición: según Hooper (1976: 59ss), el incluir en su teoría este orden de aplicación antinutridor entre las reglas (13) de Desvelarización y (14) de Deslabialización, permite a Harris un alto grado de abstracción, como es la hipotetización de los segmentos labiovelares /k^w/ y /g^w/ en el sistema fonológico del español. Por tanto, Hooper sostiene que todos los análisis hechos en términos de orden antinutridor deben volverse a analizar sobre otras bases. El orden antiprivador también queda excluido de la FGN porque permite descripciones demasiado abstraccionistas. El orden privador, si bien se considera que no adolece del abstraccionismo de los otros dos, se resuelve sobre otras bases.[6]

Por otra parte, la Fonología Generativa Transformacional (FGT), desde Halle (1962) y mayormente desde Chomsky y Halle (1968) en adelante, admite el Principio de ordenación extrínseca, con diferentes matices. Los argumentos que se han dado en favor de la ordenación extrínseca de las reglas son fundamentalmente de dos tipos: empíricos y formales. Desde un punto de vista empírico, se han presentado análisis de dialectos distintos, cuyas gramáticas contienen las mismas reglas, pero aplicadas en orden distinto; véase, p.ej., Halle (1962). Por otra parte, se han descrito ciertos cambios históricos como cambios en el orden de aplicación de las reglas; véase Kiparsky (1965). Desde un punto de vista formal, se ha argüido que las gramáticas pueden simplificarse de manera significativa, si se impone un orden de aplicación a las reglas; véase, p.ej., Halle (1962). Este último argumento, sin embargo, pierde valor, si se considera que a las estipulaciones de ordenación extrínseca, por ser enunciados propios de las gramáticas de las lenguas particulares, debe asignárseles un costo; por tanto, la simplificación que se consigue en la formulación de determinada regla, tiene su contrapeso en la necesidad de especificar un orden de aplicación.

El principio de ordenación extrínseca, aun cuando la mayoría de fonólogos lo admiten, es evidente que debilita mucho la hipótesis sobre la estructura fonológica de las lenguas, en el sentido de que deja a las gramáticas de las lenguas particulares la libertad de estipular el orden de aplicación de las reglas. Por ello, se ha intentado descubrir principios que regulen o restrinjan esa libertad de ordenación de las gramáticas particulares. Es decir, se ha intentado formular principios universales que limiten el orden extrínseco de las gramáticas particulares, con lo que se refuerza o restringe la hipótesis del modo de aplicación de las reglas. (Algunos de estos principios se refieren al ciclo, y los consideraremos en la sección 4.) A continuación veremos algunas propuestas que si bien admiten la ordenación extrínseca, tratan de predecirla, en parte, mediante principios universales.

3.4.1. Principio del aprovechamiento máximo de las reglas

Kiparsky (1968) observó que las ordenaciones nutridora y antiprivadora servían para aprovechar al máximo las reglas de la gramática, en el sentido de que si dos reglas son aplicables en orden nutridor o antiprivador, ambas reglas se aplican; las ordenaciones antinutridora y privadora, en cambio, impiden que una de las reglas se aplique. Y a la luz de sus análisis sobre ciertos cambios históricos, concluyó que siempre que se daba un reordenamiento de las reglas de la gramática, éste tendía hacia los órdenes nutridor o

6. Véase Hooper (1976) cap. 5 § 5.5., cap. 7 § 7.3., y cap. 8 § 8.5.

antiprivador: es decir, dos reglas en orden antrinutridor tendían a reordenarse en una secuencia nutridora, mientras que dos reglas en orden privador tendían a reordenarse en una secuencia antiprivadora. A partir de estos hechos, Kiparsky supuso que los órdenes nutridor y antiprivador son más naturales que el antinutridor y el privador, porque permitían una mayor utilización de las reglas de la gramática. La tendencia de las lenguas en su historia sería hacia estos órdenes naturales.

Sin embargo, se ha objetado que esta correlación entre aprovechamiento máximo de las reglas de la gramática y naturalidad es dudosa. ¿Sobre qué razones físicas o psíquicas podría fundamentarse tal correlación? Pero sí hay razones psicolingüísticas que permiten explicar la preferencia del orden nutridor sobre el antinutridor: la ordenación antinutridora produce excepciones a la regla nutrida, es decir, secuencias fonéticas que contradicen o violan la regla nutrida —véase el caso de las reglas (13) y (14): una forma superficial *que* [ke] contradice la existencia de la regla (13) de Desvelarización ante vocal anterior— y las excepciones son más difíciles de aprender que las formas regulares. Por tanto, los cambios históricos de orden antinutridor a orden nutridor pueden explicarse como cambio de la irregularidad a la regularidad.

En cuanto a las ordenaciones privadora y antiprivadora, no está tan clara la preferencia por la segunda en las lenguas del mundo; se ha visto que hay casos en los que una ordenación privadora es más natural que la antiprivadora (ver, p.ej., Kenstowicz y Kisseberth, 1977: 161s, así como Hooper, 1976: 64ss). El ejemplo de los plurales en inglés constituye uno de estos casos: no tiene nada de extraño que la regla (11) de Desonorización no se aplique al sufijo /z/ en /buš+z/, dado que esta secuencia /š+z/ no aparecerá como tal en la representación fonética final, debido a que la aplicación de la regla (12) de Inserción de [ɨ] deshace el grupo consonántico; este orden de aplicación privador permite una mayor regularidad en la realización del sufijo de plural, que aparece como [s] sorda sólo tras consonante sorda y como [z] en todos los demás casos, es decir, tras sonidos sonoros, ya sean éstos consonánticos o vocálicos. Si las reglas (11) y (12) se aplicaran en orden antiprivador, en posición postvocálica el sufijo de plural aparecería unas veces sonoro (p.ej., sofas [so^{w}fɨz]) y otras sordo (p.ej., *[bušɨs]). Por otra parte, posteriormente, Kiparsky (1971) ha reinterpretado sus ejemplos de orden privador a orden antiprivador como motivados por una tendencia de las lenguas a regularizar paradigmas morfológicos.

Desde un punto de vista formal, se ha objetado que el principio de máximo aprovechamiento de las reglas está en contradicción con otros aspectos restrictivos del modelo de gramática adoptado por Kiparsky. Hay dos principios, tácitamente aceptados por él, que restringen el aprovechamiento de las reglas: a) todas las reglas de la gramática se aplican en una secuencia prescrita, es decir, si dos reglas se aplican en un orden determinado a una RS, se aplican en ese mismo orden a todas las demás RS; pero hay parejas de reglas que se aprovecharían mucho más si se permitiera que se aplicaran en órdenes diferentes a diferentes formas básicas; b) cada regla se aplica una sola vez (en cualquier ciclo dado, para aquellas reglas que son cíclicas), cuando hay casos en los que las reglas se aprovecharían más si se permitiera su reaplicación.

Debido a éstas y otras críticas y especialmente a la falta de claridad en cuanto a cuáles son los órdenes más naturales —el nutridor resulta claramente más natural que los otros, pero ¿qué pasa con el privador y el antiprivador?— Kiparsky (1971) abandona este principio e introduce otro, que veremos en § 3.4.3, más sensible a las formas superficiales que se generan, que a las relaciones abstractas entre las reglas. Por otra parte, Anderson (1974) adopta el principio del aprovechamiento máximo de las reglas y lo empuja a sus consecuencias lógicas: trata de superar la contradicción que apuntábamos en el párrafo anterior entre dicho principio y los supuestos restringidores del aprovechamiento de las reglas, mediante el abandono de estos últimos. Antes de ver la propuesta de Anderson, que presentaremos en § 3.4.2, veamos la versión más fuerte del Principio del aprovechamiento máximo de las reglas, propuesta por Koutsoudas, Sanders y Noll (1974).

Según Koutsoudas, Sanders y Noll, toda regla debe aplicarse a toda representación que satisfaga su DE. Con este principio incluyen la relación nutridora y excluyen tanto la antinutridora como la privadora, en lo que coinciden con la FGN. Pero admiten también la relación antiprivadora, permitiendo que dos reglas se apliquen simultáneamente en aquellos casos en que una representación satisface la DE de ambas.

Hasta aquí, podría considerarse que Koutsoudas, Sanders y Noll aceptan sólo la ordenación intrínseca, ya que según su versión fuerte del Principio de aprovechamiento máximo de las reglas, éstas se aplican siempre que sea posible, ya sea secuencialmente, simultáneamente o iterativamente. Pero introducen también el orden extrínseco, si bien restringido universalmente y no libremente manipulable por las gramáticas particulares, mediante un principio que denominan de «Precedencia de Inclusión» [*Proper Inclusion Precedence*] el cual determina que si la DE de una regla A incluye propiamente la DE de una regla B, entonces la regla A se aplica primero. Un ejemplo que ilustra este principio lo constituyen las dos reglas siguientes:

(18)   Despalatalización final: $\lambda \rightarrow l /$ —— #
(19)   Deslateralización: $\lambda \rightarrow y$

presentadas por Saporta (1965) para describir el español de Latinoamérica. La DE de la regla (18) incluye propiamente la DE de (19), por lo que la primera debe aplicarse antes que la segunda; así, la forma subyacente /akeλ/ recibe la aplicación de la regla (18), lo que produce [akel], forma a la que (19) no es ya aplicable. En cambio, la forma /akeλos/, no puede recibir la aplicación de (18), por no estar /λ/ en posición final de palabra, mientras que sí recibe la aplicación de (19), con lo que surge la forma [akeyos], que corresponde a la pronunciación yeísta; nótese que si no se estipulara el Principio de Precedencia de Inclusión, la forma /akeλ/ sería susceptible de recibir la aplicación de la regla (19), dado que satisface su DE. En realidad, este principio coincide con el principio de ordenación disyuntiva —que hemos visto en el capítulo 2, bajo el número (155)— referido a distintas partes de una regla, por el que se aplica primero el caso más específico y a continuación el más general.

3.4.2. Teoría de la ordenación local

Anderson (1974) sostiene que el ordenar las reglas de manera lineal es un supuesto de la mayoría de las teorías fonológicas, no una conclusión fundamentada: siempre que se habla de las relaciones entre reglas, ello se refiere a las relaciones entre parejas de reglas. En realidad, concluye Anderson, la ordenación que se establezca para las dos reglas de una pareja de reglas es independiente de la ordenación en relación a otras parejas de reglas. Pero, además, aplicando el principio de la utilización máxima de las reglas, sostiene que la relación que se establece para las dos reglas de la pareja respecto a una representación subyacente es independiente de la ordenación que se establezca para esas mismas reglas respecto de otra representación subyacente. Así, las reglas A y B podrían aplicarse en el orden A-B a la forma *a* y en el orden B-A a la forma *b*.

La denominación de «orden local» hace referencia a que la relación de ordenación existente entre dos reglas se especifica individualmente para una forma dada, y no para la totalidad de la gramática. La manera como se asigna la relación de ordenación a las reglas dentro de este modelo de gramática es doble: a) por una estipulación explícita de ordenación o b) por la relación «natural» de ordenación. La primera depende de cada lengua en particular, mientras que la segunda trata de establecerse universalmente. Anderson, por tanto, acepta el orden extrínseco particular a cada lengua, pero trata de restringirlo mediante un principio general que enseguida veremos. A pesar de esta restricción, su hipótesis es más laxa o menos fuerte que cualquiera de las anteriores, ya que además de admitir tanto el orden particular como el universal, no restringe la ordenación en una secuencia lineal, sino que permite que cada pareja de reglas defina su ordenación en relación a cada forma básica.

El principio mediante el cual Anderson define la «ordenación natural» está en la línea de Kiparsky, al considerar que los «órdenes naturales» son el nutridor y el antiprivador, y dice lo siguiente:

(20)   Dada una pareja de reglas con dos posibles órdenes de aplicación, si sólo uno de ellos es nutridor (mientras que el otro es no nutridor o neutro) [7] el orden nutridor es el natural; si sólo uno de los posibles órdenes es privador (mientras que el otro es no privador o neutro) el otro orden es el natural (ya sea antiprivador o neutro).

7. Se dice que el orden de dos reglas es neutro si no se da entre ellas ninguna de las relaciones antes definidas de nutrición ni privación.

Según este principio, si una pareja de reglas se aplican a una forma dada en orden «natural», no hace falta especificar en la gramática ninguna relación de ordenación. Sólo los órdenes no naturales deben ir explícitamente especificados en la gramática de la lengua en cuestión.

La teoría de la ordenación local no ha recibido aceptación general. Por un lado, son pocos los ejemplos que hasta ahora han podido aducirse para confirmarla empíricamente.[8] Por otro lado, Anderson parte del supuesto (introducido por Kiparsky) de que los órdenes nutridores y no privadores son más naturales; sin embargo, hay muchos casos de órdenes privadores que parecen ser más naturales que los antiprivadores, en el sentido de que no producen opacidad.

3.4.3. Principio de minimización de la opacidad

Kiparsky (1971) formuló el siguiente Principio de opacidad (al final del capítulo 5, hemos introducido la primera parte de este principio):

(21) Dada una regla A → B / —— C, se dirá que es opaca en la medida en que 1) hay contraejemplos fonéticos a la misma, es decir, aparecen Aes en el contexto C, o 2) existen Bes derivadas de A mediante la regla, que aparecen en un contexto distinto de C.

En otras palabras, una regla es opaca (no transparente) en la medida en que existen formas fonéticas que hacen que nos preguntemos: 1) ¿«por qué no» se ha aplicado la regla, ya que se daba el contexto para su aplicación? o 2) ¿«por qué» se ha aplicado la regla, dado que no se satisfacía el contexto para su aplicación?

Dentro de este esquema, la ordenación nutridora no produce opacidad; véase, p.ej., nuestro ejemplo de las reglas (8) y (9): una forma como [yéma] es compatible con la aplicación de las reglas de Diptongación y de Consonantización en este orden. El orden antinutridor, en cambio, sí produce opacidad: dadas las reglas (13) de Desvelarización y (14) de Deslabializa-

---

8. Harris (1975b: Apéndice D) ha aducido un ejemplo de ordenación local para el castellano, que tiene que ver con las reglas (13) de Desvelarización y (16) de Truncamiento. Más arriba hemos visto que para dar cuenta de [protéxo] a partir de /proteg+e+o/ estas reglas debían ordenarse de manera que la de Desvelarización precediera a la de Truncamiento, es decir, (13) antes que (16). Pero estas mismas reglas tienen que ordenarse al revés, para dar cuenta de *hago* o *digo* a partir de /hak+e+o/ y /dik+i+o/ respectivamente, tal como muestra la siguiente derivación:

hak+e+o	dik+i+o	
Ø	Ø	Regla (16) Truncamiento
———	———	Regla (13) Desvelarización
hago	digo	Otras reglas

Si estas reglas se aplicaran en el mismo orden que vimos antes, producirían las formas incorrectas: * ha[s]o y * di[s]o.

176

ción, una forma como [ke] nos hace plantearnos la primera pregunta, es decir, ¿por qué no se ha aplicado la regla (13) a esta forma? En cuanto a la ordenación privadora, tampoco produce opacidad: p.ej., una forma como [bušɨz] no representa ningún problema para la regla (12) de Inserción de [ɨ], como tampoco lo representa para la regla (11) de Desonorización, porque [z] no cumple con las condiciones para la aplicación de esta última. La ordenación antiprivadora sí produce opacidad: dadas las reglas (13) de Desvelarización y (16) de Truncamiento de la vocal temática, una forma como [protéxo] hace que nos preguntemos por qué se ha aplicado la regla (13), dado que la consonante desvelarizada no se encuentra delante de vocal anterior.

Según Kiparsky (1971), la interacción natural de una pareja de reglas es que se ordenen en la secuencia que minimice la opacidad. Por tanto, a diferencia del principio de máximo aprovechamiento de las reglas que consideraba el orden nutridor y el antiprivador como naturales, este principio de minimización de la opacidad sostiene que las ordenaciones naturales son la nutridora y la privadora.

En contra del principio de minimización de la opacidad, algunos han argüido que, si es cierto que los órdenes naturales son los que este principio predice, ¿por qué hay tantos casos de ordenaciones «no naturales» en las lenguas del mundo? Por otra parte, se ha dicho (véase Kenstowicz y Kisseberth, 1977, cap. 4) que el principio es tendencioso en tanto sólo toma en cuenta el aspecto fonético del lenguaje, y pasa por alto el polo semántico. Fonéticamente, lo natural es que los procesos fonéticos regulen el habla, pero semánticamente lo natural es que la relación significado-forma sea constante. En este sentido, Harris (1973) presenta casos de ordenación antinutridora que contribuyen a una mayor regularidad de los paradigmas verbales (véase, más abajo, la derivación 24) y considera inadecuada la teoría fonológica actual, en tanto no es capaz de incorporar la noción de «regularidad paradigmática» y asignarle el valor psicológico que posee. También se ha argüido que el orden antiprivador, por otra parte, si bien fonéticamente produce opacidad, permite ciertas regularizaciones de paradigmas morfológicos. Kaye (1974) y (1975), por ejemplo, argumenta en favor de la ordenación antiprivadora y antinutridora respectivamente, porque ambas permiten mayor recuperabilidad de las formas básicas.

Problema: La regla (9) de Diptongación debería ser aplicable también a las alternancias *bondad / bueno, morir / muere*, etc., por lo que informalmente podríamos reformularla así (véase Harris, 1969, cap. 6, para una mejor formulación):

$$(22) \quad \left\{ \begin{matrix} e \\ {}_1o \end{matrix} \right\}_1 \rightarrow \left\{ \begin{matrix} ye \\ {}_1we \end{matrix} \right\}_1 / \left[\overline{} +\text{acento} \right] \quad \text{bajo ciertas condiciones}$$

Dada la regla (14) de Deslabialización, que como hemos visto cambia $/k^we/$

en [ke], ¿en qué relación, están las reglas (22) y (14)? ¿En qué secuencia deben ordenarse esta pareja de reglas, teniendo en cuenta especialmente alternancias como *contar* / *cuento* [kontár] / [kwénto], *colar* / *cuelo* [kolár] / [kwélo]?

Solución: Las reglas (22) y (14) están en relación potencialmente nutridora, ya que la salida de (22) satisface la DE de (14). Por tanto, deben aplicarse en ordenación *antinutridora*, es decir, la regla (14) debe ordenarse antes que la regla (22), para que la representación [kwénto], resultante de aplicar la regla (22) a la forma subyacente /kónto/, no se someta a la ulterior aplicación de (14), con lo que surgiría la forma incorrecta *[kénto], así como *[kélo] en vez de [kwélo]. Véase, para mayor claridad, la siguiente derivación:

(23)   /kónto/
        ――――――   Regla (14): inaplicable
        [kwénto]   Regla (22)

Problema: Hemos visto que las reglas (13) de Desvelarización y (16) de Truncamiento de la Vocal temática deben introducirse en este orden anti-privador —la regla (13) antes que la (16)— para poder generar una forma verbal de la 2.ª conj., como *protejo* [protéxo], a partir de la representación subyacente /proteg+e+o/. Considérese, ahora, una forma verbal de la 1.ª conj., por ejemplo, la 1.ª pers. sg. Pres. Subj. *saque* [sáke], cuya representación subyacente es /sak+a+e/. ¿Se aplican las reglas (13) y (16) a esta forma subyacente en el mismo orden que antes? ¿Es la relación entre ambas reglas antiprivadora aquí también?

Solución: En efecto, las reglas (13) y (16) deben aplicarse en la misma secuencia que antes. Veamos la derivación:

(24)   /sak+a+e/
        ――――――   Regla (13): no es aplicable
        [sak+e]   Regla (16)

Si bien la secuencia de aplicación es la misma, la relación entre ambas reglas respecto a una cadena de entrada como la que estamos viendo no es privadora, sino potencialmente nutridora, por lo que el orden aquí es *antinutridor*. En efecto, si aplicáramos las dos reglas en orden inverso, obtendríamos la forma incorrecta *[sase], ya que la salida de la regla (16) nutriría a la regla (13):

(25)   /sak+a+e/
        sak+e   Regla (16)
        *[sase]   Regla (13)

Nótese que, tal como hemos dicho al definirlas, estas relaciones entre reglas se establecen siempre *referidas a* una representación fonológica E, de entrada a las reglas. Este ejemplo es ilustrativo al respecto ..

Problema: Se ha propuesto en castellano una regla de supresión de /d/, bajo ciertas condiciones adicionales, para dar cuenta de alternancias del tipo *pie, apearse / pedal, pedestre; raíz / radícula, erradicar; creer / crédulo, credibilidad; caer / cadencia*:

(26)   d   →   Ø / V ———— V   bajo ciertas condiciones

Por otra parte, Foley (1967) y Harris (1969: cap. 9) han propuesto una regla de supresión de /e/ en posición final de palabra, si va precedida de determinadas consonantes; en la versión de Harris (1969), las consonantes que condicionan la elisión de /e/ final son las dentales y alveolares sonoras como la regla (27) indica:

$$(27) \quad e \to \emptyset \ / \ V \begin{bmatrix} +\text{cor} \\ +\text{ant} \\ +\text{son} \end{bmatrix} \text{————} \ \# \quad \text{bajo ciertas condiciones}$$

Dadas formas básicas como /kred+e/ de *cree* y /kad+e/ de *cae*, la regla (27) de Elisión de /e/ final les sería aplicable, según lo dicho en el capítulo 2 § 5 sobre convenciones (esto es, aplicable a pesar del linde morfológico existente entre la raíz verbal y la vocal temática). ¿Mediante qué tipo de orden se evitaría la aplicación de la regla (27) a estas formas?

Solución: Las reglas (26) y (27) están en relación de privación con respecto a formas como /kred+e/ y /kad+e/: ambas formas satisfacen la DE de ambas reglas. Por tanto, para evitar la aplicación de (27), habría que asignarles el orden *privador* siguiente:[9]

kred+e	kad+e	
kre +e	ka +e	Regla (26)
————	————	Regla (27): no es aplicable

Problema: En francés el femenino de los adjetivos se forma añadiendo /ə/ a la raíz del adjetivo: p.ej., masc. *meilleur* [mɛyœr] «mejor», fem. *meilleure* [mɛyœrə], masc. *mortel* [mɔrɩəl] «mortal», fem. *mortelle* [mɔrtélə], masc. *Grec* [grék] «griego», fem. *Grecque* [grékɩə]. Se dan, además, una serie de procesos morfofonémicos que producen variaciones como las siguientes:

(28)   Masc.   [prɔšē̄]   «próximo»   Fem.   [prɔšénə]
           [bɔ̄]   «bueno»   [bɔ́nə]
           [pɛyzā̄]   «campesino»   [pɛyzánə]
           [katalā̄]   «catalán»   [katalánə]

Formular los procesos de Nasalización de la Vocal y Elisión de la Consonante Nasal que permitan dar cuenta de (28). Indicar en qué relación se encuentran estas reglas, así como en qué tipo de orden deben aplicarse.

9.   En realidad, estas dos reglas son mutuamente privadoras, ya que la aplicación de (27) privaría también la regla (26), por no encontrarse ya la /d/ en posición intervocálica.

Solución: Las reglas (29) y (30), someramente formuladas, darán cuenta de dichos procesos:

(29) Nasalización: $V \rightarrow \begin{bmatrix} V \\ +\text{nasal} \end{bmatrix} / \underline{\hspace{2cm}} \begin{bmatrix} +\text{cons} \\ +\text{nasal} \end{bmatrix} \#$

(30) Elisión de Cons. Nasal: $\begin{bmatrix} +\text{cons} \\ +\text{nasal} \end{bmatrix} \rightarrow \emptyset / \underline{\hspace{2cm}} \#$

Estas reglas están en relación de privación y deben aplicarse en el orden *antiprivador* (29) antes que (30), de lo contrario se elidiría la consonante nasal antes de que se hubiera producido la nasalización de la vocal, con lo cual obtendríamos formas incorrectas, como *[prɔšé] o *[bɔ́].

Observación: Quienes están en contra del orden extrínseco han sugerido que reglas de este tipo no tienen por qué ir ordenadas, ya que reformulándolas puede evitarse la especificación de ordenación. Así, la regla (30) podría formularse como (31),

(31) $\begin{bmatrix} +\text{cons} \\ +\text{nasal} \end{bmatrix} \rightarrow \emptyset / \begin{bmatrix} V \\ +\text{nasal} \end{bmatrix} \underline{\hspace{2cm}} \#$

con lo cual quedaría intrínsecamente ordenada en relación a (29), ya que sería imposible elidir la consonante nasal hasta haber nasalizado la vocal. Nótese, sin embargo, que la formulación de (31) es más compleja que la de (30), en el sentido de que repite parte de la información contenida ya en la regla (29). Casos de este tipo son los utilizados por quienes argumentan que la ordenación extrínseca permite simplicar la DE de las reglas (véase, p. ej., Halle, 1962, mencionado más arriba).

Problema: En catalán, existe una regla de asimilación de las consonantes nasales al punto de articulación de la consonante siguiente. Dejando de lado muchos detalles, podríamos formular la operación de esta regla así:[10]

(32) $\begin{bmatrix} +\text{nas} \\ +\text{cor} \end{bmatrix} \rightarrow [\alpha \text{ rasgos}] / \underline{\hspace{2cm}} \begin{bmatrix} +\text{cons} \\ \alpha \text{ rasgos} \end{bmatrix}$

Considérense, además, los datos siguientes, en los que aparece un sustantivo en la primera columna, con su diminutivo correspondiente en la segunda columna; el sufijo del diminutivo es /ɛ́u/:

10. Hay que puntualizar que la regla de asimilación nasal es sólo aplicable a aquellos segmentos nasales especificados en la representación léxica como [+coronal], dada la existencia de formas como: [prémsə] «prensa», [kómtə] «conde», «cuenta», [lañbinén] «el año que viene», en que la nasal no se ha asimilado al punto de articulación de la consonante siguiente.

180

(33)　[kám]　　«campo»　　　　[kəmpét]

　　　[pún]　　«punto»　　　　[puɲtét]

　　　[báŋ]　　«banco»　　　　[bəŋkét]

　　　[gúˢ]　　«gusto»　　　　[gustét]

　　　[məlál]　«enfermo»　　　[mələltét]

　　　[ɔ́r]　　　«huerto»　　　 [urtét]

　　　[sérp]　　«serpiente»　　[sərpétə]

　　　[disk]　　«disco»　　　　[diskét]

　　　[kórk]　　«carcoma»　　　[kurkét]

　　　[kálk]　　«calco»　　　　[kəlkét]

　　　[triɔ́m͡f]　«triunfo»　　　[triumfét]

pl. [pɔ́t͡s]　　「potes」　　　　[putéts]

Formular la regla que simplifique los grupos consonánticos, para dar cuenta de la primera columna de (33). ¿En qué relación de ordenación están las reglas (32) de asimilación nasal y la de simplificación de grupos consonánticos, teniendo en cuenta que la regla de asimilación nasal afecta también a algunas de las formas contenidas en estos datos (concretamente las tres primeras y la penúltima)?

Solución: Dado que las consonantes que se eliden en las formas de la primera columna son oclusivas —las fricativas no se eliden como lo indican los dos últimos ejemplos— y homorgánicas con la consonante anterior, ya sea ésta una nasal, una obstruyente o una líquida, la regla tendría, a grandes rasgos, la forma:

$$(34) \quad \begin{bmatrix} -\text{cont} \\ \alpha \text{ rasgos} \end{bmatrix} \rightarrow \emptyset \ / \ \begin{bmatrix} +\text{cons} \\ \alpha \text{ rasgos} \end{bmatrix} \underline{\hspace{2cm}} \#$$

Las reglas (32) y (34) están en relación de nutrición, ya que la salida de (32) satisface la DE de (34), y deben aplicarse en orden *nutridor*: la regla (32) antes que la regla (34).[11]

4. EL CICLO

Además de las cuestiones consideradas hasta aquí, hay que plantearse el problema del ámbito de las reglas fonológicas. ¿Cómo se procede al procesar una oración en el componente fonológico de la gramática? ¿Se considera la oración completa de una vez, o se procede por partes? La hipótesis de Chomsky y Halle (1968) es que ciertas reglas se aplican al ámbito de la palabra y otras se aplican cíclicamene, partiendo de la palabra y conside-

　　11. Esta solución pasa por alto un detalle importante, referido a las formas [pún], [puɲtét]: después de elidida la consonante [t], la nasal en posición final de palabra no se pronuncia [ɲ] dental, sino [n] alveolar. Una posible manera de completar este análisis sería mediante las convenciones de enlace [*linking*], dado que la nasal no marcada es [n] alveolar (véase el capítulo nueve abajo). Para un análisis detallado de los procesos de asimilación y elisión consonántica en catalán, ver Mascaró (1978), cap. 2.

rando gradualmente constituyentes sintácticos de extensión creciente.

En realidad, esta dicotomía no es lógica, ya que una regla se puede aplicar a un ámbito más extenso que la palabra sin ser cíclica. Habrá que oponer, más bien, reglas cíclicas a reglas no cíclicas.

Podemos definir la aplicación cíclica de la siguiente manera:

(35)   Dada una estructura $[_n [_{n-1}..., [_1...] _1...,] _{n-1}...]_n$ y un conjunto de reglas cíclicas A, A se aplica a la subestructura $[_i...]_i$ después de haberse aplicado a la subestructura $[_{i-1}...]_{i-1}$.

Por ejemplo, en la estructura (36),

(36) $[_N anti [_N[_N re+volu+cion]_N ario]_N]_N$

Las reglas cíclicas se aplican primero a la subestructura *re+volu+cion*, luego a *re+volu+cion#ario*, y finalmente a *anti#re+volu+cion#ario*.

No todas las reglas fonológicas son cíclicas, por lo que se plantea el problema de determinar cuáles lo son y cuáles no. Una posibilidad, no muy interesante por cierto, es que la diferencia sea arbitraria, es decir, que las gramáticas particulares deban indicar para cada regla si es cíclica o no. Más interesante sería que se pudiera determinar la ciclicidad de las reglas sobre la base de principios generales. En el resto de esta sección presentaremos dos hipótesis que intentan predecir la ciclicidad de las reglas por medio de principios generales.

4.1.   *Ciclicidad y encorchetamiento*

Brame (1974) ha formulado una hipótesis que define el ciclo en términos del encorchetamiento de las representaciones fonológicas. Como los corchetes definen la extensión del ciclo, se hace necesario determinar qué constituye un uso legítimo de los corchetes. El principio sugerido por Brame equivale informalmente a permitir corchetes en torno a palabras, pero no en torno a partes de palabras que no sean a su vez palabras. La representación (36) se ajusta a este principio, pero no, por ejemplo, la representación (37),

(37)   [[anti] [[re+volu+cion]ario]]

ya que el prefijo *anti* no puede constituir una palabra independiente. [12]

Provisto de este principio para regular el uso legítimo de los corchetes, Brame sugiere la siguiente hipótesis para determinar la ciclicidad de las reglas:

---

12.   Esta aseveración no es correcta con respecto al estilo coloquial, ya que éste permite expresiones como *Fulano es un anti por excelencia* (se opone a todo). Para los efectos del ejemplo, supongamos que la aseveración es correcta.

(38)   Todas las reglas que mencionan corchetes, y sólo ellas, son cíclicas.

Como las reglas de acentuación son las que típicamente mencionan corchetes, es decir, hacen referencia a los lindes de palabras, esta hipótesis predice que las reglas de acentuación son típicamente cíclicas.

Es claro cómo se puede refutar la hipótesis (38): a) demostrando que existe por lo menos una regla que requiere mención de corchetes y que no puede aplicarse cíclicamente; o b) demostrando que hay por lo menos una regla cíclica que no requiere mención de corchetes.

En la sección siguiente veremos algunos ejemplos de este segundo tipo, lo que indica, si el análisis es válido, que la hipótesis en cuestión es falsa. También se han presentado en la literatura fonológica ejemplos del tipo a).

En favor de este principio, Brame aduce ejemplos como el siguiente. En ciertos dialectos del inglés, la palabra *Prohibition*, que se refiere al período de veda de bebidas alcohólicas en la historia de los Estados Unidos, se pronuncia [proəbíšən], es decir, sin *h*. La pérdida de la *h* se explica por una regla que elide esta consonante cuando la vocal siguiente es inacentuada. Por otra parte, *prohibition* «prohibición» se pronuncia [pròhɪbíšən]. El problema es explicar por qué en este caso no se elide la *h*. Brame sugiere que la explicación radica en la aplicación cíclica de la regla de acentuación. En el caso de *Prohibition* hay un solo ciclo, y la regla de acentuación asigna el acento a la penúltima sílaba. Como la vocal de la sílaba precedente no recibe acento, se aplica la elisión de la *h*. La forma *prohibition*, por otro lado, tiene la siguiente representación:

(39) $[_N[_V\text{prohibit}]_V\text{ion}]_N$

En el primer ciclo, la regla de acentuación produce *pròhibit*. En el segundo ciclo, se acentúa la penúltima sílaba. De acuerdo a la convención explicada en el capítulo 4, sin embargo, el acento asignado en el primer ciclo no desaparece, sino que se reduce en un grado. En otras palabras, la representación que se obtiene es la siguiente:

(40)   [prohibition]

y el grado secundario de acento sobre la segunda vocal es suficiente para impedir la elisión de *h*.

El argumento parece bastante sólido a primera vista. Sin embargo, un examen más detenido de los hechos muestra que en verdad no lo es. El patrón acentual de *prohibition* no es como en (40) sino así,

(41)   [prohibition]

es decir, no hay acento secundario (o terciario) sobre la segunda vocal. Esto indica que si la derivación sugerida por Brame es correcta, hay que postular una regla que reajuste los acentos no primarios para convertir la representación (40) en (41), y ello resta fuerza al argumento en favor de la aplicación cíclica de las reglas de acentuación. Un análisis alternativo de estos hechos cae fuera del ámbito de este libro, pero de existir tal posibilidad, la hipótesis sugerida por Brame perdería validez.

4.2. *La hipótesis de las reglas neutralizadoras*

Antes de presentar la siguiente hipótesis sobre las reglas cíclicas, es necesario explicar el principio de ciclicidad estricta, que Mascaró (1978: 2s) formula como sigue:

(42)
Una regla cíclica R se aplica legítimamente en el ciclo j si se da una de las siguientes condiciones:

a. R hace uso específico de información contenida solamente en el ciclo j (y no en ciclos anteriores). Es decir, R se refiere específicamente a alguna A en $[_j XAY[_{j-1}...] Z]$ o $[_j Z [_{j-1}...] XAY]$.

b. R hace uso específico de información contenida en dos constituyentes distintos del ciclo anterior, que no pueden ser considerados simultáneamente antes del ciclo j. Es decir, R se refiere a A y B en $[_j X[_{j-1}...A...] Y [_{j-1}...B...] Z]$.

c. R hace uso específico de información asignada en el ciclo j por una regla anterior a R.

Para ilustrar la aplicación del principio (42a), Mascaró presenta la derivación del siguiente sintagma en catalán:

(43)   [#la[#[íntim] itát#] #] «la intimidad»

Las reglas cíclicas pertinentes son las siguientes:

(44)   Desacentuación [13]
       $V \rightarrow [-acento] / \# \#X\underline{\quad\quad}Y [+acento] Q\# \#$

---

13. En lugar de las reglas de acentuación como las que vimos, por ejemplo, en el capítulo 4, para el castellano, Mascaró (1978) da cuenta de la acentuación catalana mediante un proceso inverso: en el lexicón, todas las formas subyacentes de los morfemas figuran acentuadas, y una regla fonológica se encarga de eliminar todos los acentos de las palabras, excepto el último; este proceso de desacentuación es el que lleva a cabo la regla (44).

(45)   Diptongación [14]

$$\begin{bmatrix} +\text{silábico} \\ +\text{alto} \\ -\text{acento} \end{bmatrix} \rightarrow [-\text{silábico}] \ / \ [+\text{silábico}] \ \#_0 \underline{\qquad}$$

La regla (44) elimina todos los acentos en una palabra con excepción del último, y la regla (45) transforma una vocal cerrada inacentuada en semivocal cuando está precedida por otra vocal dentro del mismo morfema o en el morfema anterior.

El primer ciclo del sintagma (43) incluye la forma [íntim], a la que ninguna de las dos reglas que estamos considerando es aplicable. El segundo ciclo comprende la forma [#íntimitát#], que la regla (44) transforma en [#intimitát#]. Esta aplicación es compatible con el principio (42a), porque la regla (44) menciona el rasgo [+acento] en el contexto, y esta información está solamente contenida en el ciclo en consideración, no en el anterior.

Finalmente, el tercer ciclo abarca la forma [#laintimitát#]. Esta forma se convierte en [#layntimitát#] por efecto de la regla (45). La aplicación de esta regla es también en conformidad con el principio (42a), porque el segmento [+silábico] mencionado en el contexto no estaba presente en el ciclo anterior.

El principio (42b) se aplica en casos como el siguiente del catalán:

(46) [[fráŋku] [itǝlyá]] «franco-italiano»

El primer ciclo comprende las formas [fráŋku] e [itǝlyá]. El segundo ciclo abarca la totalidad de la forma (46) y en este ciclo se aplica la regla de diptongación (45), que convierte la secuencia [...ui...] en [...uy...].

Nótese que ninguna de las vocales mencionadas por esta regla aparece exclusivamente en el segundo ciclo: ambas estaban presentes en el ciclo anterior. Por lo tanto, el principio (42a) no permitiría la aplicación de la regla de diptongación en el segundo ciclo. El principio (42b), sin embargo, permite esta aplicación, porque la *secuencia* ...ui... no está presente como tal sino en el segundo ciclo.

Finalmente, para ilustrar el principio (42c), consideremos el siguiente ejemplo. La palabra catalana [dirǝkturiál] «directorial» presenta, además de la regla de desacentuación (44), una regla de reducción vocálica que convierte [ɔ] en [u]. [15] Esta regla se aplica sólo a vocales inacentuadas. La derivación es la siguiente:

14.   La notación $\#_0$ indica cero o más instancias del linde #.
15.   Hemos tratado esta regla en el apartado § 3.1 del capítulo 5.

(47)   [[[dirəktɔ́r] i] ál]
        (último ciclo)
        dirəktɔriál   (Desacentuación)
        dirəkturiál   (Reducción vocálica)

La aplicación cíclica de la regla de reducción vocálica, que no sería legítima según los principios (42a) o (42b), es perfectamente aceptable según el principio (42c), ya que la regla de desacentuación, que sólo es aplicable en el último ciclo, produce las condiciones para que se aplique la regla de reducción vocálica.

Los ejemplos precedentes son casos en que la aplicación cíclica es *posible*, de acuerdo al principio de ciclicidad estricta. Veamos ahora un ejemplo en que la aplicación cíclica de las reglas parece ser *necesaria*. El caso en cuestión conduce a una paradoja de orden a menos que se apliquen las reglas cíclicamente.

La regla de desacentuación (44), como hemos visto, elimina todos los acentos de una palabra en catalán con excepción del último. Además, ya hemos dicho que el catalán tiene una regla de reducción vocálica[15] que convierte a /o/ y /ɔ/ inacentuadas en [u], y a /a/, /ɛ/ y /e/ inacentuadas en [ə]. Las vocales altas /i/ y /u/ son inmunes a esta regla (alternativamente, se puede decir que la regla se aplica vacuamente a /u/).

En el caso de una forma como /nɔ́bl+ɛ́z+a/ «nobleza» parecería que las reglas deben aplicarse en el siguiente orden:

(48)   nɔ́bl+ɛ́z+a
        nɔblɛ́za   (Desacentuación)
        nublɛzə   (Reducción vocálica)

ya que el orden opuesto impediría la reducción de /ɔ/:

(49)   nɔ́bl+ɛ́z+a
        nɔ́blɛ́zə   (Reducción vocálica)
        *nɔblɛzə   (Desacentuación)

En cambio, en el caso de /pɔ́k+a#bargóñ+a/ «sinvergüenza» el orden correcto parece ser Reducción Vocálica - Desacentuación,

(50)   pɔ́k+a#bargóñ+a
        pɔ́kəbərgóñə   (Reducción vocálica)
        pɔkəbərgóñə   (Desacentuación)

ya que el orden opuesto predice una forma incorrecta:

(51)   pɔ́k+a#bargóñ+a
        pɔkabargóña   (Desacentuación)
        *pukəbərgóñə   (Reducción vocálica)

186

Esta paradoja desaparece, sin embargo, si se aplican las dos reglas en cuestión cíclicamente. En el caso de /nɔ́bl+éz+a/ hay un solo ciclo, y las reglas se aplican en el orden indicado en (48). En el caso de /pɔ́k+a#bargóñ+a/ hay dos ciclos, como se indica en el número siguiente:

(52)   [#[#pɔ́k+a][#bargóñ+a#]#]

En el primer ciclo, a pesar de que el orden es Desacentuación-Reducción vocálica, se aplica sólo esta última regla, ya que cada una de las palabras consideradas tiene sólo un acento. El resultado es, pues, el siguiente:

(53)   pɔ́kə#bərgóñə

En el segundo ciclo, la regla de desacentuación produce el siguiente resultado:

(54)   pɔkə#bərgóñə

En (54), la regla de Reducción vocálica no se aplica a [ɔ], porque su formulación prohíbe la aparición de # en la cadena considerada. Es decir, se trata de una regla cuyo ámbito máximo es la palabra, y como la cadena en consideración consta de dos palabras, la regla es inaplicable.

De este modo, el principio de aplicación cíclica resuelve esta paradoja de ordenación.

Nótese que si este análisis es correcto, refuta el principio sugerido por Brame, ya que las reglas de Desacentuación y Reducción vocálica no hacen mención de corchetes y son, no obstante, cíclicas.

Habiendo establecido la necesidad de la aplicación cíclica de ciertas reglas fonológicas, Mascaró, reinterpretando a Kiparsky (1973), procede a formular una hipótesis que predice cuáles reglas son cíclicas y cuáles no:

(55)   Todas las reglas obligatorias y neutralizadoras, y sólo ellas, son cíclicas.

Se dice que una regla es neutralizadora si tiene el efecto de eliminar el contraste entre dos segmentos fonológicos, es decir, si crea segmentos idénticos a los ya existentes en el inventario fonológico de la lengua. Tanto la regla de Desacentuación como la de Reducción Vocálica del catalán son neutralizadoras, la primera porque elimina el contraste entre vocales acentuadas y vocales inacentuadas, y la segunda porque elimina, por ejemplo, el contraste entre /o/ y /u/. Como ambas reglas son obligatorias, el principio (55) predice que deben ser cíclicas.

De más está recalcar la importancia de principios como el (55) para el

187

desarrollo de la teoría fonológica. Sólo por medio de hipótesis restrictivas como ésta podemos aproximarnos a la explicación de las propiedades de la llamada facultad del lenguaje. La hipótesis (55) es suficientemente explícita como para permitir una clara refutación empírica, y lo suficientemente interesante como para justificar la tarea de su validación. El análisis detallado de otros sistemas fonológicos nos permitirá decidir si se puede incorporar o no este principio a la teoría fonológica. Cualquiera que sea el resultado de esta investigación, algo aprenderemos en su curso.

Problema: Considérese la regla de asimilación nasal que cambia, por ejemplo, una /n/ preconsonántica en [m] en una frase como *con pan*. Suponiendo que la estructura de esta frase es la siguiente:

(56)   [kon[pan]]

determínese si la regla en cuestión debe o no ser cíclica según el principio (55), y si lo es, qué apartado del principio de ciclicidad estricta (42) permite su aplicación cíclica.

Solución: La regla en cuestión es obligatoria y neutralizadora; por lo tanto, debe ser cíclica. Dada la estructura (56), la nasal en cuestión entra en consideración sólo en el ciclo en que se aplica la regla. Por lo tanto, su aplicación cíclica se ajusta al principio (42a).

Problema: Considérese la siguiente regla que asigna el acento en árabe palestino:

(57) $V \rightarrow$ [l acento] / ——— $C_0((VC)VC_0^1)$

Esta regla no es neutralizadora y, por lo tanto, de acuerdo a Mascaró (1978), no puede ser cíclica. Brame (1974), sin embargo, ha argumentado que esta regla es cíclica (recuérdese que su hipótesis sobre la ciclicidad de las reglas difiere de la de Mascaró), y ha explicado así el contraste entre [fhímna] «entendimos» y [fíhimna] «nos entendió» partiendo de las formas [fihim+na] y [[fihim]na] respectivamente ([2] indica acento secundario, y [1] acento primario).

La regla (57) está seguida de una regla de síncope que elide una /i/ inacentuada en el contexto ———CV.

Muéstrese, por medio de derivaciones, cómo la aplicación cíclica de estas dos reglas produce los resultados arriba explicados (recuérdese la convención que reduce todos los acentos en un grado excepto el de la vocal a la cual se aplica la regla de acento).

Solución:

(58)   [fihim+na]   [[fihim]na]   *Primer ciclo*

        1   1
     fihim+na   fihim   Acento

        1
     fhim+na   (no es aplicable)   Síncope

                                          Segundo ciclo

                2 1
                fihim+na   Acento
                (no es aplicable)   Síncope

5. REGLAS GLOBALES

Toda teoría que acepte la dicotomía entre orden «natural» y orden «no natural», y suponiendo que posea una manera de predecir el orden natural, tendrá que desarrollar una manera de describir el orden no natural. Es decir, supongamos que aceptamos alguna versión del principio de opacidad, el cual predice que los órdenes nutridor y privador son los naturales. Nos quedaría entonces pendiente el problema de describir los órdenes antinutridor y antiprivador, que producen opacidad. [16] Para estos casos precisamente es para los que se ha introducido en la teoría el orden extrínseco, que especifica en las gramáticas particulares aquellos casos de orden idiosincrásico, no predecible por ningún principio universal.

Sin embargo, en los últimos años se ha propuesto otra alternativa para describir esos casos de orden idiosincrásico: las reglas globales o condiciones globales. La hipótesis de las reglas globales es más débil —y por ende más poderosa— que la del orden extrínseco impuesto al tipo de reglas que hemos estado viendo hasta ahora, es decir, reglas estrictamente locales. [17] Las reglas tradicionales son estrictamente locales en el sentido de que su DE sólo puede hacer referencia a propiedades que aparecen en la estructura o cadena de entrada a la que se aplica la regla; no pueden, en cambio, referirse a propiedades que han estado presentes en esa cadena de entrada en un nivel anterior —p. ej., a nivel de representación subyacente— y que han desaparecido o se han alterado por efecto de la aplicación de alguna otra regla. Las reglas globales tienen precisamente esta propiedad: la de poder referirse a otros niveles de representación además del nivel de entrada. Ahora bien, parte de este poder que las reglas o condiciones globales tienen en su DE, el modelo gramatical con reglas estrictamente locales lo introduce mediante el orden extrínseco. En efecto, el orden extrínseco es un meca-

16. Siempre que aceptemos casos de opacidad en la gramática. La FGN, en su versión más fuerte, se caracteriza precisamente por no plantearse el problema del orden extrínseco. Dado que no permite casos de opacidad, tampoco permite especificaciones de ordenación de las reglas. Véase, por ejemplo, Hooper (1976).

17. Esta denominación no tiene nada que ver con la de la hipótesis local de Anderson que hemos visto arriba.

nismo para hacer referencia a estadios anteriores de la representación de la forma de entrada, no presentes propiamente en esa forma. Veamos un par de ejemplos.

En un caso antinutridor como el de las reglas (13) de Desvelarización y (14) de Deslabialización, aplicadas en esta secuencia, la regla (13) no es aplicable a una forma como *que* [ke], porque esta forma aparece con la representación /k^{w}e/, y sólo después de que se ha aplicado la regla (14) que produce [ke] sería aplicable la regla (13). Pero éste es precisamente el efecto de ordenarlas en secuencia antinutridora: la regla (13) permite distinguir dos segmentos *k*, los cuales funcionan diferentemente en relación a esta regla, uno procede de la representación básica, y es susceptible de recibir la aplicación de la regla, mientras que el otro se origina mediante la aplicación de la regla (14) y no es susceptible de someterse a la regla (13). Algo semejante sucede con el orden antiprivador, como el de las reglas (13) de Desvelarización y (16) de Truncamiento, aplicadas en este orden. La aplicación de la regla (13) a una forma como /proteg+e+o/ tiene que efectuarse antes de que la regla (16) borre el contexto que posibilita la Desvelarización: para que se genere la forma deseada *protejo* [protexo], la regla (13) tiene que aplicarse a una forma que en algún nivel (en la representación básica) lleva una *e* detrás de *g*, por más que esta *e* vaya luego a borrarse por los efectos de otra regla, la (16).

Este mismo control en la aplicación de las reglas que se obtiene mediante la ordenación extrínseca, puede efectuarse sin ordenación, pero permitiendo reglas globales que introduzcan información de más de un nivel en la DE. Así, la regla (13) de Desvelarización podría reformularse por medio de la siguiente regla global:

$$(59) \quad \begin{Bmatrix} k \\ g \end{Bmatrix}_1 \rightarrow \begin{Bmatrix} s \\ x \end{Bmatrix}_1 \quad / \quad \underline{\hspace{2cm}} \quad \begin{bmatrix} -cons \\ -post \end{bmatrix} \quad \text{en la representación subyacente.}$$

Todos los casos de reglas locales con ordenación extrínseca pueden reformularse mediante reglas globales, sin ordenación. Pero no todos los casos de reglas globales pueden reformularse por medio de reglas locales. Es decir, las reglas globales constituyen un modelo gramatical más poderoso que las reglas estrictamente locales. Kenstowicz y Kisseberth (1977) han argumentado que las reglas estrictamente locales pueden describir un fenómeno del tipo de (a), pero no pueden describir uno del tipo (b), mientras que las reglas globales pueden describir ambos tipos de fenómeno:

(a) Supongamos que tenemos dos segmentos s_1 y s_2 idénticos en todo, excepto en que s_1 existe en la RS, mientras que s_2 surge por aplicación de una regla R y en que hay una regla R' que es aplicable a s_1 pero no a s_2.

(b) Supongamos que tenemos dos segmentos s_1 y s_2 idénticos en todo, excepto en que s_1 existe en la RS, mientras que s_2 surge por aplicación de una regla R y en que hay una regla R'' que es aplicable a s_2 pero no a s_1.

El caso (a) puede ejemplificarse con el análisis visto arriba: llamemos k_1 al segmento /k/ de *opa/k/o-opa/k/idad*, susceptible de someterse a la aplicación de la regla (13) de Desvelarización, y k_2 al segmento [k], derivado de /kʷ/ mediante la regla (14) de Deslabialización e incapaz de someterse a la aplicación de la regla de Desvelarización. Se trata, por tanto, de una relación anti-nutridora entre las reglas (13) y (14), que ya hemos visto cómo puede incorporarse a un modelo de ordenación extrínseca: mediante ordenación antinutridora. El caso (b) afirma que hay algún proceso que es aplicable a segmentos derivados y no a segmentos subyacentes. Kenstowicz y Kisseberh (1977) dicen que el modelo de reglas estrictamene locales con ordenación extrínseca, al no poder incorporar el caso (b) emite una hipótesis de «asimetría», fácilmente falsable por haber casos del tipo (b) en muchas lenguas del mundo (uno de los primeros ejemplos procede del finlandés y fue discutido por primera vez por Kiparsky, 1973).

Esto no constituye, sin embargo, un argumento en favor de las reglas globales, ya que el modelo de ordenación extrínseca puede dar cuenta de casos como (b), si es que lo dotamos del poder adicional que supone el ciclo. Mascaró (1978) ha mostrado que la Condición de Ciclicidad Estricta, tal como él la ha reformulado (véase el principio 42 en este mismo capítulo), puede dar cuenta de estos casos. Naturalmente, en este sentido el ciclo debilita la hipótesis de la aplicación de las reglas, dando más poder al modelo lingüístico, y una manera de limitar ese poder es precisamente la hipótesis (55) que hemos visto antes. Sin embargo, es posible que a la larga tenga que debilitarse dicha hipótesis, si es que los análisis de Kenstowicz y Kisseberth (1977: 212ss) son acertados, ya que lenguas como el·yawelmani, el marsha-llés y otras mostrarían que hay reglas de neutralización que se aplican tanto a formas derivadas como no derivadas.

De cualquier modo, el modelo de reglas globales es más poderoso que el de reglas estrictamente locales, ya que en principio permite hacer referencia a cualquier estadio de la derivación. En la actualidad, no hay claridad todavía sobre si todo el poder del modelo de reglas globales es necesario. En favor de dichas reglas se ha argüido que una de sus implicaciones es que los hablantes tienen acceso a las formas subyacentes en todos los estadios de la derivación, y si pretendemos que las formas subyacentes tienen alguna «realidad psicológica», esta implicación resulta razonable (Hyman, 1975: 132). Suponiendo que se aceptaran tales reglas en el modelo gramatical, no está todavía claro qué limitaciones habría que imponerles. Algunas de las preguntas que se plantean en este sentido son: ¿tienen las reglas globales que tener acceso solamente a la representación subyacente o a todos los estadios de la derivación? ¿tiene que permitírseles solamente «mirar hacia atrás» o hay que permitírseles también «mirar hacia adelante»?[18] Sin embargo, la situación tan precaria todavía de la investigación sobre las reglas globales no justifica que nos adentremos más en estas cuestiones.

18. Es decir, ¿incorporar en la DE información referida a alguna regla que ya se ha aplicado o a alguna regla que está todavía por aplicar?

Capítulo siete

EL PROBLEMA DE LA NATURALIDAD

1. Introducción

En diversas ocasions nos hemos referido a la «simplicidad» de las descripciones fonológicas (véase, p.ej., cap. 2 § 2, cap. 3 § 1, cap. 5 § 4.2). Uno de los sentidos que hemos dado a este concepto —y el que tenía en los comienzos de la Fonología Generativa de una manera exclusiva— es el de que hay una relación inversamente proporcional entre simplicidad de la descripción y número de rasgos especificados que utiliza: así, entre dos reglas que describan un mismo proceso fonológico, es más simple aquella que lo haga con un número menor de especificaciones de rasgos; una representación léxica es más simple cuantos menos rasgos especificados contenga (véase el cap. 3 para algunos problemas surgidos de esta definición). Detrás de este tipo de definiciones se esconde el supuesto de que estas generalizaciones reflejadas en la descripción de las lenguas responden a la realidad lingüística que encontramos en una lengua tras otra. Es decir, nuestros mecanismos descriptivos deberían facilitarnos la expresión de aquello que es de esperar que suceda en las lenguas, mientras que deberían dificultarnos la expresión de lo que no se da en las lenguas del mundo. Hay, por tanto, una equiparación entre lo descriptivamente simple y lo fonológicamente plausible o «natural». Dicho en otras palabras, nuestra teoría fonológica debería incorporar los universales sustantivos, así como contribuir a su descubrimiento.

Si bien desde un comienzo se estableció una correlación entre lo descriptivamente simple y lo fonológicamente natural, pronto se vio que había una serie de factores que se interponían en la correlación, y que para que nuestras descripciones se adecuaran a la realidad fonológica de las lenguas, la medida de simplicidad tendría que modificarse para hacerse sensible a esos factores. En este capítulo veremos los problemas que se le plantean al mero recuento de rasgos fonológicos como medida de la simplicidad, y las propuestas —especialmente la de la Teoría de la Marcación— que se han hecho para tratar de superarlos.

2. CLASES NATURALES

Una de las ventajas que se vio en la teoría de los rasgos fonológicos es que permitía expresar de manera más simple procesos que constituían una mayor generalización (véase, p.ej., Halle, 1962). Así, por ejemplo, si comparamos las dos reglas siguientes:

(1)   /a/ →   [æ] / ——— /i/

(2)   /a/ →   [æ] / ——— $\left\{ \begin{array}{c} /e/ \\ /æ/ \\ /i/ \end{array} \right\}$

vemos que la segunda expresa un proceso de armonía vocálica, muy común en ciertas lenguas, más general que el expresado en la primera. La descripción en términos de segmentos, sin embargo, no permite establecer una correlación entre simplicidad de la descripción y generalidad del proceso, dado que la regla (1), que es menos general, utiliza menos símbolos en la descripción, mientras que la regla (2), que es más general, utiliza más símbolos. Una descripción en términos de rasgos fonológicos, en cambio, nos permtite describir con menos símbolos —con menor número de rasgos— el proceso más general y nos obliga a usar más símbolos en el proceso que es menos general o más restringido:

(1') $\begin{bmatrix} +\text{silábico} \\ +\text{bajo} \end{bmatrix}$ → [−retraído] / ——— $\begin{bmatrix} +\text{silábico} \\ -\text{retraído} \\ +\text{alto} \end{bmatrix}$

(2') $\begin{bmatrix} +\text{silábico} \\ +\text{bajo} \end{bmatrix}$ → [−retraído] / ——— $\begin{bmatrix} +\text{silábico} \\ -\text{retraído} \end{bmatrix}$

La teoría de los rasgos fonológicos permite, por tanto, identificar a toda una clase de sonidos mediante la especificación de uno o más rasgos, mientras que fuera de esta teoría tenemos que enumerar a los segmentos de la clase uno por uno. A partir de aquí es que se define la noción de *clase natural*: dos o más segmentos constituyen una clase natural si para especificarlos hacen falta menos rasgos de los que se necesitan para especificar a cada uno de los segmentos por separado. Es evidente que esta caracterización está dada en términos puramente fonéticos: todo conjunto de segmentos que compartan algún rasgo constituirán una clase natural. Pero lo interesante es descubrir que las clases que se han establecido sobre criterios puramente fonéticos comparten un mismo funcionamiento fonológico, es decir, que funcionan como tales clases en las reglas fonológicas o respecto a ellas. Desde un punto de vista fonológico un conjunto de segmentos constituyen una clase natural si a) aparecen juntos como entrada a una regla fonológica, b) aparecen juntos como salida de la regla, c) aparecen repartidos entre la entrada y la salida de la regla, d) funcionan juntos como contexto de una regla fonológica, o e) unos segmentos constituyen la salida de una regla en el contexto de los otros segmentos.

Veamos algunos ejemplos. Hemos dicho anteriormente (cap. 1 § 1; véase Harris, 1975: 57-67 y 222) que en castellano las consonantes /b/, /d/ y /g/ se pronuncian como [b], [d] y [g] respectivamente en los siguientes contextos: detrás de Vocal (p.ej. *ha*[b]*a, ha*[d]*a, ha*[g]*a*), detrás de [r] (p.ej. *ár*[b]*ol, ar*[d]*e, ar*[g]*amasa*), detrás de [l] a excepción hecha de [d] (p.ej. *cal*[b]*o, al*[g]*o*, pero *sal*[d]*o*), así como después de otra [b] o [d] (p.ej. *a*[db]*erso, a*[bd]*omen, su*[bg]*lotal*) y después de [z] (p.ej. *de*[zd]*e, ra*[zg]*o*). Dejando de lado algunos detalles más, es evidente que esto que acabamos de decir lo hemos hecho en términos de clases naturales, por lo que la regla que dé cuenta de estos hechos puede fácilmente formularse así:

$$
(3) \quad \begin{bmatrix} +\text{obstr} \\ -\text{tenso} \end{bmatrix} \rightarrow \begin{bmatrix} +\text{cont} \\ -\text{estrid} \end{bmatrix} / \left\{ \begin{array}{c} [+\text{obstr}] \\ [+\text{cont}] \\ <[-\alpha\ \text{cor}]> \end{array} \right\} \overline{<\alpha\ \text{cor}>}
$$

Es decir, los sonidos [b], [d] y [g] constituyen la clase de las consonantes oclusivas sonoras, que figuran como entrada de la regla (3), por lo que se cumple el caso (a) arriba mencionado. Las consonantes [b], [d] y [g] son las consonantes continuas no estridentes, que al aparecer como salida de la regla (3) constituyen el caso (b). Los seis sonidos en cuestión son las consonantes obstruyentes sonoras del castellano, que constituyen por tanto el caso (c), ya que están repartidas entre la entrada y la salida de la regla (3). El caso (d) puede representarse, por ejemplo, por todos los segmentos [+continuo] que aparecen como uno de los contextos de la regla en cuestión y que comprenden tanto a las vocales como a las consonantes continuas [b], [d], [g], [z] y [r]. El caso (e) podemos ejemplificarlo mediante otra regla que ya hemos mencionado antes (en el capítulo 6, regla 29) y que existe, por ejemplo, en francés:

$$
(4) \quad V \rightarrow \begin{bmatrix} V \\ +\text{nasal} \end{bmatrix} / \underline{} \begin{bmatrix} C \\ +\text{nasal} \end{bmatrix} \$
$$

En esta regla, la clase de los segmentos [+nasal] está repartida entre la salida y el contexto del proceso.

El hecho de que la mayoría de las reglas fonológicas deban formularse en términos de conjuntos de segmentos y que estos conjuntos posean una caracterización fonética en común es la mejor prueba de que las clases naturales corresponden a la realidad de las lenguas. Además, según lo que hemos dicho, puede observarse que hay una correspondencia entre mayor inclusión o generalidad de las clases y simplicidad en términos de los rasgos necesarios para identificarlas. Véanse, en este sentido, algunas de las clases que hemos mencionado:

CLASE A	CLASE B	CLASE C	CLASE D	CLASE E
b	b	ƀ	m	b
d	d	đ	n	d
g	g	g	ñ	g
	ƀ	z	ã	ƀ
[+obstr	đ	r	ẽ	đ
+sonoro	g	a	õ	g
−cont]		e	œ̃	z
	[+obstr	i		l
	+sonoro	o	[+nasal]	r
	−estrid]	u		m
				n
		[+cont		y
		+sonoro]		w
				a
				e
				i
				o
				u

[+sonoro]

A grandes rasgos, vemos que las clases A y B, que son las menos inclusivas, necesitan tres especificaciones para caracterizarse, mientras que las clases C y D, más inclusivas, necesitan dos y una especificación respectivamente. Hemos visto arriba que todas estas clases tienen un comportamiento funcional equiparable con respecto a determinadas reglas fonológicas. En cuanto a la clase E, la más inclusiva de todas, puede caracterizarse también mediante un solo rasgo; si bien hasta ahora no hemos tratado ninguna regla que tenga que ver con la clase de todos los sonidos sonoros de una lengua, es fácil mostrar que ésta es una clase operativa. Así, antes hemos mencionado que en catalán —ver regla (17) del capítulo 5— las consonantes estridentes se sonorizan en posición final de palabra, si la palabra siguiente empieza por vocal; de hecho, este proceso es más general de lo que allí hemos indicado: la sonorización de las estridentes en final de palabra se produce siempre que la palabra siguiente empieza por un sonido sonoro, ya sea vocálico o consonántico, es decir, precisamente cualquiera de los sonidos de la clase [+sonoro].[1]

Sin embargo, esta teoría de las clases naturales presenta algunos proble-

---

1. Que la clase [+sonoro] es operativa en catalán no supone que este fenómeno vaya a describirse mediante una sola regla. En realidad, es posible que, dados los supuestos teóricos actuales, tenga que descomponerse en dos procesos: por una parte, las estridentes, al igual que

mas. Un primer problema reside en que si bien con un rasgo podemos identificar toda una clase de segmentos que funciona como clase natural, no siempre el valor inverso de ese rasgo identificará también a una clase natural. Tal es el caso, por ejemplo, con el rasgo de nasalidad: hemos visto que [+nasal] identifica a la clase compuesta por consonantes y vocales nasales, y que ésta funciona como tal en la regla (4). Sin embargo, es difícil imaginar una regla que funcionara en términos del rasgo [−nasal]: esto es, es difícil suponer que el conjunto formado por las oclusivas no nasales, las fricativas, las africadas, las vocales no nasales, las líquidas, las semiconsonantes y las semivocales constituyan una clase natural. Sin embargo, según la teoría de los rasgos distintivos y la definición de «clase natural» que hemos visto, debería ser posible identificar a una clase natural de segmentos [−nasal], igual que hemos identificado una de segmentos [+nasal]. Esto entra, por tanto, en contradicción con lo que sabemos sobre el funcionamiento de las lenguas del mundo.

Otro problema de la teoría de los rasgos distintivos en relación a la noción de clase natural y simplicidad es que con un mismo número de rasgos podemos identificar a clases de naturalidad distinta, es decir, de mayor o menor frecuencia en las lenguas del mundo. Consideremos, por ejemplo, la clase de vocales caracterizada por los rasgos [−bajo, α retraído, α redondeado], la cual identifica a las vocales [e, i, o, u]: las dos primeras son [−retraído] y [−redondeado], mientras que las dos últimas son [+retraído] y [+redondeado]. Ahora bien, con este mismo número de rasgos, cambiando p.ej. redondeado por alto, obtenemos la clase [−bajo, α retraído, α alto], la cual caracteriza a las vocales [e, œ, u, ɯ], ya que las dos primeras son [−retraído] y [−alto], mientras que las dos últimas son [+retraído] y [+alto]. Sin embargo, son muchas las lenguas cuyas únicas vocales [−bajas] son [e i o u], como por ejemplo el castellano, mientras que es difícil encontrar lenguas que consten de [e œ u ɯ] como únicas vocales [−bajas]. Por tanto, el grupo de vocales caracterizable como clase natural mediante los rasgos [−bajo, α retraído, α alto] no está dotado de la misma «naturalidad» o plausibilidad que el caracterizado mediante [−bajo, α retraído, α redondeado], a pesar de que la definición de «clase natural» dentro de la teoría de los rasgos distintivos no refleja tal diferencia, ya que permite caracterizarlos a los dos por igual.

Problema: Utilizando los rasgos distintivos de Chomsky y Halle (1968), introducidos en el capítulo 1 § 4, caracterizar las clases naturales formadas por los segmentos que aparecen dentro de los recuadros, por medio de los rasgos compartidos por dichos segmentos:

---

otras consonantes, se sonorizan cuando van seguidas de consonante sonora, ya sea en el interior de una palabra, como entre palabras distintas; mientras que el proceso de sonorización ante vocal se produce sólo si entre la estridente y la vocal media un linde de palabra, tal como indicamos en la regla (17) del cap. 5.

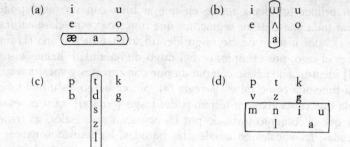

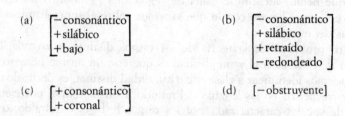

Solución: Los rasgos caracterizadores de estas clases son los siguientes:

(a)
$$\begin{bmatrix} -\text{consonántico} \\ +\text{silábico} \\ +\text{bajo} \end{bmatrix}$$

(b)
$$\begin{bmatrix} -\text{consonántico} \\ +\text{silábico} \\ +\text{retraído} \\ -\text{redondeado} \end{bmatrix}$$

(c)
$$\begin{bmatrix} +\text{consonántico} \\ +\text{coronal} \end{bmatrix}$$

(d) $[-\text{obstruyente}]$

3. LA NATURALIDAD DE LOS SEGMENTOS Y LOS SISTEMAS

El problema de la medida de simplicidad formulada en términos de «clases naturales» es que solamente cuenta el número de rasgos especificados, sin tener en cuenta el «contenido intrínseco» de esos rasgos (véase Chomsky y Halle, 1968, cap. 9). Así, acabamos de ver que no es lo mismo en cuanto a la naturalidad de la clase, la definida por el rasgo [+nasal] que la definida por [−nasal]. En cambio, otros rasgos no presentan este desequilibrio en cuanto a su capacidad para funcionar como caracterizadores de clase, tanto en su valor positivo como negativo: así, es común encontrar [+consonántico] al igual que [−consonántico] como caracterizadores de una clase que funciona como tal en relación a alguna regla fonológica. Por tanto, cualquier medida de simplicidad que se limite a un recuento mecánico de los rasgos, sin tener en cuenta la diferencia intrínseca entre unos rasgos y otros, está condenada al fracaso.

En realidad, el rasgo [−nasal] define a la totalidad de muchos sistemas fonológicos del mundo, mientras que [+nasal] define sólo a unos cuantos segmentos que muchas lenguas no poseen. Ello es así con mayor propiedad si limitamos [+nasal] a las vocales: la mayoría de las lenguas del mundo carecen de vocales nasales. En cambio, no hay ninguna lengua en el mundo que carezca de consonantes y vocales: por ello es que la caracterización en términos del rasgo [+consonántico] o [−consonántico] no suscita ninguna asimetría, ya que todos los sistemas fonológicos del mundo son susceptibles de dividir sus segmentos en dos categorías, consonantes y vocales. Esto significa que hay algún tipo de jerarquía entre los rasgos, en el sentido de que unos rasgos, p.ej. [consonántico], son más primarios que otros, p.ej. [nasal]. Y la teoría de los rasgos distintivos no define esa jerarquía de manera universal, aplicable a todas las lenguas, sino que deja que se establezca en cada lengua en particular.

Desde 1941, en que R. Jakobson publicó su *Kindersprache, Aphasie und allgemeine Lautgesetze*, sabemos que hay unos segmentos más básicos que otros y por tanto más naturales; y que los segmentos fonológicos están organizados en sistemas más o menos naturales. Caracterizar a unos segmentos o clases de segmentos como más básicos o primarios que otros constituye una serie de universales sustantivos, que Jakobson trató de establecer sobre la base de tres tipos de fenómenos: a) psicolingüísticos, referidos a la adquisición del lenguaje en los niños, así como a su retroceso en las afasias, b) sincrónicos, referidos a las tipologías lingüísticas, y c) diacrónicos, referidos a la evolución fonológica de las lenguas. Jakobson estableció dichos universales sobre la base de lo que él llamó las «leyes de solidaridad irreversible». Observó, por ejemplo, que la adquisición de las consonantes fricativas presupone la adquisición de las oclusivas en el lenguaje infantil, y que en las lenguas del mundo las primeras no pueden existir a no ser que existan también las segundas. Que tanto la adquisición del lenguaje infantil como las tipologías de las lenguas del mundo muestran que la serie de consonantes oclusivas sonoras presupone la de las sordas. Asimismo observó que la oposición de abertura es la primera que los niños adquieren en las vocales y que en las lenguas del mundo el sistema vocálico básico es /i/, /a/, /u/. Que las vocales anteriores redondeadas y posteriores no redondeadas no se adquieren hasta después de haber adquirido las vocales anteriores no redondeadas y posteriores redondeadas, y que en las lenguas del mundo no son frecuentes las vocales anteriores redondeadas y posteriores no redondeadas, las cuales presuponen siempre la existencia de vocales anteriores no redondeadas y posteriores redondeadas. Y en relación con los hechos diacrónicos, Jakobson observó que están regidos por estas mismas leyes, en el sentido de que una lengua no evoluciona hacia uno de estos sonidos o series de sonidos secundarios si no posee previamente los valores primarios: p.ej., una lengua no desarrolla la serie de consonantes fricativas si no tiene una serie oclusiva, y así sucesivamente.

Si afirmamos que hay segmentos más primarios o básicos que otros, y que hay oposiciones de rasgos más básicas que otras, hemos de concluir que hay sistemas más plausibles o naturales que otros. Es decir, si en las vocales las oposiciones de abertura y antero-posterioridad son más básicas que la de redondeamiento, tenemos que un sistema como el de (5a) es plausible, mientras que el de (5b) no lo es:

(5) a.

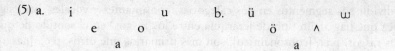

En efecto, (5a) es un sistema vocálico que existe en muchas lenguas, como por ejemplo el castellano, mientras que (5b) no aparece atestiguado. Lo que sí se encuentra, en cambio, es una combinación de ambos, como en (5c) o (5d), donde aparece respetada la ley de solidaridad de Jakobson, en el sentido de que si bien se da una oposición de redondeamiento, ésta aparece junto a la oposición de antero-posterioridad:

(5) c. i ü ɯ u   d. i ü u
        e ö ʌ o   e ö o
          a   a

Hay, desde luego, una cierta circularidad en estas apreciaciones sobre «naturalidad»: decidimos que ciertos segmentos o sistemas son más naturales que otros, porque aparecen más favorecidos por las diversas lenguas del mundo (así como por los estadios en la adquisición del lenguaje infantil). Si de repente encontramos algún sistema poco plausible en alguna lengua del mundo, caben dos caminos: revisamos nuestra definición de lo que es natural y lo que no lo es, o concluimos que la «madre naturaleza» no es generosa por igual con todas las lenguas.

En realidad, ambos caminos se transitan a la vez: por una parte, nadie considera que tengamos ya la última palabra establecida sobre la naturalidad: siempre aparecen criterios nuevos que hay que tener en cuenta, y todo lo que sabemos sobre este problema de la naturalidad es provisional. Por otra parte, aun careciendo de criterios definitivos, podemos concluir que hay lenguas que poseen sistemas fonológicos que se aproximan más que otros a lo que consideramos natural.

4. La teoría de la Marcación

4.1. *Convenciones de Marcación Léxica*

Con el fin de incorporar el contenido intrínseco de los rasgos, a que hacíamos referencia en la sección anterior, así como algunas de las observaciones de Jakobson sobre naturalidad, Chomsky y Halle (1968: cap. 9) proponen una revisión del criterio de simplicidad original. En lugar de representar las piezas léxicas en el lexicón mediante los símbolos + y −, en la nueva teoría se representan mediante *m* y *nm* (*m* y *u* en inglés): *m* equivale a *marcado* y *nm* a *no marcado* (en inglés, *u* por *unmarked*).[2] Una serie de reglas universales interpretan los símbolos *m* y *nm* (o *u*), convirtiéndolos en + y −. Es decir, las reglas o convenciones universales se definen en general para todas las lenguas y convierten la especificación [*nmR*] (o [*uR*]), siendo R un rasgo, en [αR] y la especificación [*mR*] en [−αR]. Dichas convenciones universales se establecen sobre los valores «naturales», según lo observado en las lenguas del mundo: [*nmR*] (o [*uR*]) define, por tanto el valor «natural» para ese rasgo, ya sea en cualquier segmento o en una clase de segmentos. Veamos algunos ejemplos de convenciones universales presentadas por Chomsky y Halle para las vocales (6) y para las consonantes (7):

(6) Algunas convenciones de marcación para vocales:[3]

$$(X) \quad [u \text{ retr}] \rightarrow [+\text{retr}] \ / \ \left[\overline{+\text{bajo}}\right]$$

$$(XI) \quad [u \text{ redondeado}] \rightarrow \begin{cases} [\alpha \text{ redondeado}] \ / \ \begin{bmatrix} \alpha \text{ retraído} \\ -\text{bajo} \end{bmatrix} & (a) \\ \\ [-\text{redondeado}] \ / \ \left[\overline{+\text{bajo}}\right] & (b) \end{cases}$$

(7) Algunas convenciones de marcación para consonantes:

$$(XIII) \quad [u \text{ nasal}] \rightarrow [-\text{nasal}]$$

$$(XXI) \quad [u \text{ sonoro}] \rightarrow [-\text{sonoro}] / \left[\overline{-\text{sonorante}}\right]$$

La convención (X) para las vocales afirma que el valor no marcado para el rasgo retraído es [+retraído] si se trata de una vocal baja; esto define a la /a/ como la vocal básica dentro de las bajas, más básica que /æ/, por ejemplo. La primera parte de la convención (XI) determina que el valor no marcado

2. El parentesco entre esta teoría y la de la Fonología de Praga es remoto, si bien la terminología es la misma. Para Trubetzkoy (véase la definición de oposiciones *privativas*, en *Principios de Fonología*, p. 66s de la edición castellana) el término *marcado* de una oposición siempre es el que posee determinado rasgo en su valor positivo y el *no marcado* es el que lo posee en el valor negativo. Por ejemplo, en la oposición de sonoridad, [+sonoro] equivale al término marcado y [−sonoro] al no marcado. Esta diferenciación es operativa en las neutralizaciones: el término no marcado es el que sustituye al marcado en las posiciones de neutralización; por ejemplo, en la desonorización de consonantes sonoras en posición final de palabra, los segmentos [−sonoro] son los miembros de la oposición que aparecen en dicha posición. Para Chomsky y Halle (1968), en cambio, marcado se identifica con menos natural y no marcado con más natural: así, en las consonantes [+sonoro] es marcado, mientras que en las vocales [+sonoro] es no marcado.

3. El rasgo *posterior* del original inglés lo vertemos por *retraído*, para que resulte consistente con la nomenclatura utilizada a lo largo de todo el libro.

para el rasgo de redondeamiento es coincidente con el rasgo de retracción, si se trata de una vocal no baja: define por tanto a /e, i, o, u/ como más básicas que /ö, ü, ʌ, ɯ/, ya que en las primeras coinciden los valores para los rasgos redondeado y retraído, mientras que en las últimas no. La segunda parte de la convención (XI) determina que en las vocales bajas el valor no marcado para el rasgo de redondeamiento es [−redondeado], lo cual define a la vocal /a/ como más básica que /ɔ/, por ejemplo. Por tanto, las convenciones (X) y (XI) en conjunto definen como vocales más básicas a la /a/ por ser retraída y no redondeada y a las vocales /i, e, o, u,/ por coincidir en los valores de los rasgos [retraído] y [redondeado].

En cuanto a las convenciones para consonantes, (XIII) determina que [−nasal] es no marcado y [+nasal] es marcado; es decir, parte de la observación de que las consonantes orales son más básicas o naturales que las nasales. La convención (XXI) afirma que dentro de las consonantes obstruyentes (fuera, por tanto, de líquidas y nasales) las sordas son las no marcadas.

La repercusión de esta nueva modalidad de la teoría para la medida de simplicidad es que sólo las especificaciones *m* del lexicón cuentan como tales, mientras que las *u* no agregan nada a la complejidad de la especificación del segmento. Así, para saber el grado de complejidad de un segmento sumamos sólo los valores *m* y no contamos los valores *u*. Las *u*es, por tanto, son el equivalente de los ceros o casillas vacías que hemos visto en el capítulo 3 sobre redundancia. Allí vimos que el dejar rasgos sin especificar, de acuerdo con el criterio de simplicidad original, comportaba una serie de problemas; en este nuevo modelo evitamos esos problemas, ya que ningún rasgo queda por especificar. Otra consecuencia del nuevo modelo es que permite omitir algunas de las reglas de redundancia. Recuérdese que, según dijimos en el capítulo 3 § 2, necesitábamos Reglas de Estructura Morfemática (o Condiciones de EM, si se prefieren éstas a aquéllas) que determinaran que todas las vocales han de ser [−anterior, +continuo, −estridente]. Este tipo de definición pasa ahora a formar parte de las convenciones universales definidoras de las vocales.

A partir de las convenciones universales para la marcación de las vocales (de las cuales hemos dado dos arriba) y de la definición de la complejidad de cada segmento como la suma de los rasgos marcados, Chomsky y Halle (1968) dan los siguientes valores universales para las vocales (los espacios que dejamos en blanco, siguiendo la convención de Chomsky y Halle, corresponden a los valores *nm* (o *u*), no marcados; debajo de cada vocal figura su complejidad, obtenida mediante la suma de las *em*es [4]):

4. Sólo aquellos valores en los que no hay uno más básico que otro quedan especificados como [+R] o [−R] en el lexicón, en lugar de especificarse como marcado o no marcado: así sucede con el rasgo [retraído] para la mayoría de las vocales; de cara a establecer la complejidad del segmento, estos valores cuentan como *em*es.

(8)

	a	i	u	æ	ɔ	e	o	ü	ɯ	œ	ö	ʌ
bajo				m	m							m
alto			i			m	m				m	m
retraído³			−	+	m	−	+	−	+	m	−	+
redondeado				m			m	m	m	m	m	m
complejidad	0	1	1	2	2	2	2	2	2	3	3	3

Esta matriz define la vocal /a/ como la no marcada y por tanto más natural, lo cual parece estar de acuerdo con las observaciones de Jakobson (1941) de que es la primera vocal que aparece en el lenguaje infantil, y la vocal básica que no falta en ninguna lengua del mundo. Las vocales /i/ y /u/ son las menos marcadas después de la /a/, con 1 marca cada una, lo que parece estar también de acuerdo con la observación de que estas tres vocales —el triángulo /a/, /i/, /u/— constituyen el sistema vocálico más básico, tanto en la adquisición del lenguaje como en las diversas lenguas del mundo. Las vocales medias /e/ y /o/ tienen dos marcas cada una, así como las vocales abiertas anterior y posterior /æ/ y /ɔ/. Las vocales /ü/ y /ɯ/ tienen también dos marcas: son más básicas que /e/ y /o/ por ser altas, pero menos básicas por no tener valores coincidentes para redondeamiento y retracción. Las tres vocales medias restantes, /œ/, /ö/ y /ʌ/ tienen tres marcas cada una: son, por tanto, más marcadas que las medias /e/ y /o/ correspondientes, a causa del rasgo de redondeamiento, ya que en las tres primeras no coincide con el de retracción y en las últimas sí.

Chomsky y Halle (1968:409) dan, además, el siguiente principio:

(9)   La complejidad del sistema es igual a la suma de los rasgos marcados de sus miembros.

Según este principio, el sistema vocálico / a i u e o / de (5a) tendrá una complejidad de 6 (0 + 1 + 1 + 2 + 2), mientras que el sistema /a ü ɯ ö ʌ/ de (5b) tendría una complejidad de 10 (0+ 2 + 2 + 3 + 3), lo cual está de acuerdo con las observaciones que hemos hecho antes sobre la diferente naturalidad de (5a) y (5b).

Sin embargo, como los mismos Chomsky y Halle han notado, esta medida de la complejidad de los sistemas tiene planteados algunos problemas. Por ejemplo, según se desprende de (8), las vocales /e/ y /ü/ tienen ambas una complejidad de 2, lo cual no parece correcto, ya que /e/ debería ser una vocal más básica que /ü/. Y la consecuencia de esto es que un sistema poco natural como podría ser /a ü ɯ/ tendría complejidad de 4 (0 + 2 + 2), mientras que hemos visto que un sistema tan básico como el de (5a) tiene asignada una mayor complejidad: 6. Para resolver este problema, Chomsky y Halle (1968:410) proponen el siguiente principio adicional:

(10)   Ningún segmento vocálico puede ir marcado para el rasgo «redondeado» a menos que algún segmento vocálico del sistema vaya marcado para el rasgo «alto».

Este principio permite definir a las vocales /e/ y /o/ como más básicas que /ü/ y /ɯ/, por ejemplo. Interpretado en términos absolutos, elimina la posibilidad de que se dé un sistema formado por las cinco vocales / a i ü u ɯ /; esta predicción no parece adecuada.

Quedan una serie de problemas pendientes con respecto al principio (10): no está claro cómo hay que interpretarlo, si es que no queremos eliminar un sistema vocálico como el que acabamos de mencionar. Tampoco está clara su relación con las convenciones de marcación. Por otra parte, es posible que hagan falta otros principios de este tipo, por ejemplo, con respecto al rasgo [nasal]. Así, las vocales nasales ven aumentada en una marca su complejidad: /ã/, por ejemplo, tiene una marca, debido a que es [m nasal]. Esto significa que, según el principio (9), el sistema vocálico (11) tendría 5 marcas,

(11)   ī   ū

      a   ã

por lo que sería más simple que el sistema (5a) / a i u e o /, que tiene 6; sin embargo, el sistema (5a) es mucho más plausible que el sistema (11). Se ha señalado, a veces, que quizás haga falta incorporar una jerarquía entre los rasgos, en el sentido de que, por ejemplo, el rasgo [nasal] debería significar más en términos de la complejidad del sistema que otros rasgos, como el [alto] o el [retraído].

El problema más grave de la formulación en términos de marcación es que no permite tener en cuenta la totalidad del sistema, ya que cada segmento recibe un grado de complejidad, independientemente de sus relaciones con los otros elementos del sistema. Un principio como el (9) se ha puesto en tela de juicio [5] porque no parece correcto que se defina la complejidad del sistema solamente en función de la complejidad de los segmentos que lo forman; la naturalidad de las clases y los sistemas debería tener en cuenta también las *relaciones* entre los segmentos. Así, no parece correcto concluir que un sistema vocálico como el de (11) tiene una complejidad menor que el de (5a), ya que (11) presentaría una sola vocal oral y una clase de tres vocales nasales; estas tres vocales nasales no deberían considerarse con el mismo valor insertas en un sistema como el de (11) que insertas en un sistema, como por ejemplo, el siguiente, en el que la clase de las vocales orales sería la más numerosa:

(12)   i ī   u ū

        e   o

          a ã

Esto podrá verse todavía mejor en relación a las consonantes. Según las convenciones de marcación para consonantes (de las cuales hemos dado dos

---

5. Véase, por ejemplo, Vennemann (1972b).

arriba) presentadas por Chomsky y Halle, la complejidad de un sistema consonántico, como el que tenemos p. ej. en castellano, en relación con los rasgos [coronal, anterior, continuo, estridente, sonoro, nasal] viene dada por la siguiente matriz:

(13)

	p	t	k	b	d	g	č	f	θ	s	x	m	n	ñ
coronal	−	+		−	+		m					m		
anterior			m		m	m					m			m
retraído						m								m
continuo								m	m	m	m			
estridente								m						
sonoro				m	m	m								
nasal												m	m	m
Complejidad	1	1	1	2	2	2	2	2	2	1	2	2	1	3

Este cuadro determina que las consonantes oclusivas sordas /p t k/ son más básicas que las oclusivas sonoras /b d g/ y que las fricativas /f θ x/, ya que la primera serie tiene una sola marca, mientras que estas dos últimas series tienen dos. Por otra parte, la fricativa estridente /s/ y la nasal coronal /n/ tienen también una sola marca, con lo que se las define tan básicas como las primeras. Esto parece estar de acuerdo con las observaciones de Jakobson (1941) sobre adquisición del lenguaje infantil y sobre tipologías; y con las de Trubetzkoy (1939) sobre tipologías lingüísticas. Como afirman Chomsky y Halle (1968: 413) «es significativo que estas cinco consonantes [/ptksn/] raramente están ausentes de los sistemas fonológicos de las lenguas».

Es muy común que los sistemas consonánticos de muchas lenguas del mundo estén constituidos por estas cinco consonantes básicas más otras consonantes de complejidad 2, como en los siguientes:

(14a) p t k   (14b) p t k
       b d g   f s x
       s   m n
       n

Estos dos sistemas constituidos por ocho consonantes cada uno tienen ambos una complejidad de 11: (14a), además de las cinco consonantes básicas, ha adoptado la oposición de sonoridad, introduciendo la serie de las oclusivas sonoras, con una complejidad de 2 cada una, mientras que (14b) ha agregado la oposición de continuidad, introduciendo la serie de las consonantes fricativas sordas, con una complejidad de 2 cada una. Cada uno de estos sistemas es plausible, o natural: se encuentran en muchas lenguas. Sin embargo, la Teoría de la Marcación no es capaz de distinguir estos dos sistemas de los siguientes, en términos de naturalidad:

(15a)	p t k		(15b)	p t k		(15c)	p t k	
	b d			b				g
	x			s x			f s	
	m			ñ			m n	

Cada uno de estos sistemas tiene también una complejidad de 11, sin embargo no parecen tan naturales como los de (14), ya que por una parte no utilizan al máximo las oposiciones de sonoridad y continuidad; por otra parte, sería muy extraña la presencia de ciertos segmentos, estando otros ausentes, como en el sistema (15b), que posee /ñ/, por ejemplo, mientras que carece de /m/ y /n/.

Es cierto, como decíamos al principio del capítulo, que la noción de «naturalidad» no es del todo explícita en las diversas definiciones y descripciones lingüísticas. En todas estas discusiones subyace la idea de la «simetría» de los sistemas, concepto que aprendimos del estructuralismo. Pero también es cierto que los sistemas fonológicos de las lenguas del mundo suelen organizarse alrededor de parámetros de simetría. Si estas observaciones son ciertas, la medida de simplicidad o complejidad de los sistemas tendrá que refinarse para dar cabida a estas nociones de simetría, relaciones de los elementos del sistema, máximo aprovechamiento de las oposiciones, etc.

Problema: Formular Convenciones de Marcación léxica que den cuenta de la mayor naturalidad del primer segmento de cada una de las parejas siguientes: (a) m - m̰, (b) n - ñ, (c) k - x, (d) m - m̥.

Solución: (a) La mayor naturalidad de la bilabial [m] frente a la labiodental [m̰] tiene que basarse en el rasgo [distribuido], ya que éste es el único rasgo que diferencia a ambos segmentos entre sí: [m] es [+distribuido], mientras que [m̰] es [−distribuido]. La convención de marcación será, por tanto:

$$(16) \quad \text{a.} \quad [nm \text{ distribuido}] \rightarrow [+\text{distribuido}] \ / \ \begin{bmatrix} +\text{consonante} \\ +\text{nasal} \\ +\text{anterior} \\ -\text{coronal} \end{bmatrix}$$

(b) Como [n] es la menos marcada de todas las consonantes nasales, podemos sencillamente formular la siguiente Convención:

$$\text{b.} \quad \begin{bmatrix} nm \text{ anterior} \\ nm \text{ coronal} \end{bmatrix} \rightarrow \begin{bmatrix} +\text{anterior} \\ +\text{coronal} \end{bmatrix} \ / \ \begin{bmatrix} +\text{consonante} \\ +\text{nasal} \end{bmatrix}$$

(c) Ya hemos dicho que todas las oclusivas (no sólo la velar /k/) son más naturales que las fricativas. La Convención, por tanto, puede ser:

206

c. $[nm \text{ continuo}] \rightarrow [-\text{continuo}]$ / $\begin{bmatrix} \overline{} \\ +\text{obstruyente} \end{bmatrix}$

(d) De hecho, todas las nasales sonoras son más básicas que las sordas, no sólo la bilabial [m], por lo que la Convención podría formularse:

d. $[nm \text{ sonoro}] \rightarrow [+\text{sonoro}]$ / $\begin{bmatrix} \overline{} \\ +\text{consonante} \\ +\text{nasal} \end{bmatrix}$

Pero como no sólo las nasales sonoras son menos marcadas que las nasales sordas, sino que cualquier no obstruyente (vocales, líquidas y nasales) sonora es menos marcada que las sordas, deberíamos formular una convención general que sirviera de complemento a la Convención XXI de Chomsky y Halle que hemos dado más arriba:

d'. $[nm \text{ sonoro}] \rightarrow [+\text{sonoro}]$ / $\begin{bmatrix} \overline{} \\ -\text{obstruyente} \end{bmatrix}$

4.2. Reglas *naturales*

Otro de los conflictos surgidos entre los rasgos fonológicos y la medida de simplicidad tiene que ver con las reglas fonológicas. Sabemos que hay reglas que son «naturales», porque se dan en una lengua tras otra, y muchas de ellas porque tienen, además, fácil explicación en términos fonéticos. En el capítulo 2 § 4.1, por ejemplo, hemos visto reglas de asimilación cuya razón de ser es la aproximación de unos sonidos a otros, en términos articulatorios, entre sonidos adyacentes. Asimismo, en el capítulo 2 § 4.3, hemos visto reglas, como las de simplificación de grupos consonánticos o vocálicos, que tienden hacia la configuración silábica CV, la cual parece ser la sílaba prototípica por excelencia. Hay también reglas de reducción vocálica en posición átona que se repiten de una lengua a otra, como en el caso del catalán en que el sistema vocálico se reduce a las tres vocales [ə i u] en esta posición; es posible que en este caso la explicación pueda darse en términos acústicos, por una tendencia a diferenciar los sonidos al máximo (véase Schane, 1972). Sin embargo, la naturalidad de algunos de estos procesos no queda reflejada en la descripción inicial.

4.2.1. Teoría del enlace [*linking*]

Chomsky y Halle (1968: cap. 9) notan que reglas como las de (a) son más naturales que las de (b), lo cual no se capta al formularlas mediante rasgos fonológicos, como puede verse en (19) y (20):

(17) a. i $\rightarrow$ u
      b. i $\rightarrow$ ɯ

(18) a. t → s
      b. t → θ

(19) a. $\begin{bmatrix} -\text{cons} \\ +\text{alto} \\ -\text{retr} \\ -\text{red} \end{bmatrix}$ → $\begin{bmatrix} +\text{retr} \\ +\text{red} \end{bmatrix}$

      b. $\begin{bmatrix} -\text{cons} \\ +\text{alto} \\ -\text{retr} \\ -\text{red} \end{bmatrix}$ → $[+\text{retr}]$

(20) a. $\begin{bmatrix} +\text{obstr} \\ +\text{ant} \\ +\text{cor} \\ -\text{cont} \\ -\text{estrid} \end{bmatrix}$ → $\begin{bmatrix} +\text{cont} \\ +\text{estrid} \end{bmatrix}$

      b. $\begin{bmatrix} +\text{obstr} \\ +\text{ant} \\ +\text{cor} \\ -\text{cont} \\ -\text{estrid} \end{bmatrix}$ → $[+\text{cont}]$

De hecho, si nos atenemos a la formulación en términos de rasgos, los procesos (b) son más simples que los procesos (a), dado que las reglas exigen un cambio de rasgo menos que en (a): la regla (19a) cambia tanto el rasgo [retraído] como el [redondeado], mientras que la regla (19b) sólo tiene que cambiar el rasgo [retraído], puesto que el valor [−redondeado] ya venía dado en la Descripción Estructural de la regla y no hace falta, por tanto, incluirlo en el Cambio Estructural. Sin embargo, las reglas de (b) son menos plausibles o naturales. Veamos cómo puede solucionarse este problema.

Recuérdese que hemos introducido la Convención XI de Marcación para vocales, la cual define el valor no marcado para el rasgo [redondeado] según el valor del rasgo [retraído], de manera que si ambos coinciden, el primero es no marcado. Si observamos las dos reglas de (19), vemos que a la salida de (19a), la vocal es [+retraído, +redondeado], mientras que a la salida de (19b), la vocal es [+retraído, −redondeado], por lo que en el primer caso es [*nm* redondeado], mientras que el segundo es [*m* redondeado]. En casos como éste en que el valor no marcado de un rasgo es predecible a partir del cambio de otro rasgo efectuado por una regla fonológica, Chomsky y Halle proponen «enlazar» la Convención de Marcación correspondiente con la regla en cuestión, de manera que no es necesario que ésta especifique el valor del rasgo no marcado; en aquellos casos en que el rasgo en cuestión adopte el valor marcado, la regla tiene que especificarlo. Así la regla (19a) se formularía como (19'a):

$$(19') \quad \text{a.} \quad \begin{bmatrix} -\text{cons} \\ +\text{alto} \\ -\text{retr} \end{bmatrix} \rightarrow [+\text{retr}]$$

La convención XI enlaza ahora con la regla (19'a), prediciendo el valor [+redondeado]. En cambio, como la salida de la regla (19b) contiene el rasgo [m redondeado], éste tiene que especificarse para bloquear que funcione el enlace; de esta manera, la regla se formularía como en (19'b):

$$(19') \quad \text{b.} \quad \begin{bmatrix} -\text{cons} \\ +\text{alto} \\ -\text{retr} \end{bmatrix} \rightarrow \begin{bmatrix} +\text{retr} \\ -\text{red} \end{bmatrix}$$

El enlace de las Convenciones de Marcación con las reglas fonológicas nos permite así establecer la correlación deseada entre simplicidad y naturalidad.

Lo mismo es aplicable al proceso (18). Dado que existe una convención de marcación que predice que el valor [nm estridente] es [+estridente] para las consonantes obstruyentes anteriores coronales si son fricativas o africadas, [6] podemos reformular la regla (20a) como (20'a):

$$(20') \quad \text{a.} \quad \begin{bmatrix} +\text{obstr} \\ +\text{ant} \\ +\text{cor} \\ -\text{cont} \end{bmatrix} \rightarrow [+\text{cont}]$$

La salida de esta regla enlaza con la mencionada convención, la cual predice que se trata del sonido [+estridente] /s/. En el caso de la regla (20b), la salida tendría que especificar que se trata del segmento [m estridente] /θ/:

6.   Véase la Convención XXVII de Chomsky y Halle (1968: 407), así como su reformulación en Harris (1975b: 235). Chomsky y Halle, como hemos visto en el cap. 1 § 4.4.1, introduce el rasgo [*delayed release*] o [explosión retardada] para abarcar a fricativas y africadas, y Harris introduce [fricativo] con el mismo fin. Para no complicar la descripción, nosotros suponemos que el enlace con la regla (20) funciona sobre la base del rasgo [+continuo]. Una de las modificaciones de la convención de marcación para el rasgo [estridente] que Harris propone consiste en especificar tanto a /s/ como a /θ/ [nm estridente]. Sin embargo, Harris sigue considerando que /θ/ es más marcado que /s/ en cuanto al rasgo [distribuido]: /θ/ es [m distribuido], mientras que /s/ es [nm distribuido]; por tanto, lo que decimos a continuación vale para el rasgo [distribuido] en vez del rasgo [estridente], si es que adoptamos la convención de Harris. Esta modificación no afecta la esencia de las relaciones de enlace.

(20')   b.
$$\begin{bmatrix} +\text{obstr} \\ +\text{ant} \\ +\text{cor} \\ -\text{cont} \end{bmatrix} \rightarrow \begin{bmatrix} +\text{cont} \\ -\text{estrid} \end{bmatrix}$$

Nuevamente, el enlace de las Convenciones de Marcación con las reglas fonológicas permite establecer la correlación deseada entre simplicidad y plausibilidad, dado que la regla (20'a), que según Chomsky y Halle es más plausible que (20'b), es más simple.

Una de las críticas que se han hecho a la formulación del Enlace (véase, p. ej., Vennemann, 1972b) es que está basada en el grado de naturalidad del segmento resultante por aplicación de la regla, pero no en el grado de naturalidad del proceso en sí. Es decir, aun aceptando el supuesto de que /u/ es más natural que /ɯ/ y /s/ es más natural que /θ/, es muy posible que en determinada ocasión un proceso que tenga a /ɯ/ o /θ/ como salida sea más natural que el correspondiente proceso con /u/ o /s/ como salida, respectivamente. Veamos un ejemplo.

Si bien puede aceptarse que (según las convenciones de marcación) las estridentes fricativas /v/ y /z/ sean más naturales que las no estridentes fricativas /ƀ/ y /đ/, el proceso de espirantización que convierte las oclusivas sonoras /b d g/ en las fricativas [ƀ đ g] en algunos contextos, básicamente detrás de vocal (véase la regla 3 al comienzo de este capítulo), está más atestiguado en diversas lenguas, que un proceso semejante que convirtiera las oclusivas sonoras /b d/ en las estridentes [v z]. Y sin embargo, las no estridentes [ƀ], [đ], son [*m* estridente], mientras que [v], [z] son [*nm* estridente]. Por tanto, además de reflejar la relativa complejidad de los segmentos involucrados en las reglas, la gramática debería ser capaz de reflejar la relativa complejidad o naturalidad del proceso en sí.

Otro de los problemas que se han señalado (vése Vennemann, 1972b) es que la formulación mediante enlace no permite tener en cuenta el sistema en el cual se inserta el Cambio Estructural de una regla, es decir, las relaciones entre el segmento (o segmentos) resultante(s) de la aplicación de la regla en cuestión y el resto de los segmentos del sistema. Vennemann (1972b: 232 s) señala, por ejemplo, que la regla que en alemán convierte a /x/ en [ç] detrás de vocales anteriores debe especificarse así, en el marco de la teoría de Chomsky y Halle:

(21)
$$\begin{bmatrix} +\text{consonante} \\ -\text{coronal} \\ -\text{anterior} \\ +\text{continuo} \end{bmatrix} \rightarrow \begin{bmatrix} -\text{retraído} \\ -\text{coronal} \end{bmatrix} \ / \ [-\text{retraído}]\text{\rule{2cm}{0.4pt}}$$

ya que si se dejara el rasgo [−coronal] sin especificar a la salida de la regla, la convención de enlace permitiría aplicar la siguiente convención (que es parte de la Convención XXIII de Chomsky y Halle, 1968),

(22) $[nm \ coronal] \rightarrow [\alpha coronal] \ / \begin{bmatrix} \underline{\hspace{2cm}} \\ -\alpha retraído \\ -anterior \end{bmatrix}$

la cual predice que las consonantes [−anterior, −retraído] no marcadas para el rasgo [coronal] son [+coronal] y convertiría incorrectamente a la consonante en cuestión en [š]. El resultado en [š] en lugar de [ç] sería el más natural en términos universales, sin embargo, no sería el más afortunado para el alemán —señala Vennemann— dado que se produciría neutralización con el sonido [š] existente también en alemán en otros contextos. [7] Pero la formulación en términos de enlace no permite captar estas particularidades de una lengua, sino que determina el grado de complejidad de una regla a partir de criterios exclusivamente universales.

4.2.2. Incorporación de marcación en las reglas

Con el fin de captar la mayor naturalidad de los procesos, no sólo de los segmentos, se han presentado dos propuestas tentativas: Postal (1968) y Schachter (1969).

Postal propone el uso de valores no marcados [u], junto con + y −, en la parte derecha de las reglas. Así, dada la plausibilidad de las reglas de desonorización de consonantes sonoras en posición final de palabra, la regla (1) del capítulo 5 para el catalán podría reformularse así:

(23) $[+sonoro] \rightarrow [u \ sonoro] \ / \begin{bmatrix} +obstruyente \\ \underline{\hspace{2cm}} \end{bmatrix} \ \#$

Esto podría parecer equivalente al procedimiento del Enlace, con la convención adicional por parte de Chomsky y Halle de dejar en blanco aquellos valores no marcados, como en este caso [u sonoro]. Hay, no obstante, una gran diferencia: las Convenciones de Marcación que se aplican por enlace se definen todas a nivel léxico, es decir, son convenciones establecidas a nivel de los segmentos como constituyentes de morfemas. Aquí, en cambio, nos encontramos a otros niveles, tras la aplicación de ciertas reglas fonológicas; uno de esos niveles, por ejemplo, es el de la palabra. En el planteamiento de Postal, la salida de la regla (23) es no marcado para sonoridad porque en este contexto, al final de palabra, el valor no marcado para sonoridad es [−sonoro], no porque las obstruyentes [−sonoro] sean menos marcadas en general, a pesar de que en este caso ambos valores coinciden. Lo que estamos diciendo puede verse más claramente si consideramos que Postal (1968: 184s) propone también que para aquellas lenguas en que no se da la oposición sordo/sonoro el cambio automático de las consonantes sordas a sonoras en posición intervocálica debería expresarse por medio de (24),

7. Es curioso observar que en los dialectos del sur se da este resultado, [x] → [š] / [−retr] ──, lo cual indica que la posible neutralización no impide en dichos dialectos el cambio en el sonido no marcado en cuanto a coronalidad. De cualquier manera, la objeción de Vennemann es válida en términos generales.

(24) $[-\text{sonoro}] \rightarrow [u \ \text{sonoro}] \ / \quad V \quad \begin{bmatrix} +\text{cons} \end{bmatrix} \quad V$

en donde vemos que el valor no marcado para el rasgo [sonoro] ha de ser [+sonoro]. El desarrollo de esta propuesta nos llevaría, consiguientemente, a modificar las Convenciones de Marcación, para hacerlas sensibles al contexto y a los procesos fonológicos en general. Postal, sin embargo, la deja solamente enunciada.

Schachter (1969) propone incorporar a las reglas un rasgo de naturalidad. Por ejemplo, como es muy común que las consonantes velares se palatalicen ante vocal anterior, la regla que daría cuenta de esta asimilación se formularía mediante (25),

(25) $\begin{bmatrix} C \\ +\text{retr} \end{bmatrix} \rightarrow [n \ \text{retr}] \ / \ \underline{\hspace{2cm}} \begin{bmatrix} V \\ -\text{retr} \end{bmatrix}$

en la que n significa natural. Esto permite dar cuenta de la asimetría de los procesos asimilatorios, ya que el proceso inverso que convirtiera a [č] en [k] ante vocal posterior no es natural y tendría que formularse sin ningún rasgo especificado como «n»:

(26) $\begin{bmatrix} C \\ -\text{retr} \end{bmatrix} \rightarrow [+ \ \text{retr}] \ / \ \underline{\hspace{2cm}} \begin{bmatrix} V \\ +\text{retr} \end{bmatrix}$

A la hora de establecer la complejidad de la gramática, las *enes* no cuentan, por lo que la regla (25) resultaría más sencilla que una regla como la (26).

Aparte de lo discutible que pueda ser el diferenciar un proceso tan natural como el de (25) mediante un solo índice, se ha objetado que esta propuesta conduce a la contradicción de la misma teoría de la marcación que le sirve de base (véase Vennemann, 1972b). Así, Schachter propone una ley universal que permita interpretar ciertos valores n en las reglas de asimilación, la cual establece que «los valores de los rasgos no marcados se asimilan a los valores de los rasgos marcados adyacentes, y no al revés». Por tanto, en las reglas de asimilación, [n Rasgo] significa [m Rasgo] en el contexto adyacente a [m Rasgo]. Como afirma Vennemann (1972b:235), decir que en determinado contexto el rasgo marcado es el rasgo natural entra en conflicto con la idea motora de la Teoría de la Marcación, que trata de identificar lo natural con lo no marcado.

El problema de la naturalidad de las reglas fonológicas está todavía en sus inicios. En primer lugar, las definiciones que manejamos son intuitivas e inexplícitas. En segundo lugar, es muy probable que las reglas sean más o menos naturales, es decir, que se trate de una propiedad gradual más que binaria. En tercer lugar, aun cuando podamos definir algún día con precisión qué es una regla natural, queda pendiente el incorporar adecuadamente este concepto a la gramática de las lenguas. Estas y otras cuestiones están todavía por dilucidar, como la de encontrar explicaciones valederas para los fenómenos considerados naturales: las explicaciones, por el momento, son diversas; unos fenómenos, como los asimilatorios, se tratan de explicar en términos articulatorios, mientras que otros, como la reducción vocálica, en términos acústicos o perceptivos; la preferencia de cierto tipo de sílaba y las reglas que contribuyen a su constitución también tienden a explicarse en términos articulatorios. ¿Podremos algún día obtener explicaciones unitarias o se trata de procesos distintos que requieren también explicaciones distintas? Otro de los problemas pendientes en el campo de la naturalidad es el que hemos discutido en el capítulo 6, y que podría resumirse así: ¿Hay ordenaciones naturales de las reglas y ordenaciones no naturales? En cierta medida, en la base de la división actual entre la llamada Fonología Generativa Natural y la Fonología Generativa Transformacional (o clásica) se encuentra todo el problema de la naturalidad.

Problema: ¿Puede la teoría del enlace dar cuenta de la asimetría de los procesos (a) $k \rightarrow č$ / —— $\begin{bmatrix} V \\ -retr \end{bmatrix}$ y (b) $č \rightarrow k$ / —— $\begin{bmatrix} V \\ +retr \end{bmatrix}$ de manera que la naturalidad de (a) frente a la no naturalidad de (b) quede reflejada? Las Convenciones de Marcación aquí involucradas son (véase Chomsky y Halle, 1968: 406):

XXIII $[u \text{ cor}] \rightarrow [\alpha \text{ cor}]$ / $\begin{bmatrix} ——— \\ -\alpha \text{ retr} \\ -\text{ant} \end{bmatrix}$

XXVI $[u \text{ expl ret}] \rightarrow \begin{cases} [+\text{expl ret}] & / & \begin{bmatrix} -\text{ant} \\ +\text{cor} \end{bmatrix} & \text{(a)} \\ [-\text{expl ret}] & & & \text{(b)} \end{cases}$

La Convención XXIII indica que el valor no marcado del rasgo [coronal] es de signo contrario al del rasgo [retraído] para las consonantes no anteriores; la Convención XXVI indica que las africadas constituyen la modalidad no marcada de las consonantes palatales, mientras que las demás consonantes son no africadas en su modalidad no marcada (*expl ret* es el rasgo de *explosión retardada* [*delayed release*] que hemos introducido en la pág. 30.

Solución: El sonido [k] se caracteriza por los rasgos [−anterior, +retraído, −coronal, −expl ret], mientras que [č] es [−anterior, −retraído, +coronal, +expl ret], por lo que el proceso (a) puede describirse mediante la siguiente regla:

(27) $\begin{bmatrix} C \\ -\text{anterior} \end{bmatrix} \rightarrow [-\text{retraído}]$ / —— $\begin{bmatrix} V \\ -\text{retraído} \end{bmatrix}$

213

a la salida de la cual se enlazarían la Convención XXIII, la cual asigna el rasgo [+coronal] al sonido resultante del proceso en cuestión, y la parte (a) de la Convención XXVI, la cual predice que el sonido resultante es una africada. De esta manera se capta la naturalidad de (a), que consiste en el cambio de un solo rasgo, ya que los otros, [+coronal] y [+explosión retardada], al tener su valor no marcado se enlazan por las convenciones universales.

Sin embargo, el proceso (b) puede formularse con idéntica simplicidad, ya que consiste en un cambio exactamente inverso a la regla (27):

$$(28) \quad \begin{bmatrix} C \\ -anterior \end{bmatrix} \rightarrow [+retraído] / \underline{\qquad} \begin{bmatrix} V \\ +retraído \end{bmatrix}$$

A la salida de esta regla podrían enlazarse también las Convenciones XXIII y XXVI (ahora su parte (b)), con lo que se establecería que el segmento resultante de (28) es una oclusiva no coronal. Por tanto, este proceso quedaría descrito como si fuera tan natural como el anterior, lo cual no es deseable, dada su falta de naturalidad. En conclusión, el enlace no da cuenta adecuadamente de la diferencia de naturalidad de los procesos (a) y (b).

CAPÍTULO OCHO

FONOLOGÍA Y SINTAXIS

1. INTRODUCCIÓN

El problema de la relación entre la fonología y otros componentes de la gramática, especialmente el sintáctico y el morfológico, merece más atención de la que ha recibido en la teoría generativista. Dada la diversidad de modelos gramaticales existentes, incluso dentro del marco generativista, sería prematuro, sin embargo, tratar de presentar aquí una teoría explícita que dé cuenta de las relaciones entre estos diversos componentes. Nos limitaremos, por lo tanto, a algunas observaciones no sistemáticas sobre los tipos de información no fonológica que una fonología generativa parece requerir.

Algunos de los ejemplos que presentaremos podrán parecer morfológicos en vez de sintácticos. Dado el carácter poco riguroso de nuestras observaciones, es de esperar que las distinciones que haremos no sean del todo precisas. Sin una teoría unificada explícita, las cosas no pueden ser de otro modo.

Considerando que los diversos modelos generativistas concuerdan en reconocer en el componente sintáctico un nivel de estructura superficial y un nivel de estructura subyacente, aunque el grado de abstracción de este último puede variar de un modelo a otro, organizaremos la discusión de este capítulo de la siguiente manera: primero consideraremos la relación entre la estructura sintáctica superficial y las reglas fonológicas, luego el problema de la posible relación entre la estructura sintáctica no superficial (es decir, subyacente o intermedia) y las reglas fonológicas, y finalmente el problema de la ordenación de las reglas fonológicas con respecto a las reglas sintácticas.

2. INFORMACIÓN SINTÁCTICA SUPERFICIAL EN LA FONOLOGÍA

Es claro que hay ciertos aspectos de la estructura sintáctica superficial que deben ser accesibles al componente fonológico de la gramática. Uno de ellos es la categoría sintáctica del elemento al cual se aplica la regla fonológica. Así, por ejemplo, Harris (1975a), entre otros, ha demostrado que en castellano las reglas de acentuación de los verbos difieren de las reglas de acentuación de otras categorías sintácticas. Sin acceso a la categorización sintáctica, las reglas de acentuación no podrían producir oposiciones como las siguientes: *continuo, continúo; próspero, prospero,* etc.

Del mismo modo, Chomsky y Halle (1968) han sugerido que en inglés las reglas de acentuación deben distinguir entre sustantivos y miembros de otras categorías léxicas. Por ejemplo, un adjetivo o un verbo que termine en un grupo consonántico recibe acento final (*exíst* «existir», *eléct* «elegir, electo», *rejéct* «rechazar») pero no así un sustantivo (*éléphant* «elefante», *réject* «desperdicio») a menos que su vocal final sea tensa (*constráint* «restricción»).

Las reglas fonológicas también parecen requerir en ciertos casos información referente a la estructura interna de la palabra. Por ejemplo, en ruso existe una regla que afecta a una clase de sustantivos oxítonos (es decir, acentuados en la última sílaba) retrayendo el acento en las formas del femenino y neutro plurales, pero no en las del masculino (o en las del singular). Así, los nominativos plurales de «salchicha» (fem.) y de «cincel» (neutro) son /kobás-y/ y /dolót-a/ respectivamente, mientras que el de «bota» (masc.) es /sapog-í/.

Otro tipo de información no fonética que parece ser necesaria tanto para las reglas segmentales como para las suprasegmentales es la ubicación y la naturaleza de los *lindes* que separan las unidades de la estructura sintáctica superficial unas de otras.

Veremos primero algunos ejemplos de reglas sensibles a la ubicación del linde de palabra. Hay que distinguir dos casos: (a) reglas que requieren mención del límite de palabra en el entorno, es decir, que afectan a segmentos iniciales o finales de palabra; (b) reglas que se aplican sólo dentro de una palabra, es decir, casos en que el linde de palabra actúa como factor inhibidor. Ejemplos del tipo (a) son los siguientes:

1) El ensordecimiento de oclusivas en posición final de palabra en lenguas como el ruso, el alemán y el catalán: véase la formulación que hemos dado para este proceso en el capítulo 5, regla (1), así como en el capítulo 2, regla (68). La expresión formal de esta regla claramente requiere mención del linde de palabra como contexto.

2) El tipo de reducción vocálica del castellano mencionado más arriba. Así, la regla que elide la /a/ en *la higuera* no se aplica dentro de una palabra; por ejemplo, *ahijado* nunca se reduce a *hijado*.

3) La inserción de una /e/ protética en palabras castellanas como *escribir*. La raíz /skrib/ que aparece sin vocal protética cuando está precedida de un prefijo como en *inscribir, describir,* etc. agrega esta vocal sólo cuando aparece en posición inicial de palabra.

Ejemplos del tipo (b) son los siguientes:

1) La regla de armonía vocálica que se da en lenguas como el turco.

Como vimos en el capítulo dos § 2 y § 4.1.2, en esta lengua hay ciertos sufijos como el de plural que muestran dos formas fonéticas, en este caso, [lar] y [ler], cuyo uso depende de si la vocal de la raíz es [+retraído] o [−retraído]. La regla que selecciona la variante apropiada del morfema de plural y otros similares no tiene, sin embargo, ningún efecto sobre la palabra siguiente dentro de la oración. Es claro, entonces, que la expresión formal de esta regla debe incluir información que especifique la ubicación de los lindes que separan una palabra de la siguiente.

2) En warao, lengua indígena de Venezuela, como vimos en el capítulo 2, páginas 43s, existe una regla que nasaliza todo segmento no consonántico (es decir, vocales, semivocales y glotales) que esté precedido de un segmento nasal. Así, por ejemplo, la forma fonológica /mehokohi/ «sombra» tiene la representación fonética [mẽh̃õkohi]. El dominio de esta regla es sólo la palabra, es decir, no se aplica a través de palabras.

3) La asimilación de una nasal a la consonante siguiente en inglés. En esta lengua, a diferencia del castellano, un linde de palabra inhibe la regla en cuestión. Así, la frase *in Paris* se pronuncia con *n*, no con *m*, aunque la *n* del prefijo *in-* sí se asimila a la consonante siguiente, p. ej. en *impossible* «imposible».

En los ejemplos precedentes, hemos considerado la influencia del linde que separa una palabra de otra sobre las reglas fonológicas. Consideremos ahora los lindes que se dan dentro de la palabra. Parece necesario (siguiendo a Chomsky y Halle, 1968) distinguir por lo menos dos tipos de lindes internos, uno (#) que separa una palabra (es decir, una forma libre) · de un morfema ligado [*bound*] como en /lenta#mente/ y /kasa#s/, y otro (+) que separa dos morfemas ligados, como en /kas+a/.[1]

Un ejemplo que ilustra el distinto comportamiento de estos dos tipos de linde es el siguiente. En ruso, hay una regla que elide las semiconsonantes /y/ y /w/ en posición preconsonántica:

(1) znay-u   «sé»
     znay-e-te   «sabéis» ·
     zna-t^y «saber»
     zna-l   «supo»

Sin embargo, esta regla no se aplica a las formas imperativas de segunda persona plural:

(2) znay-te (no *zna-te) «sabed»

---

1. Al adoptar el símbolo # como linde entre una palabra o forma libre y un morfema ligado, tendríamos que revisar la formulación de aquellas reglas —como las que acabamos de citar en la página 216— que describen un proceso que sólo se da a comienzo o a final de palabra. En estos casos se suele introducir el doble símbolo ##.

Roman Jakobson (1948), en su análisis de la conjugación rusa, propone un linde interno # para formas del tipo (2), y formula la regla de la elisión de semivocal de tal modo que no se aplique delante del linde #. Una solución de este tipo puede parecer arbitraria, y, en efecto, si no hubiera evidencia independiente habría que rechazarla por inmotivada. Jakobson, sin embargo, muestra que su solución no sólo explica la no aplicación de la regla de elisión mencionada sino también la no aplicación de la regla de despalatalización ilustrada en los ejemplos siguientes:

(3) otmet^{y}i-t^y «marcar»
     otmet^{y}i-t-sa   «marcarse»

Como se ve, esta regla despalataliza la /t^y/ final de *marcar* cuando va seguida de una consonante. Sin embargo, la forma del imperativo de segunda persona plural de este verbo es [otmet^y-sa], en aparente contradicción con la regla en cuestión. La contradicción desaparece, por supuesto, si se asigna a las formas de imperativo un linde interno del tipo #. Así, la representación fonológica de «marcaos» es /otmet^y#sa/ mientras que la de «marcarse» es /otmet^{y}i+t^y+sa/ y la regla de despalatalización se aplica sólo a esta última forma. Es claro que este tipo de análisis se presta fácilmente al abuso. No se explica nada simplemente postulando una diferencia entre dos tipos de linde, y todo análisis basado en este recurso debe ser evaluado cuidadosamente con respecto a la evidencia que lo sustenta.

La teoría presentada por Chomsky y Halle (1968), que durante varios años ha servido de base a la mayoría de los análisis generativistas, asigna un status especial al linde morfemático (+) (véase nuestro capítulo 2, convención 72). A diferencia de los otros lindes, se postula que las reglas fonológicas no requieren mención específica de este linde para aplicarse a una secuencia que lo contenga. Más precisamente, una regla formulada de la siguiente manera:

(4) A→ B / C ____ D

se aplica no sólo a la secuencia CAD, sino también a las secuencias C+AD, CA+D y C+A+D. Por otra parte, una regla formulada así:

(5)   A → B / C + ____ + D

La hipótesis que motiva esta convención es que no hay reglas fonológicas que se apliquen sólo dentro de un morfema. Toda regla que se aplica dentro de un morfema se aplica también a secuencias de morfemas. Aunque en la práctica la mayoría de los fonólogos acepta esta convención, no es claro que la hipótesis en cuestión sea correcta. Kenstowicz y Kisseberth (1977), por ejemplo, han presentado diversos casos que aparentemente contradicen esta hipótesis. La evidencia no es clara, sin embargo.

Uno de los ejemplos que presentan Kenstowicz y Kisseberth es el siguiente: en hotentote (Beach 1938), el fonema /p/ es aspirado en posición inicial de palabra e implosivo [*unreleased*] en posición final:

(6) /pi/ $\left[p^{h}i \right]$ «él (acc.)»

/nep/ $\left[nep^{1} \right]$ «esto»

En posición intervocálica, este fonema se realiza como sonoro [b] y en algunos dialectos como fricativo [ƀ]. Este debilitamiento de la articulación, sin embargo, parece estar limitado a casos en que el fonema /p/ y las vocales circundantes son parte del mismo morfema. Así, las formas (7) contrastan con las formas (8).

(7)
/tsapa/ $tsa \left\{ \begin{matrix} b \\ ƀ \end{matrix} \right\} a$ «delgado»

/kxopa/ $kxo \left\{ \begin{matrix} b \\ ƀ \end{matrix} \right\} a$ «cesar»

(8) /xo+pa/   [xopa]   «mejilla (masc. acc. sing.)»
/o+pa/   [opa]   «y él»

Si este tipo de evidencia resultara incontrovertible, lo que no ha sucedido hasta el momento, habría que abandonar la hipótesis de Chomsky y Halle, y quizás reemplazarla por una versión más débil que prediga, no la ausencia absoluta de situaciones como la que acabamos de ilustrar, sino quizás su rareza, en términos como los que se presentan en el capítulo siete, es decir, por su falta de naturalidad.

Finalmente, Chomsky y Halle (1968) también han sugerido la posible existencia de un linde especial que, p. ej. en inglés, separa un prefijo de la raíz, para explicar, por ejemplo, la sonorización de /s/ en palabras como *presume* «presumir», en contraste con su no sonorización en palabras como *asylum* «asilo», sin lindes internos, y *eraser* «borrador», con un linde interno del tipo /#/. La existencia de este linde especial, sin embargo, no está firmemente establecida. En los casos del inglés presentados por Chomsky y Halle, existen otros análisis razonables que prescinden de este linde.

En resumen, la mayoría de los fonólogos generativistas concuerdan en la existencia de tres tipos de lindes: el de morfema (+), el que se da entre una palabra y una forma ligada (#), y el que se da entre dos palabras (##). Todos ellos parecen tener la capacidad de condicionar la aplicación de reglas fonológicas de distinta manera.

3. Información sintáctica no superficial en la fonología

La cuestión de si las reglas fonológicas tienen o no acceso a información sintáctica no superficial es bastante controvertida. Uno de los casos pertinentes más discutidos es el siguiente:

En inglés, existen reglas de contracción que relacionan formas como las siguientes:

(9)   a. *He is hungry.*
        b. *He's hungry.*
           «El tiene hambre»

(10)   a. *I want to play.*
        b. *I wanna play.*
           «Quiero jugar»

Esta contracción no es posible, sin embargo, en ciertos contextos, como se ve en los ejemplos siguientes:

(11)   a. *I don't know where he is now.*
        b. **I don't know where he's now.*
           «No sé dónde está ahora»

(12)   a. *Which pianist do you want to play?*
        b. **Which pianist do you wanna play?*
           «¿Qué pianista quieres que toque?»

La imposibilidad de contracción en los casos (11b) y (12b) está relacionada, sin duda, con la existencia de un elemento tácito en la vecindad de los morfemas que participan en la contracción. Así, en el caso de (11), la cláusula subordinada *where he is now* «dónde está ahora» se relaciona con una oración como *he is there now* «él está ahí ahora», es decir, de algún modo, la correcta interpretación de *where* «dónde» requiere una regla que lo relacione con la posición inmediatamente posterior al verbo. En algunas teorías sintácticas, ésta es una regla de desplazamiento, que literalmente traslada el morfema *where* de la posición postverbal a la posición inicial de la cláusula. En otras teorías, no se analiza mediante desplazamiento, sino mediante una regla interpretativa que relaciona *where* con la posición postverbal. El problema que este tipo de ejemplo presenta para la fonología es que si se adopta la teoría del desplazamiento, la fonología debe tener acceso a la estructura previa a la aplicación de estas reglas, para decidir si la contracción es posible o no.

En el caso de la oración (12), hay un sintagma nominal tácito entre *want* «quieres» y *to* (morfema de infinitivo): *You want some pianist to play* «Quieres que toque algún pianista». De nuevo, hay diversas teorías sintácticas para explicar ejemplos de este tipo. Algunas usan una regla de desplazamiento, otras una regla de elisión, otras una regla de interpretación. Para los dos primeros tipos de análisis existe el mismo problema que en el caso anterior: la regla de contracción parece requerir información sintáctica no superficial.

La importancia de ejemplos de este tipo radica en que una fonología que tenga acceso a niveles no superficiales es extremadamente potente, y nos aleja de la meta de restringir la forma de la gramática de modo que caracterice adecuadamente la noción de lengua natural. De ahí, entonces, que los lingüistas se hayan empeñado en mostrar que los fenómenos ilustrados por los ejemplos (11) y (12) pueden ser explicados sin permitir que la fonología tenga acceso a información sintáctica no superficial.

Se han sugerido dos tipos de explicación que parecen permitir la versión más restringida de la fonología. El primero es la teoría de los *rastros* [*trace theory*] de Chomsky (1975), que dice que toda regla sintáctica de desplazamiento [*movement*] deja un rastro en el lugar de origen del elemento trasladado. Por ejemplo, si suponemos que la oración *¿Qué compraste?* deriva de la estructura (13),

(13)   compraste qué

la regla de traslación que mueve el pronombre interrogativo a la posición inicial produce la estructura siguiente,

(14)   qué compraste *r*

en que *r* representa el rastro dejado por la traslación de *qué*. Es claro que en una teoría de este tipo, en que la historia derivacional de la oración está reflejada en la estructura superficial, es posible mantener una fonología restrictiva que no tenga acceso a estructuras sintácticas no superficiales. No es claro, sin embargo, que esta teoría pueda explicar todos los casos de contracción en inglés. Postal y Pullum (1978), entre otros, han argumentado que esta teoría no da cuenta adecuadamente de tal fenómeno.

Otra teoría que hace posible mantener la versión más restrictiva de la fonología es la que distingue reglas de *clitización* como la contracción del inglés de otras reglas fonológicas, y las asigna a un componente especial, el componente de *clitización*. Estas reglas, que no son propiamente fonológicas en este modelo, pueden tener acceso a información sintáctica no superficial, pero no las reglas fonológicas propiamente tales. Pullum y Zwicky (en preparación) proponen esta solución.

El problema es complejo, y las teorías que hemos mencionado son en este momento sumamente controvertidas. No es posible, por lo tanto, dar una respuesta definitiva a la cuestión de si las reglas fonológicas tienen o no acceso a información sintáctica no superficial.

Otra cuestión que no se ha esclarecido en la fonología generativa es la del orden de las reglas fonológicas con respecto a las sintácticas. En la formulación de Chomsky y Halle (1968), las reglas fonológicas siguen a las sintácticas, y éste parece ser el modelo aceptado por la mayoría de los fonólogos generativistas. Sin embargo, como indicamos en el capítulo cuatro, existe una propuesta de Bresnan (1971) que requiere la aplicación de las reglas fonológicas al final de cada ciclo sintáctico, lo que resulta en derivaciones en que las reglas sintácticas y las fonológicas se entremezclan. Los argumentos en que se basa esta hipótesis tienen que ver con las reglas de acento sintáctico en inglés. Los repetiremos aquí brevemente.

Bresnan parte aceptando la regla de Chomsky y Halle que acentúa los sintagmas, pero no las piezas léxicas compuestas (sustantivos, verbos o adjetivos), de modo que el acento principal es el último acento primario. Así una secuencia como

(15)
$$\left[\,_{O}\,\left[\,_{SN}\,\overset{1}{[Mary]}\,_{SN}\,\right]\,\left[\,_{SV}\,\left[\,_{V}\,\overset{1}{[arrived]}\,_{V}\,\right]\,\left[\,_{ADV}\,\overset{1}{[yesterday]}\,_{ADV}\,\right]\,_{SV}\,\right]\,_{O}\,\right]$$

«María llegó ayer»

tiene la siguiente derivación (en que 1 indica acento primario, 2 acento secundario, etc.):

(16)
$$\left[\,\overset{1}{[Mary]}\quad\left[\overset{1}{[arrived]}\quad\overset{1}{[yesterday]}\right]\right]$$

$$\underline{\qquad\qquad\qquad\qquad}$$

$$\overset{2}{}\overset{1}{}$$
arrived yesterday   Acento (primer ciclo)

$$\underline{\qquad\qquad\qquad\qquad}$$

$$\overset{2}{}\quad\overset{3}{}\quad\overset{1}{}$$
Mary arrived yesterday   Acento (segundo ciclo)

Ella nota, sin embargo, que hay ciertas frases en que el acento principal no corresponde al último acento primario de la estructura superficial, por ejemplo:

$$\overset{2}{}\quad\overset{1}{}$$

(17)   John has plans to leave.
       «Juan tiene planos que dejar»

Para explicar estos casos, Bresnan propone que la regla de acentuación se aplica al fin de cada ciclo sintáctico, y no solamente a la estructura superficial. Si suponemos una estructura subyacente así,

$$
(18) \quad \overset{1}{\text{John}} \quad \text{has} \quad \underset{\text{SN}}{\left[\overset{1}{\text{plans}} \quad \text{O} \left[\overset{1}{\text{John}} \; \overset{1}{\text{leave}} \; \overset{1}{\text{plans}} \right] \text{O} \right]_{\text{SN}}}
$$

«Juan tiene [planos [Juan dejar planos]]»

hay un ciclo que consta de la oración subordinada *John leave plans* que recibe la acentuación $\overset{2}{John}\ \overset{3}{leave}\ \overset{1}{plans}$ por dos aplicaciones sucesivas de la regla de acentuación. En el ciclo siguiente, que abarca la oración completa, hay reglas sintácticas que eliden *John* y *plans* en la oración subordinada. Al final de este ciclo sintáctico tenemos, entonces, la estructura siguiente:

$$(19) \quad \overset{1}{John}\ \text{has}\ \overset{1}{plans}\ \text{to}\ \overset{3}{leave}.$$

La regla de acentuación se aplica primero al sintagma verbal $\text{has}\ \overset{1}{plans}\ \text{to}$ $\overset{3}{leave}$ y lo convierte en $\text{has}\ \overset{1}{plans}\ \text{to}\ \overset{4}{leave}$. Finalmente, la regla de acentuación se aplica a la secuencia $\overset{1}{John}\ \text{has}\ \overset{1}{plans}\ \overset{4}{to}\ leave$ y la convierte en $\overset{2}{John}\ \text{has}$ $\overset{1}{plans}\ \overset{5}{to}\ leave$. De este modo explica Bresnan el carácter aparentemente excepcional de este tipo de oración.

Hay, sin embargo, razones poderosas para poner en duda la hipótesis de Bresnan. Por un lado, como indicamos en el capítulo cuatro, la teoría que asigna el acento sobre una base puramente sintáctica ha sido puesta en duda. Por otra, no todos los lingüistas concuerdan en que la estructura sintáctica de oraciones del tipo (17) es como se indica más arriba. La misma Joan Bresnan ha argumentado posteriormente que los complementos de oraciones de este tipo no son oraciones subyacentes sino sintagmas verbales. En vista de la incertidumbre con respecto a estos dos puntos, es claro que no se puede aceptar la hipótesis de Bresnan sin reparos, y que la cuestión del orden de las reglas fonológicas con respecto a las sintácticas debe quedar pendiente.

CAPÍTULO NUEVE

LAS EXCEPCIONES

1. INTRODUCCIÓN

En la aplicación de las reglas fonológicas surge otro problema, que no hemos tratado en el capítulo 6, ya que no tiene que ver con la interrelación entre las distintas reglas, sino con alguna regla en particular y su relación con algunas formas fonológicas. Se trata de excepciones a las reglas. Los casos excepcionales son fundamentalmente de tres tipos:

A) Hay representaciones fonológicas que satisfacen la Descripción Estructural de una regla determinada, y sin embargo no deben someterse a su aplicación, ya que si la regla se aplicara se producirían formas incorrectas.

B) Por otra parte, se dan representaciones fonológicas que no satisfacen la Descripción Estructural de una regla determinada, y que sin embargo deben someterse a dicha regla para producir las formas correctas correspondientes.

C) Por último, existen conjuntos de formas que ponen en evidencia algún proceso fonológico de carácter limitado. Es decir, no se trata de una regularidad extensible a todas las representaciones fonológicas que comparten alguna característica fonológica, sino a un reducido número de formas. Dicha regularidad no es, por tanto, formulable mediante una regla fonológica de carácter general, pero sí mediante una regla de alcance limitado, aplicable sólo a un conjunto de formas cuya excepcionalidad consiste en manifestar esta subregularidad. Las formas en cuestión son excepcionales en relación a la totalidad de las formas fonológicas de características fonológicas comparables, pero su excepcionalidad es formulable como subregularidad o regularidad de alcance reducido.

2. EXCEPCIONES A LAS REGLAS MAYORES

Consideremos la regla de elisión de /r/ en catalán, la cual formaliza un proceso general de pérdida de /r/ tanto en posición final de palabra, como ante el sufijo de plural /s/: [1]

$$(1) \qquad r \rightarrow \emptyset \; / \; \begin{bmatrix} +\text{silábico} \\ +\text{acento} \end{bmatrix} \underline{\hspace{2cm}} \; (+ \begin{bmatrix} +\text{cont} \\ +\text{cor} \end{bmatrix} \;) \; \#$$

El caso entre paréntesis es el aplicable en el plural, cuyo morfema /s/ se caracteriza como [+cont, +cor]; por otra parte, la vocal anterior a la /r/ tiene que ser acentuada, ya que hay gran número de palabras en catalán terminadas en [r] precedida de vocal átona, como p. ej.: [šófər] «chófer», [útər] «útero», [kəarníbur] «carnívoro», [murtífər] «mortífero», etc. Esta regla, así formulada, da cuenta de alternancias morfofonológicas como las siguientes:

(2)

[dú]	«duro»	[dús]	«duros»	[dúrə]	«dura»
[klá]	«claro»	[klás]	«claros»	[klárə]	«clara»
[səgú]	«seguro»	[səgús]	«seguros»	[səgúrə]	«segura»
[mədú]	«maduro»	[mədús]	«maduros»	[mədúrə]	«madura»
[primé]	«primero»	[primés]	«primeros»	[primérə]	«primera»
[ʎəwžé]	«ligero»	[ʎəwžés]	«ligeros»	[ʎəwžérə]	«ligera»

A pesar de que la regla (1) refleja un proceso general de la lengua, aplicable a una gran mayoría de casos, existen algunas representaciones fonológicas que satisfacen la Descripción Estructural de (1) y que sin embargo conservan su /r/ final hasta la superficie, como p. ej.: [ɔr] «oro», [əmór] «amor», [kár] «caro», [púr] «puro», [sunór] «sonoro». Dado que no hay nada en la caracterización fonológica de estas formas que permita predecir que su comportamiento sea diferente al de la mayoría de las formas en relación a la regla (1), no nos queda otra alternativa que la de considerarlas excepcionales. Es decir, en el lexicón, donde aparecen todos los rasgos propios de las piezas léxicas, tendremos que hacer constar la excepcionalidad de estas piezas léxicas en cuanto a que no se someten a la aplicación de (1). Para ello, puede incluirse en el lexicón un rasgo de excepción o especifica-

1. Véase Mascaró (1978: 67) para su formulación más completa. A primera vista podría parecer que se puede eliminar la mención del sufijo de plural en la regla, ya que, como hemos dicho en el capítulo 8 § 2., se ha propuesto el uso del linde # para separar las formas libres de las ligadas, y en este caso las formas del singular son libres y el sufijo de plural —ante el cual también se da la elisión de /r/— es el morfema ligado correspondiente. Pero tal como en seguida se verá en los datos de (2), la elisión no se da ante otro morfema ligado, como es el sufijo de femenino. Dado que el linde # por sí solo no es capaz de diferenciar estos dos contextos, parece que la mención del sufijo de plural en la regla (1) se hace inevitable.

ción negativa en relación a la regla (1): es decir, formas como /ɔ́r/, /əmór/, /kár/, /púr/, tendrán que llevar un rasgo negativo, como p. ej. [−regla de elisión de /r/], que, por convención universal, bloquee la aplicación de esta regla.

La regla (1), por ser una regla de carácter general, que refleja un proceso general de la lengua, se considera una Regla Mayor, y las excepciones que acabamos de ver son *excepciones negativas* a la misma (véase al respecto, G. Lakoff, 1970).

Por otra parte, hay formas que no satisfacen la Descripción Estructural de una regla mayor y que, a pesar de ello, deben someterse a su aplicación: se trata de las llamadas *excepciones positivas*. Con relación a la regla (1) que nos ocupa, hay un caso excepcional en este último sentido: [kánti] «cántaro». La forma básica correspondiente a esta palabra debe llevar una /r/ final, dado el diminutivo [kəntirét] «cantarito», ya que en catalán el sufijo de diminutivo es [ɛ́t]. Por tanto, la representación subyacente /kántir/ no satisface la DE de la regla (1), puesto que la vocal que precede a la /r/ es átona, y sin embargo, la regla tiene que aplicarse, para producir la forma superficial correcta [kánti]. Una posible solución consistirá en marcar a esta forma en el lexicón como excepción a la regla (1), con la especificación positiva [+regla de elisión de /r/].

3. REGLAS MENORES

Un caso muy conocido de subregularidad en castellano es el de la Diptongación de ciertas /e/ y /o/ acentuadas en [yé] y [wé] respectivamente, fenómeno que también se ha considerado en la abundante literatura[2] como Monoptongación de /ye/ y /we/ átonos en [e] y [o], respectivamente. El problema que se plantea es que el comportamiento más normal o general de [e] y [o] en castellano es el de no alternar con ninguna otra vocal o grupo vocálico; asimismo, los diptongos [ye], [we] tampoco suelen alternar con otras vocales o grupos vocálicos. Sin embargo, un número no desdeñable de vocales [e], [o] átonas y de diptongos [ye], [we] acentuados alternan entre sí. Los casos de alternancia son minoría en relación con la totalidad de formas de la lengua, pero constituyen un conjunto relativamente abundante, como para que lo consideremos una subregularidad que merece ser descrita como tal en la gramática.

Hay dos aspectos importantes a tener en cuenta en el análisis de este problema: a) el fenómeno es arbitrario, desde el punto de vista fonológico, en el sentido de que nada nos permite predecir a partir del aspecto fonológico de una vocal [e] u [o] si en posición acentuada alternará con los diptongos correspondientes o no; tampoco la forma fonológica de los diptongos

2. Para el análisis sobre la base de Monoptongación, véase Norman y Sanders (1977). Por otra parte, Harris (1976, 1977, 1978a, 1979b) ha dado el tratamiento más completo y reciente del fenómeno en cuestión.

[yé] o [wé] nos permite predecir si en posición átona alternarán con las vocales simples o si se mantendrán como diptongos. Por otra parte, b) el fenómeno es regular, en el sentido de que aquellas vocales [e], [o] que alternan con diptongo, siempre lo hacen con los diptongos [ye], [we] respectivamente, no con cualquier diptongo indistintamente. [3] Veamos algunos datos:

(3)

	sin acento	con acento	sin acento	con acento
	p[e]gar	p[é]go	m[o]ntar	m[ó]nto
	arr[ye]sgar	arr[yé]sgo	am[we]blar	am[wé]blo
	n[e]gar	n[yé]go	c[o]ntar	c[wé]nto

Estos datos ponen de manifiesto lo que acabamos de decir con respecto a la existencia de correspondencias e~é ye~yé, e~yé, así como o~ó, we~wé, o~wé. Dada la regularidad que acabamos de mencionar en (b), la mejor manera de describir la correspondencia de vocal media átona~diptongo acentuado consistirá en formular una regla que refleje la correspondencia. Ahora bien, como esta regla no es aplicable a todas las vocales medias [e] y [o], ni siquiera a la mayoría de ellas, no se tratará de una Regla Mayor, sino de una Regla Menor. Por otra parte, dada la impredictibilidad, a partir de la representación fonológica, de las vocales medias a las que la regla es aplicable —como indicábamos en (a)— la DE de la regla en cuestión tendrá que limitarse mediante alguna señal para ser aplicable solamente a las vocales que alternan con diptongo y a ninguna de las que no alternan. Esto puede hacerse mediante un *diacrítico*, es decir, un rasgo sin ninguna correlación fonológica, cuya única finalidad sea la de diferenciar las vocales que diptongan de las que no lo hacen. Siguiendo a Harris (1977), podemos introducir el rasgo diacrítico [+D] por [+Diptongación] y formular así la regla de Diptongación:

$$(4) \quad \begin{bmatrix} +\text{acento} \\ +D \end{bmatrix} \rightarrow [-\text{silábico}] \begin{bmatrix} -\text{retr} \\ -\text{alto} \end{bmatrix}$$

En el lexicón, las vocales medias /e/ y /o/ que alternan con los diptongos correspondientes tendrán que ir marcadas con el diacrítico [+D] o [+Regla de Diptongación], para que la regla (4) les sea aplicable en los casos que corresponde. Nótese que como los únicos segmentos que llevan acento son vocales y de entre las vocales sólo algunas vocales medias /e/ y /o/ son las que diptongan, la entrada a la regla (4) sólo tiene que especificar dos rasgos: [+acento, +D]; por otra parte, el que la semiconsonante que surge de la aplicación de la regla (4) sea [y] o [w] dependerá de si la vocal a la que se

---

3. Hay, además, en la 3.ª conjugación [e]~(yé) que alternan también con [i], y [o]~(wé) que alternan también con [u]. Omitiremos este fenómeno de la presente discusión; el lector lo encontrará descrito en Harris (1969) cap. 4, Harris (1977) y (1978a).

aplica la regla es anterior o posterior, es decir, /e/ u /o/ respectivamente.

A diferencia de las excepciones a las Reglas Mayores, que vimos en § 2, en las que el comportamiento peculiar consiste en no someterse a una regla de carácter general, cuya DE satisfacen, aquí el comportamiento peculiar consiste en someterse a la aplicación de una regla de alcance limitado: lo normal en el caso de /e/ y /o/ en castellano es que no diptonguen, por eso son precisamente aquellas /e/ y /o/ que en posición tónica diptongan, las que tienen que ir marcadas en el lexicón como excepcionales.

4. RASGOS DIACRÍTICOS

4.1. *Definición*

Los rasgos diacríticos o marcas diacríticas son rasgos que no tienen ninguna interpretación fonética directa, ni articulatoria ni acústica, y que se introducen para diferenciar un conjunto de unidades fonológicas del resto de las unidades fonológicas de la lengua, idénticas en su representación, pero que manifiestan un comportamiento distinto en relación a algún proceso fonológico. Un caso típico es el que acabamos de ver relativo a las vocales medias del castellano: las vocales [e] y [o] que alternan con los diptongos [yé], [wé] son fonológicamente idénticas a las que no alternan; la única diferencia entre ellas es exclusivamente la de alternar o no, es decir, el hecho de que unas se someten a la aplicación de la regla (4) y las otras no.

Un tipo de marca diacrítica frecuente es la de los *rasgos asociados a reglas*. En el caso de las Reglas Mayores, como el comportamiento normal de un segmento que satisface la DE de una regla es que se someta a ella, todo segmento que funcione así, según la norma general, no tendrá que llevar ninguna marca específica. En cambio, los casos excepcionales como los que hemos visto en § 2, que no se someten a la regla a pesar de satisfacer su DE, tendrán que ir expresamente marcados en el lexicón. La manera más directa de reflejar este comportamiento excepcional es mediante una especificación negativa asociada a la regla en cuestión, por ejemplo, [−Regla de elisión de /r/].

En el caso de las Reglas Menores, como la norma general es la de los segmentos que no se someten a ellas, puesto que estas reglas son de alcance restringido, aquellos segmentos que no se vean afectados por una regla menor no tienen por qué llevar ninguna marca específica. Por otra parte, aquellos segmentos que sí tienen que someterse a la regla, como los casos de las vocales medias castellanas que hemos visto en § 3, tendrán que llevar una marca en el lexicón, que permita la aplicación de la regla en cuestión. Esta marca o diacrítico consiste en una especificación positiva asociada a la regla de que se trate, por ejemplo, [+Regla de Diptongación], o simplemente [+D].

4.2. Ambito de los Rasgos Diacríticos

Un problema relativo a los rasgos diacríticos es el de determinar el lugar de la gramática en que los mismos deben aparecer. Hasta ahora hemos dado por supuesto que aparecen en el lexicón, asociados a las piezas léxicas cuyo comportamiento es excepcional. Este supuesto es el adoptado por Chomsky y Halle (1968: 172-5, 373-6). Puesto que según el modelo de *Aspects*, adoptado por Chomsky y Halle (1968), en el lexicón cada pieza léxica se define como el conjunto de rasgos semánticos, sintácticos y fonológicos, idiosincrásico a cada una de ellas, es lógico que sea aquí donde aparecen también los rasgos diacríticos, por tratarse de rasgos idiosincrásicos a las piezas léxicas en particular; si bien no se trata de rasgos fonéticos propiamente, son rasgos asociados a reglas fonológicas, y siendo específicos de determinadas piezas léxicas, su puesto natural es el lexicón, donde se recoge todo lo idiosincrásico, no generalizable mediante regla.

Por tanto, según Chomsky y Halle (1968), los rasgos diacríticos forman parte de la definición de una pieza léxica en su totalidad, como parte de los rasgos léxicos. Esto significa que la totalidad de una pieza léxica irá marcada en relación a una determinada regla fonológica, si su comportamiento es excepcional con respecto a ella: p. ej., la pieza léxica /kont-/ iría marcada [+D], es decir, con el rasgo que permite la aplicación de la regla (4). Ahora bien, la regla (4) está formulada de manera que sea aplicable a una vocal media, /e/ u /o/, no a una pieza léxica en su totalidad. Para permitir, por tanto, la aplicación de una regla como (4) a la /o/ de /kont-/, Chomsky y Halle (1968: 173) introducen una Convención que convierte los rasgos léxicos en rasgos segmentales:

(5) Cada segmento de una matriz léxica μ se marca [αK] para cada categoría [αK] a la que μ pertenece.

Mediante esta Convención (5), el rasgo léxico [+D] pasará a formar parte de la definición de cada segmento de /kont-/, con lo que también el segmento /o/ recibirá la marca [+D], y podrá así someterse a la aplicación de la regla (4) sin dificultad.

Más recientemente, Harris (1977) ha tratado de precisar con más exactitud el tamaño de la unidad lingüística a la que es extensible el diacrítico [D], o dicho de otra manera, ¿cuál es la unidad lingüística U de máximo tamaño que contiene la generalización de que una vocal determinada V_i posee una especificación constante para D en todas las apariciones de U? Acabamos de ver que Chomsky y Halle (1968) permitirían una sola respuesta a esta pregunta: el formativo o pieza léxica es el ámbito natural de todo rasgo léxico, como p. ej. [D]. Sin embargo, los datos empíricos del castellano permiten concluir que considerar el formativo o morfema como ámbito de [D] no nos proporciona la mejor generalización posible, ya que en realidad se trataría de una generalización más poderosa de lo que los datos de esta lengua permiten concluir. Examinemos las distintas posibilidades lógicas (véase Harris, 1977: 297-300):

a) Si D fuera una propiedad de los formativos o morfemas individuales, cualquier morfema dado que contuviera D tendría una especificación constante para esa D en todas sus apariciones, es decir, en todas las palabras que incluyeran ese mismo morfema. Sin embargo, el morfema /fénd/ ~ /fyénd/ muestra que ello no es así, ya que en posición acentuada aparece tanto la vocal simple [−D], [o+fénd+e], [o+féns+a], [de+féns+a], como el diptongo [+D], [de+fyénd+e]; aun en el caso de que no quisiéramos relacionar morfofonológicamente las palabras *ofende* y *defiende*, por no presentar un análisis morfemático del todo diáfano, no podremos negar el parentesco entre *defensa* y *defiende*, en la primera de las cuales el morfema /fend-/ o /defend-/ va caracterizado [−D], mientras que en la segunda va caracterizado [+D]. De estos datos hemos de concluir que el morfema no es el ámbito en el que [D] puede definirse con un valor constante. Este ámbito tendremos que buscarlo en una unidad mayor.

b) Supongamos que D es una propiedad de la palabra inflexionada, es decir, de la unidad constituida por el morfema (o formativo) más los sufijos correspondientes. En este caso, sería de esperar que una unidad en la que la especificación de D apareciera en forma constante fuera, por ejemplo, un masc. sg. como [bwén+o], mientras que el fem. sg. fuera, por ejemplo, *[bón+a]. Es decir, sería de esperar que encontráramos un paradigma como *{b[wé]no, b[ó]nos, b[ó]na, b[wé]nas}, en el que la especificación para D variara en las distintas formas del paradigma. Sin embargo, como indica el asterisco, este tipo de paradigma es inexistente en castellano. El paradigma que se da, en cambio, es {b[wé]no, b[wé]nos, b[wé]na, b[wé]nas}, es decir, en la totalidad del paradigma de inflexión del adjetivo aparece D con el valor constante [+D], que se manifiesta fonéticamente como [wé]. Dado que la especificación de D no varía dentro de un mismo paradigma de inflexión, hemos de rechazar la hipótesis de que la palabra inflexionada es la unidad que buscamos. Esa unidad ha de ser menor que la palabra, y debe reflejar de algún modo que la generalización acerca del valor de D es aplicable a paradigmas enteros de inflexión.

c) El nivel en el que el ámbito de D puede definirse, intermedio entre el morfema y la palabra inflexionada, es el que tradicionalmente se denomina raíz [en inglés, *stem*], y que modernamente se ha dado en llamar, a veces, palabra léxica (véase Lyons, 1968: 194-206): se trata de la palabra con los afijos derivativos, si los tiene, pero sin ningún morfema de inflexión. [4] Este nivel da cuenta de los contraejemplos de (a) y (b): así, *defensa* y *defiende* no tienen porqué contener un valor constante para D, ya que defensa pertenece al paradigma nominal y *defiende* al paradigma verbal; las raíces o palabras léxicas correspondientes son dos: [de+fens]$_N$ y [de+fend]$_V$, y

---

4. Véase Aronoff (1976), para la definición de esta unidad como base de su lexicón.

cada una de ellas irá marcada de manera diferente en relación al rasgo [D]: sólo [de+fend]$_V$ llevará la caracterización [+D].

4.3. *Uso diacrítico de los rasgos fonológicos*

Como los rasgos diacríticos son mecanismos para dar cuenta de la excepcionalidad, y las excepciones son costosas en términos de simplicidad —una regla sin excepciones es más general y más simple que una regla con excepciones— las descripciones fonológicas de la gramática generativo-transformacional tienden a evitar o reducir la inclusión de diacríticos. Sin embargo, hay casos que son claramente excepcionales, o limitados a un número reducido de raíces, con lo que constituyen una subregularidad, pero no una regularidad aplicable a todo el lexicón, y el evitar introducir rasgos diacríticos tiene a menudo como contrapartida que se hace un uso diacrítico de rasgos fonológicos. Con ello se prescinde de los rasgos diacríticos sólo de manera aparente, ya que se los usa disfrazados de rasgos fonológicos. Un análisis de este tipo lo constituye el que Norman y Sanders (1977) hacen de la diptongación del castellano.[5]

Norman y Sanders (1977) proponen analizar la diptongación del castellano cambiando la direccionalidad que tradicionalmente se le ha atribuido: es decir, en vez de considerar las vocales /e/ y /o/ como básicas, parten de los diptongos /ie/ y /ue/ como unidades básicas, a los que se aplica un proceso de monoptongación. La ventaja de este análisis es, según sus autores, que permite prescindir de los rasgos o marcas diacríticos que en todos los diversos análisis tradicionales se ha tenido que atribuir a las raíces verbales cuya vocal diptongaba. Sin embargo, veamos si esta ventaja es real o una mera apariencia de su análisis. Norman y Sanders formulan así la regla de simplificación vocálica [*destressed simplification*] o monoptongación,

$$
(6) \quad
\begin{bmatrix}
V \\
2\text{acento} \\
+\text{alto} \\
\alpha\ \text{retr}
\end{bmatrix}
\begin{bmatrix}
V \\
2\text{acento} \\
-\text{alto} \\
-\text{bajo}
\end{bmatrix}
\rightarrow
\begin{bmatrix}
V \\
2\text{acento} \\
-\text{alto} \\
-\text{bajo} \\
\alpha\ \text{retr}
\end{bmatrix}
$$

en la que el rasgo [2acento] identifica a secuencias de vocales con acento del mismo grado; en realidad, se trata de vocales no acentuadas. La regla (6), por tanto, convierte secuencias de VV no acentuadas en V simple. Por otra parte, la regla de formación de glide [*glide formation*] o semiconsonantización

---

5. Véase la crítica de este artículo en Harris (1978b).

(7)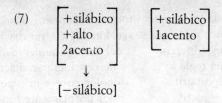

$$\begin{bmatrix} +\text{silábico} \\ +\text{alto} \\ 2\text{acento} \end{bmatrix} \quad \begin{bmatrix} +\text{silábico} \\ 1\text{acento} \end{bmatrix}$$
$$\downarrow$$
$$[-\text{silábico}]$$

se aplica a las secuencias de vocales a las que la regla (6) no es aplicable, por llevar acento primario la segunda de ellas, y convierte la primera vocal en la semiconsonante correspondiente. La siguiente derivación muestra el funcionamiento de las reglas (6) y (7):

(8) cuentámos   cuéntan
     o   --   Regla de Monoptongación (6)
     --   w   Regla de Semiconsonantización (7)
     c[o]ntámos   c[wé]ntan   Formas Superficiales

Por otra parte, según Norman y Sanders, este análisis da cuenta de la aparición de diptongos no acentuados superficialmente, como el que aparece en *adiestrar*, ya que este verbo, formado sobre el adjetivo *diestro*, recibe acento primario en la /e/:

(9)

[a (d i e s t r a)$_A$ a r]$_V$
  1   1 1   1
[1 (2 1   )   1   ]   Acentuación
        y   Semiconsonantización (7)

En este caso, el acento primario sobre la vocal [e] en (9) es lo que impide la aplicación de la regla de monoptongación (6), ya que ésta está formulada de tal manera que sólo se aplique a secuencias de vocales no acentuadas, es decir, ambas con el rasgo [2acento]. En cambio, la regla (7) sí es aplicable en (9), ya que está formulada precisamente para aplicarse a secuencias de vocales con [2acento] en la primera y [1acento] en la segunda. Sin embargo, a nivel superficial, tanto el monoptongo [o] de *contar* como el diptongo [ye] de *adiestrar* carecen de acento, o llevan el rasgo [2acento] según la descripción de Norman y Sanders, por lo que una vez aplicada la regla de semiconsonantización (7) a *adiestrar*, la [e] deberá cambiar su rasgo [1acento] por [2acento]. Pero esto es precisamente lo que se entiende por rasgo diacrítico: rasgos sin una correlación fonética directa, ni articulatoria ni acústica, y que sirven sólo para dar cuenta del comportamiento de un subconjunto de unidades en relación a una regla determinada. Aquí, el rasgo [1acento] en la [e] de *adiestrar* sirve para diferenciar el comportamiento de la secuencia [ie] en relación con la regla (6), del comportamiento de la secuencia [ue] en *cuen-*

tamos, que por llevar [2acento] en la [e] se mono͜ꞏtonga en *contamos*. Dado, sin embargo, que el *acento* es normalmente ur⸱⸱⸱ ꞏsgo fonológico, no diacrí-tico, es su uso en calidad de rasgo diferenꞏ⸱⸱⸱ del comportamiento de ciertas unidades con respecto a una regla lo⸱⸱⸱ ꞏde considerarse diacrí-tico en el presente análisis: un rasgo norm⸱⸱⸱ onológico —con reper-cusiones articulatorias y acústicas— pierdꞏ⸱⸱⸱ ꞏalor propiamente foné-tico y pasa a utilizarse en calidad de dia⸱⸱⸱

No sólo los rasgos prosódicos se ꞏ⸱⸱⸱ ꞏmo diacríticos, sino también los rasgos segmentales. Por eꞏ⸱⸱⸱ § 3.2, hemos visto que Harris (1969: cap. 5) hipotetiza lꞏ ꞏꞏꞏentos /kʷ/ y /gʷ/ —que caracte-riza como velares redondeados— para palabras como *que, quien* y *guerra, águila*, respectivamente. En la derivación (15) del cap. 6 hemos mostrado que una representación subyacente del tipo /kʷe/ impide la aplicación de la regla (13) de Desvelarización, mientras que si el segmento /k/ no estuviera caracterizado como [+redondeado], la regla (13) produciría incorrecta-mente la forma *[se]. Por tanto, el rasgo [+redondeado] actúa de diacrítico, ya que su única función consiste en impedir la aplicación de la regla de Desvelarización. Por otra parte, para que este análisis sea posible, dicha regla debe ir ordenada antes que la regla (14) de Deslabialización de /kʷ/ y /gʷ/, en el orden que hemos caracterizado como antinutridor.

En realidad, en la fonología generativo-transformacional, no sólo se han utilizado rasgos fonológicos en calidad de diacríticos, sino segmentos ente-ros. Veamos un ejemplo procedente de Harris (1969: cap. 5). Al final del cap. 5 hemos mencionado que Harris (1969) incluye una regla en la gramá-tica del español que tiene el efecto de convertir en sonoras las consonantes obstruyentes sordas intervocálicas, bajo determinadas condiciones que aquí no interesa detallar (remitimos al lector a los capítulos 4 y 5 del libro de Harris). Esta regla, que como allí dijimos, permite relacionar, p. ej., *nadar* con *natación*, debería ser aplicable a la forma subyacente del verbo *cometer*, si ésta fuera *come/t/er*, con lo que se obtendría la forma fonética incorrecta *comeder*. Harris propone una forma subyacente con dos *te*s, es decir, *come/tt/er*, una de las cuales funciona como rasgo diacrítico, ya que impide la aplicación de la regla en cuestión. Posteriormente, la geminada /tt/ se con-vierte en [t] mediante una regla que simplifica los grupos de dos consonan-tes idénticas, la cual tiene que ir ordenada después de la regla que sonoriza las obstruyentes intervocálicas, en una relación que es también antinutri-dora, como en el caso anterior. Así, vemos que el uso de rasgos fonológicos o inclusive segmentos enteros en calidad de diacríticos, combinado con la ordenación antinutridora entre las reglas, permite análisis de índole abs-tracta, es decir, análisis opacos según la definición que hemos dado al final del cap. 5.

Por otra parte, en calidad de diacríticos se han utilizado también ciertos lindes morfológicos. Por ejemplo, Harris (1969; v. cast. pp. 208 ss) propone dar cuenta del comportamiento diferente de /k/ ante vocal anterior en Costa Ri[k]a~costarri[s]ense, api[k]al~ápi[s]e, apendi[k]ular~apéndi[s]e, frente a

Puerto Ri[k]o~puertorri[k]eño, arran[k]ar~arran[k]e, ata[k]ar~ata[k]e —estas últimas sin Desvelarización ante vocal anterior— hipotetizando un linde morfológico del tipo # en estas últimas (es decir, puertorrik#eño, arrank#e, atak#e) y suponiendo que, por convención universal (véase capítulo 2, pp. 56s), una regla que no lleva ninguna especificación sobre lindes morfológicos se aplica automáticamente cuando no hay linde morfológico o cuando el linde es de tipo +. Así, la regla de Desvelarización (regla 13 del capítulo 6) se aplicará a formas básicas como costarrik+ense → costarri[s]ense, ápik+e → ápi[s]e, pero no a puertorrik#eño, atak#e, etc. Como puede verse, esta división de los lindes morfológicos en + y # sirve para permitir e impedir la aplicación de una regla, respectivamente. En tanto su función sea exclusivamente ésta, su empleo es típicamente diacrítico.

Estos tipos de análisis nos conducen a una reflexión sobre la fonología generativo-transformacional. La FGT da análisis abstractos —muy distanciados de la realidad fonética— lo cual le permite tratar como fenómenos regulares, de carácter fonológico, fenómenos que tienen un carácter bastante marginal, cuya regularidad es discutible. Precisamente, la propuesta fundamental de la FGN es en la dirección de reducir el abstraccionismo de los análisis, lo cual tiene como contrapartida la disminución de la regularidad o el aumento de las excepciones. La regularidad fonológica disminuye, porque en casos como los que acabamos de ver, si no se acepta la utilización diacrítica de los rasgos fonológicos, de los segmentos o de los lindes, tendremos que omitir de entre las reglas fonológicas una regla como la de Desvelarización, con lo que no será posible establecer una relación, por lo menos a nivel de forma básica, entre, p. ej., *ápice* y *apical*. En el apartado que sigue veremos un caso en el que el análisis de la FGN contiene más excepciones que el análisis de la FGT.

4.4. *Rasgos diacríticos ligados a reglas menores o alternancias supletivas*

Hooper (1976: 165ss), siguiendo a Hudson (1974) y (1975), propone un tratamiento alternativo al de los rasgos diacríticos ligados a reglas menores. Por ejemplo, en el caso de las alternancias e~yé, o~wé, en lugar de asignar a las piezas léxicas que alternan un diacrítico que permita la aplicación de la regla de Diptongación —si se toma esta dirección, como en el análisis de Harris— o que permita la aplicación de la regla de Monoptongación —si se toma la otra dirección, como en el análisis de Norman y Sanders— las alternancias se representarían directamente en el lexicón como supletivas; en el lexicón no aparecería el diacrítico, sino directamente la alternancia: así, la forma básica del verbo *contar* que alterna con *cuento*, etc. aparecería en el lexicón como

(10) $/ k \left\{ \begin{matrix} o \\ we \end{matrix} \right\} nt /$

y una regla morfofonémica de distribución de los alomorfos indicaría en qué contextos aparecen las formas alternantes:

(11)
$$\left\{ \begin{matrix} o \\ we \end{matrix} \right\} \rightarrow \left\{ \begin{matrix} o \ / & \left[\begin{matrix} \underline{\quad\quad\quad} \\ -acento \end{matrix} \right] \\ we & \text{en los demás contextos} \end{matrix} \right\}$$

Hooper considera como una virtud de este análisis, frente al de las reglas menores, el que las formas léxicas y las reglas que las distribuyen están directamente relacionadas, sin necesidad del diacrítico que en el otro análisis sirve de intermediario entre ambas. Por otra parte, según Hooper, este análisis evita el tener que trazar una línea divisoria entre las alternancias totalmente irregulares o supletivas, como *ir, va, fué,* y alternancias menores como *contar, cuento,* ya que aquí todas las alternancias se presentan en el lexicón, en calidad de alternancias supletivas. Esto tiene la ventaja de que evita el tomar una decisión normalmente arbitraria entre lo que son alternancias irregulares o supletivas y alternancias regulares menores. Para mostrar la arbitrariedad de esta línea divisoria, Hooper aduce que no es posible saber qué número de piezas léxicas sometidas a una misma alternancia bastan para justificar un diacrítico y una regla menor. Esto es cierto; sin embargo, aunque se elimine esta línea divisoria, queda en pie la necesidad de trazar otra línea divisoria: entre formas regulares y formas supletivas, la cual no siempre · resulta clara. Por otra parte, Aronoff (1978) ha propuesto que incluso las alternancias totalmente irregulares o supletivas deberían aparecer en el lexicón por medio de *una* forma básica y no mediante varias formas supletivas. (Véase Harris, 1978a, quien da argumenos en favor del tratamiento mediante reglas menores y diacríticos y en contra del de las alternancias supletivas de Hooper-Hudson.)

> *Problema*: Retomemos la regla (12) del capítulo 5, que damos nuevamente aquí, para facilitar la lectura:
>
> (12)
> $$\left[\begin{matrix} -cons \\ -alto \\ <+red> \end{matrix} \right] \rightarrow \left[\begin{matrix} +retr \\ -bajo \\ <+alto> \end{matrix} \right] \ / \ \left[\begin{matrix} \underline{\quad\quad\quad} \\ -acento \end{matrix} \right]$$
>
> Como dijimos allí, esta regla permite dar cuenta de la reducción vocálica en catalán: en posición átona, las vocales subyacentes /a,ɛ,e/ aparecen como [ə] y las vocales subyacentes /ɔ,o/ aparecen como [u]. Si bien la mayoría de casos justifican esta regla, se encuentran también algunos ejemplos como los siguientes, en los que algunas de las vocales no aparecen reducidas:

(13)   [kláse]   «clase»
        [sopráno]   «soprano»
        [báter]   «W.C.»
        [kátedɾə]   «cátedra»
        [kɔ́lera]   «cólera (enfermedad)»

Cf., p. ej., [kláse] con [plásə] «plaza» y [kɔ́lerə] con [kólərə] «cólera, rabia». ¿Cómo puede darse cuenta de los ejemplos de (13) en una gramática del catalán?

Solución: Teniendo en cuenta que (12) es una Regla Mayor, ya que da cuenta de la gran mayoría de los casos de la lengua, y que no es probable que encontremos ningún tipo de condicionamiento fonológico contextual, dadas formas como [plásə] frente a la que nos ocupa [kláse] y [kólərə] frente a [kɔ́lerə], lo más acertado será considerar que (13) son excepciones léxicas a la regla (12): es decir, excepciones puramente idiosincrásicas negativas a una regla mayor. Por tanto, las formas de (13) deberán llevar en el lexicón una marca que las identifique, como por ejemplo [−Regla (12)]. [6]

Problema: También en el capítulo 5, vimos la regla (7) para el catalán, que elide /n/ en posición final de palabra; allí formulamos dicha regla así:

(14)   n → ∅ / ———— #

En realidad, esta formulación es demasiado general, ya que además de dar cuenta de alternancias como las allí mencionadas (plá~plánə bɔ́~bɔ́nə, kətəlá ~ kətəlán , etc.), esta regla elidiría la /n/ final de palabras como [kárn], «carne», [kuntórn] «contorno», [uríʒən] «origen», [əgzámən] «examen», [átun] «átono», [munɔtun] «monótono», [əspəsimən] «especimen», [ipérbətun] «hiperbaton», con lo que se producirían resultados incorrectos.

a)   Reformúlese la regla en cuestión, de tal manera que no se aplique a este tipo de formas. b) Por otra parte, trátese de dar cuenta de las siguientes formas excepcionales que aparecen en la primera columna:

(15)   [ʒóbə]   «joven»   [ʒubənísim]   «jovencísimo»
        [ɔ́mə]   «hombre»   [umənét]   «hombrecito»
        [ɔ́rfə]   «huérfano»   [urfənét]   «huerfanito»
        [ɔ́rgə]   «órgano»   [urgənistə]   «organista»
        [márʒə]   «margen»   [mərʒinál]   «marginal»
        [térmə]   «término, límite» [tərminál]   «terminal»

6.   Véase Mascaró (1978) cap. 1, pp. 25ss, para un tratamiento más detallado de estos casos. Dado que no hay ningún fundamento para hipotetizar, en los casos de vocales que no alternan, una vocal subyacente distinta de la superficial, Mascaró propone una condición de estructura morfemática que limita las vocales subyacentes átonas, y trata los casos de (13) como excepciones a dicha condición de estructura morfemática y no como excepciones a la regla (12).

237

Solución: a) Por una parte, si [uríz̮ən]... son los casos normales, la elisión de /n/ sólo tiene lugar tras vocal tónica, por lo que la regla (14) debería reformularse así:

(16)   n → Ø / V́ ——— #

b)   Por otra parte, los casos de (15) constituyen entonces excepciones a la regla (16), ya que en los de la primera columna se ha elidido la /n/ final, a pesar de ir precedida de Vocal átona. Se trata, por tanto, de excepciones positivas a una regla mayor, en el sentido de que la regla ha de aplicarse a formas que no satisfacen la DE de la misma. Ya hemos dicho que una posible solución consistirá, así, en marcar estas formas en el lexicón con un rasgo como [+Regla (16)]. [7]

Problema: Considérense los siguientes grupos de datos del catalán, en los cuales se dan diferentes alternancias: en (17) [w] final alterna con [b] intervocálica; en (18) [w] final alterna con [d] intervocálica; en (19) [t] final alterna con [d] intervocálica o se mantiene como [t] en esta posición; en (20) [t] final alterna con [d] intervocálica.

(17)   [bíw]   «vivo»   [bíbə]   «viva»
       [bláw]   «azul»   [blábə]   «azul (fem.)»
       [méw]   «mío»   [mébə]   «mía»
       [nɔ́w]   «nuevo»   [nɔbə]   «nueva»
       [tów]   «blando»   [tóbə]   «blanda»

(18)   [kréw]   «cree»   [krədibilitát] «credibilidad»
       [gráw]   «grado»   [grədəsió]   «gradación»
       [péw]   «pie»   [pədéstrə]   «pedestre»
       [béw]   «ve»   [bidén]   «vidente»

(19)

[əstát]   «estado»   [əstədístə]   «estadista»   [əstətál]   «estatal»
[mərít]   «marido»   [məridá]   «maridar, casar»   [məritál]   «marital»
[pɔ́t]   «puede»   [pudé]   «poder»   [puténsiə]   «potencia»
[sənát]   «senado»   [sənədó]   «senador»   [sənəturiál] «senatorial»

(20)   [əžut]   «ayuda»   [əžudá]   «ayudar»
       [krít]   «grito»   [kridá]   «gritar»
       [furát]   «agujero»   [furədá]   «agujerear»
       [frét]   «frío»   [frədó]   «frialdad»
       [sét]   «sed»   [əsədəgát]   «sediento»

Podemos dar cuenta de los datos de (17) —los cuales constituyen un

7. Véase Mascaró (1978) cap. 1, pp. 59s, quien rechaza este tratamiento a base de excepciones positivas y propone, en cambio, que los casos de (15) son supletivos, en el sentido de que en el lexicón deberían figurar con dos alomorfos básicos, uno con /n/ final y otro sin /n/ final. Así, por ejemplo, a [žóbə] corresponderían las formas básicas /žóbə/ y /žóbən/.

238

proceso muy general del catalán [8]— mediante una regla que convierta la consonante /b/ en la semivocal [w] si aparece en posición final de palabra y tras vocal acentuada; en forma abreviada y sin alardes de rigurosidad formal, esta regla podría representarse así:

(21) $b \rightarrow w \,/\, \acute{V}$ ——— #

(21) da cuenta, por tanto, de la primera columna de (17). Una regla de espirantización, semejante a la que Harris da para el castellano (véase Harris, 1969, versión castellana pp. 57-67) dará cuenta de la segunda columna de (17), es decir, del paso de la oclusiva subyacente /b/ a la fricativa [ƀ] que aparece allí.

A continuación, dar cuenta de las altenancias de (18)-(20), presentando todas las soluciones posibles, según lo discutido en este capítulo, e indicando cuál de ellas es preferible.

Solución: Teóricamente, podríamos dar las siguientes soluciones a los datos de (18), (19) y (20): a) Regla Mayor con excepciones negativas, b) Regla Menor ligada a un diacrítico, y c) utilización de rasgos fonológicos de forma diacrítica. Veamos cada una de ellas.

a) En primer lugar, para dar cuenta de los datos de (18), podríamos formular una regla equivalente a la regla (21), que permita pasar de /d/ subyacente a [w] en posición final tras vocal acentuada:

(22) $d \rightarrow w \,/\, \acute{V}$ ——— #

Al igual que en los datos de (17), la espirantización de /d/ → [đ] tendrá que describirse mediante un proceso general aplicable a todas las consonantes oclusivas sonoras, equiparable al que tiene lugar en castellano. En (19) y (20) hay dos tipos de alternancia: en (19), donde alternan [t]~[đ]~[t], podríamos suponer que el segmento subyacente es /t/ en lugar de /d/, dado que [ŧ] aparece tanto en posición final como intervocálica. Sin embargo, las alternancias de (20), en que [t] final alterna exclusivamente con [đ] intervocálica, están en conflicto con las alternancias de (19). A primera vista, podríamos suponer que los casos de (20) son excepciones negativas a la regla (22): tendrían /d/ como segmento básico y éste, en la primera columna, a pesar de satisfacer la DE de (22), no se convierte en [w] sino en la consonante oclusiva sorda [t]. Esta solución, a base de excepciones negativas es inadecuada, porque afirma que la regla (22) es una regla mayor y que el paso de /d/ a [t] en posición final de palabra es excepcional. Sin embargo, los datos del catalán indican que la situación es inversa: alternancias como las de (18) son muy escasas en la lengua, mientras que la desonorización de las oclusivas sonoras en posición final de palabra es un fenómeno general del catalán, que ya hemos presentado en el capítulo 5 (véase allí la regla (1)).

b) Por tanto, es preferible considerar la regla de desonorización, que da cuenta de (20) —y también de (19), si suponemos que las alternancias de (19) tienen /d/ como segmento subyacente— como una regla mayor, y su-

8. Para una discusión de este fenómeno y de los demás fenómenos involucrados en este problema, véase Lleó y Mascaró (1976).

poner que la regla (22) es una regla menor, ligada a un diacrítico: es decir, aquellas /d/ que en posición final de palabra, tras vocal tónica, no se desonorizan, sino que se convierten en [w], tendrán que ir marcadas con algún rasgo diacrítico, que tenga el efecto de permitir la aplicación de esta regla, como p.ej., [+Regla (22)]. Esta parece la solución más adecuada, por todo lo dicho en este capítulo.

c) Por otra parte, podría suponerse que los segmentos subyacentes a (18) son distintos de los subyacentes a (19) y (20): podríamos hipotetizar /d/ en (18) y /t/ en (19)-(20). Este segmento /t/ estaría justificado por las alternancias de (19), las cuales requerirían una regla que bajo ciertas condiciones (morfológicas) convirtiera /t/ en [d] en posición intervocálica. Sin embargo, las alternancias de (20) no justifican una tal elección de segmento subyacente, ya que nunca presentan [t] intervocálica, sino solamente [d]. La única función de esa /t/ subyacente sería la de impedir la aplicación de la regla (22), por lo que esta solución utilizaría rasgos fonológicos —la diferencia fonológica entre /t/ y /d/— de manera diacrítica. Por otra parte, requeriría también la hipotetización de dos /t/ diferentes, una que sonoriza en posición intervocálica y otra que permanece como [t], para dar cuenta de la segunda y tercera columnas de (19). Se trataría, por tanto, de una solución totalmente artificiosa para (20), que provocaría otra solución igualmente artificiosa para (19). Otra razón por la que esta solución no es adecuada es que también aquí, igual que antes en la solución (a), se partiría de la base de que la regla (22) representa la normalidad en la lengua y no la excepcionalidad, ya que se la trataría como una regla mayor, a la que hay que impedir que en determinados casos se aplique.

APENDICE

Símbolos fonéticos

1. *Consonantes*

Símbolo	*Descripción*	*Ejemplos*
b	oclusiva bilabial sonora	cam*b*io
ƀ	fricativa bilabial sonora	ca*b*o
6	implosiva bilabial sonora	sindhi [6əni] «maldición»
bh	oclusiva bilabial aspirada sonora	
c	africada alveolar sorda	alemán Zehn «diez»
č	africada palatal sorda	ca*ch*o
ç	fricativa palatal sorda	alemán i*ch* «yo»
d	oclusiva alveolar sonora	inglés *d*oor «puerta»
d̬	oclusiva dental sonora	*d*ame
đ	fricativa dental sonora	la*d*o
D	oclusiva «abreviada» alveolar sonora	inglés norteamericano wri*t*er «escritor»
f	fricativa labiodental sorda	*f*arol
g	oclusiva velar sonora	tango
ǥ	fricativa velar sonora	lago
g͡b	oclusiva labiovelar sonora	margi [àg͡bà] «mandíbula»
h	fricativa glotal sorda	inglés *h*ome «hogar»
ħ	fricativa faríngea sorda	árabe [halla ʔ] «inmediata-mente
ǰ	africada palatal sonora	cón*y*uge
k	oclusiva velar sorda	*c*ara

k͡p	oclusiva labiovelar sorda	margi [àk͡pà] «puente»
l	lateral alveolar sonora	*l*ápiz
λ	lateral palatal sonora	catalán *ll*op «lobo»
m	nasal bilabial sonora	*m*ano
m̥	nasal labiodental sonora	é*n*fasis
n	nasal alveolar sonora	*n*ada
ṇ	nasal interdental sonora	o*n*za (castellano peninsular)
n̦	nasal dental sonora	a*n*tes
ǹ	nasal prepalatal sonora	po*n*cho
ñ	nasal palatal sonora	ca*ñ*a
ŋ	nasal velar sonora	ta*n*go
p	oclusiva bilabial sorda	*p*ago
q	oclusiva uvular sorda	quechua
r	vibrante alveolar simple	ca*r*o
r̄	vibrante alveolar múltiple	ca*rr*o
ɹ	líquida no lateral retrofleja	inglés norteamericano *r*ed «rojo»
s	fricativa alveolar sorda	*s*al
ṣ	fricativa retrofleja sorda	
š	fricativa (pre)palatal sorda	inglés *sh*ip «barco»
t	oclusiva dental o alveolar sorda	*t*odo (dental) / inglés *t*en «diez» (alveolar)
ț	oclusiva dental sorda	*t*odo
t͜θ	africada interdental sorda	
ʇ	clic dental sordo	zulu [ʇaʇa] «trepar»
θ	fricativa dental sorda	ca*z*a (castellano peninsular)
v	fricativa labiodental sonora	a*f*gano
w	semiconsonante labiovelar sonora	ag*u*a
x	fricativa velar sorda	o*j*o
y	semiconsonante palatal sonora	tap*i*a
ɥ	semiconsonante palatal labializada sonora	francés h*u*it «ocho»
z	fricativa alveolar sonora	mi*s*mo
ž	fricativa (pre)palatal sonora	inglés plea*s*ure «placer»
ʔ	oclusiva glotal sorda	

2. Vocales

Símbolo	Descripción	Ejemplos
a	central abierta	p*a*so
æ	anterior abierta	inglés c*a*t «gato»
e	anterior media	p*e*so
ɛ	anterior semiabierta	inglés b*e*t «apuesta»
i	anterior cerrada (tensa)	p*i*so
ɪ	anterior semicerrada relajada	inglés s*i*t «sentarse»
ɨ	central cerrada	inglés wish*e*s «deseos»
o	posterior media	c*o*la
ɔ	posterior abierta	inglés británico l*o*t «lote»
ö	anterior media labializada	francés f*eu* «fuego»
œ	anterior semiabierta labializada	francés p*eu*r «temor»
u	posterior cerrada (tensa)	p*u*so
ʊ	posterior semicerrada relajada	inglés p*u*t «poner»
ü	anterior cerrada labializada	francés t*u* «tu»
ʉ	anterior cerrada con compresión labial	sueco [hu:s] «casa»
ɯ	posterior cerrada no labializada	turco
ʌ	posterior media no labializada	
ə	central media relajada	inglés dram*a* «drama»

3. Diacríticos

~	indica vocal o consonante laringalizada
~	indica vocal nasalizada
ʕ	indica faringalización
₀	indica vocal o consonante sorda
:	indica vocal larga
⌢	convierte una vocal en semivocal
ˌ	indica consonante silábica
˥	indica consonante oclusiva implosiva [unreleased]
y	indica palatalización de la consonante precedente
w	indica labialización de la consonante precedente
h	indica aspiración de la consonante precedente

*	indica una consonante con constricción glotal y presión subglotal
͡	aumentada
'	indica glotalización de la consonante precedente
‾	indica una vocal tensa; en una lengua tonal, indica tono alto.
˘	indica una vocal relajada
´	indica vocal acentuada; en una lengua tonal, indica tono ascendente
`	indica acento secundario; en una lengua tonal, indica tono descendente
ˇ	indica tono descendente-ascendente

4. *Lindes*

$	linde silábico
+	linde morfemático
#	linde de palabra

Alarcos L., E. 1965. *Fonología española*. Madrid: Gredos. Cuarta edición.

Anderson, S.R. 1974. *The Organization of Phonology*. Nueva York: Academic Press.

Aronoff, M. 1976. *Word Formation in Generative Grammar*. Linguistic Inquiry Monograph 1. Cambridge, Mass.: MIT Press.

— 1978. «Lexical representations.» *Papers from the Parasession on the Lexicon*, Chicago Linguistic Society. Pgs. 12-25.

Beach, D.M. 1938. *The Phonetics of the Hottentot Language*. Cambrige: Heffer.

Boas, F. 1911. *Handbook of American Indian Languages*. Smithsonian Institution, Bureau of American Ethnology, Washington, D.C

Bolinger, D.L. 1958. «A theory of pitch accent in English.» *Word* 14.109-149.

— 1972. «Accent is predictable (if you're a mind reader).» *Language* 48.633-644.

Brame, M.K. 1974. «The cycle in phonology: stress in Palestinian, Maltese, and Spanish.» *Linguistic Inquiry* 5.39-60.

Bresnan, J. 1971. «Sentence stress and syntactic transformations.» *Language* 42.257-281.

Cárdenas, D. 1960. *Introducción a una comparación fonológica del español y del* (sic) *inglés*. Washington, D.C.: Center for Applied Linguistics.

Chomsky, N. 1965. *Aspects of the Theory of Syntax*. Cambridge, Mass.: MIT Press. Versión castellana de C.P. Otero, Madrid: Aguilar, 1970

— 1975. *Reflections on Language*. Nueva York: Pantheon.

— 1980. «On Binding.» *Linguistic Inquiry* 11. 1-46.

Chomsky, N. y M. Halle. 1968. *The Sound Pattern of English*. Nueva York: Harper & Row. Versión castellana de las partes I y IV en *Principios de fonología generativa*. Madrid: Ed. Fundamentos, 1979.

245

Chomsky, N., M. Halle y F. Lukoff. 1956. «On accent and juncture in English.» *For Roman Jakobson.* The Hague: Mouton. Pgs. 65-80.

Chomsky, N. y H. Lasnik. 1977. «Filters and Control.» *Linguistic Inquiry* 8. 425-504.

Contreras, H. 1977. «Epenthesis and stress assignment in Spanish.» *University of Washington Working Papers in Linguistics* 3.9-33.

Dell, F. 1973. *Les règles et les sons: Introduction à la phonologie generative.* Paris: Hermann, Collection Savoir.

Foley, J.A. 1965. *Spanish Morphology.* MIT, tesis doctoral inédita.

— 1967. «Spanish plural formation.» *Language* 43:2.

Fromkin, V.A. 1972. «Tone features and tone rules.» *Studies in African Linguistics* 3.47-76.

Goldsmith, J. 1976. *Autosegmental Phonology.* Bloomington, Indiana: Indiana University Linguistics Club.

Halle, M. 1959. *The Sound Pattern of Russian.* La Haya: Mouton.

Halle, M. 1962. «Phonology in generative grammar.» *Word* 18.54-72. Versión castellana en H. Contreras (comp.), *Los fundamentos de la gramática transformacional.* México: Siglo XXI, 1971, pgs. 137-163.

Harris, J.W. 1969. *Spanish Phonology.*Cambridge, Mass.: MIT Press. Versión castellana: *Fonología generativa del español.* Barcelona: Planeta, 1975.

— 1971. «Aspectos del consonantismo español.» En H. Conteras (comp.), *Los fundamentos de la gramática transformacional.* México: Siglo XXI, 1971.

— 1972. «Five classes of irregular verbs in Spanish.» En J. Casagrande y B. Saciuk (eds.), *Generative Studies in Romance Languages.* Rowley, Mass.: Newbury House. Versión castellana en Harris (1975), Apéndice C, pgs. 277-307.

— 1973. «On the ordering of certain phonological rules.» In S. Anderson y P. Kiparsky (eds.), *Festschrift for Morris Halle.* Nueva York: Holt. Versión castellana en Harris (1975b), Apéndice D, pgs. 309-334.

— 1975a. «Stress assignment rules in Spanish.» En Milán, Staczek y Zamora (eds.), *1974 Colloquium on Spanish and Portuguese Linguistics.* Georgetown University Press.

— 1975b. *Fonología generativa del español.* Barcelona: Ed. Planeta. Traducción de Harris (1969).

— 1976. «Spanish vowel alternations, diacritic features, and the structure of the lexicon.» Proceedings of NELS VII, 99-113.

— 1977. «Remarks on diphthongization in Spanish.» *Lingua* 41.261-305.

— 1978a. «Two theories of non-automatic morphophonological alternations.» Language 54.41-60.

— 1978b. «A rejoinder to 'Vocalic variations in Spanish verbs'.» Glossa 12.83-100.

Hooper, J. B. 1972. «The syllable in phonological theory.» *Language* 48.525-540.

— 1976. *An Introduction to Natural Generative Phonology*. Nueva York: Academic Press.

Hudson, G. 1974. «The representation of non-productive alternations.» En J. Anderson y C. Jones (eds.), *Proceedings of the First International Conference on Historical Linguistics*, vol. II, pgs. 203-229. Amsterdam: North-Holland.

— 1975. *Suppletion in the Representation of Alternations*. University of California, Los Angeles. Tesis doctoral inédita.

Hyman, L. M. 1975. *Phonology: Theory and Analysis*. Nueva York: Holt, Rinehart & Winston.

Hyman, L. M. y R. Schuh. 1974. «Universals of tone rules: evidence from West Africa.» *Linguistic Inquiry* 5.81-115.

Jakobson, R. 1941. *Kindersprache, Aphasie und allgemeine Lautgesetze*. En *Selected Writings I: Phonological Studies*. La Haya: Mouton, 1962, pgs. 328-410. Versión inglesa: *Child Language, Aphasia and Phonological Universals*. La Haya: Mouton, 1968.

— 1948. «Russian conjugation.» *Word* 4.155-167.

Jakobson, R., G. Fant y M. Halle. 1963. *Preliminaries to Speech Analysis*. Cambridge, Mass.: MIT Press.

Johnson, C. D. 1971. «Unbounded expressions in rules of stress and accent.» *Glossa* 4.185-196.

Kaye, J. D. 1974. «Opacity and recoverability in phonology.» *Canadian Journal of Linguistics* 19.134-149.

— 1975. «A functional explanation for rule ordering in phonology.» Chicago Linguistic Society, *Parasession on Functionalism,* pgs. 244-252.

Kenstowicz, M. y C. Kisseberth. 1977. *Topics in Phonological Theory*. Nueva York: Academic Press.

Kiparsky, P. 1965. *Phonological Change*. MIT: Tesis doctoral inédita.

— 1968. «Linguistic universals and linguistic change.» En E. Bach y R. T. Harms (eds.), *Universals in Linguistic Theory*. Nueva York: Holt, Rinehart & Winston.

— 1971. «Historical linguistics.» En W. Dingwall (ed.), *A survey of Linguistic Science*. College Park: University of Maryland.

— 1973. «Abstractness, opacity, and global rules.» Bloomington, Indiana: Indiana University Linguistics Club. También en O. Fujimura (ed.), *Three Dimensions of Linguistic Theory*. Tokyo: TEC.

Koutsoudas, A., G. Sanders y C. Noll. 1974. «The application of phonological rules.» *Language* 50.1-28.

Lakoff, G. 1970. *Irregularity in Syntax*. Nueva York: Holt, Rinehart & Winston.

Liberman, M. y A. Prince. 1977. «On stress and linguistic rhythm.» *Linguistic Inquiry* 8.189-247.

Longacre, R. E. 1952. «Five phonemic pitch levels in Trique.» *Acta Linguistica* 7.62-68.

Lyons, J. 1968. *Introduction to Theoretical Linguistics*. Cambridge University

Press. Versión castellana: *Introducción en la lingüística teórica,* Barcelona: Teide, 1971.

Lleó, C. y J. Mascaró. 1976. «Contribució a la fonologia generativa del català: reestructuració en la gramàtica?» *Actes del Tercer Col·loqui Internacional de Llengua i Literatura Catalanes.* Oxford: The Dolphin Book Co. Ltd. Pgs. 62-80.

Mascaró, J. 1978. *Catalan Phonology and the Phonological Cycle.* Bloomington, Indiana: Indiana University Linguistics Club.

Morin, Y. y J. Friedman. 1971. *Phonological Grammar Tester: Underlying Theory.* Natural Language Studies 10. Ann Arbor, Michigan: University of Michigan Phonetics Laboratory.

Navarro Tomás, T. 1957. *Manual de pronunciación española.* Nueva York: Stechert-Hafner. Quinta edición.

Norman, L. S. y G. A. Sanders. 1977. «Vocalic variations in Spanish verbs.» *Glossa* 11. 171-190.

Osborn, H. 1966. «Warao I: phonology and morphophonemics.» *International Journal of American Linguistics* 32.108-123.

Postal, P. M. 1968. *Aspects of Phonological Theory.* Nueva York: Harper & Row.

Postal, P. M. y G. Pullum. 1978. «Traces and the description of English complementizer contraction.» *Linguistic Inquiry* 9.1-29.

Pullum, G. y A. Zwicky. En preparación. *Phonology-free Syntax.*

Saltarelli, M. 1970. «Spanish plural formation: apocope or epenthesis?» *Language* 46.89-96.

Saporta, S. 1965. «Ordered rules, dialect differences and historical processes.» *Language* 41.218-224.

Schachter, P. 1969. «Natural assimilation rules in Akan.» *International Journal of American Linguistics* 35.342-355.

Schane, S. A. 1972. «Natural rules in phonology.» En R.P. Stockwell y R. K. S. Macaulay (eds.), *Linguistic Change and Generative Theory.* Bloomington, Indiana: Indiana University Press.

— 1973. *Generative Phonology.* Englewood Cliffs, Nueva Jersey: Prentice-Hall.

— 1974. «How abstract is abstract?» *Natural Phonology,* Chicago Linguistic Society. Pgs. 297-317.

Shibatani, M. 1973. «The role of surface phonetic constraints in generative phonology.» *Language* 49.87-106.

Stanley, R. 1967. «Redundancy rules in phonology.» *Language* 43.393-436.

Stewart, J. M. 1962. *An Analysis of the Structure of the Fante Verb.* University of London: tesis doctoral inédita.

Stockwell, R. P., J. D. Bowen e I. Silva-Fuenzalida. 1956. «Spanish juncture and intonation.» *Language* 32. 641-665.

Trubetzkoy, N. S. 1939. *Grundzüge der Phonologie.* Travaux du Cercle Linguistique de Prague, No. 7. También ed. 1958, Göttingen: Vandenhoek & Ruprecht. Versión castellana: *Principios de fonología.* Madrid: Cincel, 1973.

Vennemann, T. 1971. «Natural generative phonology.» Trabajo presentado en la reunión anual de la Linguistic Society of America, St. Louis, Missouri.

— 1972a. «On the theory of syllabic phonology.» *Linguistische Berichte* 18.1-18.

— 1972b. «Sound change and markedness theory: on the history of the German consonant system.» En R.P. Stockwell y R.K.S. Macaulay (eds.) *Linguistic Change and Generative Theory.* Bloomington, Indiana: Indiana University Press. Pgs. 230-274.

— 1974. «Phonological concreteness in natural generative grammar.» En R. Shuy y C. J. Bailey (eds.), *Toward Tomorrow's Linguistics.* Washington, D. C.: Georgetown University Press.

Whitley, S. 1976. «Stress in Spanish: two approaches.» *Lingua* 39.301-332.

INDICE